금강경

금강경

金剛經 講義 — 光明 譯註

솔과학
SOLGWAHAK

머리말

《금강경》은 석가모니 부처님께서 공(空)을 설하는 경전으로 《반야심경》과 더불어 불자들이 가장 많이 독송하는 경이다. 그래서 각 사찰마다 《금강경》을 많이 강의하고 있다. 봉은사에서도 신도회의 요청으로 《금강경》 강의를 부탁받았으나, 《금강경》은 시중에 나와 있는 책들이 많을 뿐만 아니라, 훌륭한 스님들께서 이미 많은 강의를 하신 터라 천학한 내가 과연 강의할 수 있을까 하는 마음이 있어 다소 망설여졌지만 강의하기로 결심하였다. 그리하여 강의할 교재를 찾다가 차라리 직접 강의 자료를 작성하여 강의하면 어떨까 하는 생각이 들어 자료를 작성하여 강의하였다. 그러던 차에 지난 해(2008. 8)부터 《불교학개론》을 강의하였는데, 강의를 끝내자(2009. 7) 수강하였던 불자(佛子)들이 책으로 출간해 줄 것을 요청했고 출간비용도 마련해 왔었다. 그러나 이미 《불교학개론》 출간은 화주를 받아 출판사에서 출간이 거의 완성된 단계였다. 그리하여 《금강경》을 출간하는 비용으로 사용하면 좋을 것이라 하여 《금강경》 강의자료가 이렇게 책으로 세상에 나오게 된 것이다. 어떻든 그 불자들이 아니었으면 이 책이 출간될 수 없었을 것이다. 그 분들에게 개별적으로 찾아가 감사를 표하여야 하지만 부득이 지면으로 감사의 마음을 표한다.(이 책 말미에 법보시한 불자의 명단을 게시하였음) 그리고 《불교학개론》과는 달리 《금강경》은 부처님께서 설한 진리의 말씀이므로 아무리 공부를 많이 하더라도 부처님의 경지를 보지 못하였기 때문에 깊고 깊은 부처님의 말씀을 정확하게 드러낼 수 없다. 더구나 진리라는 것은 언설(言說)을 떠나 있기 때문에 언설로 표현하는 것은 처음부터 무리일지 모른다. 그렇다고 언설로 표현하는 것을 포기할 수 없다. 우리는 범부이기 때문에 언설이라는 도구를 빌어 진리의 세계에 들어 갈 수밖에 없는 것이다. 따라서 범부인 제가 《금강경》을 풀이한 내용에 잘못이 있을 수 있을 것이다. 이에 대해 제현의 지적을 바라며, 보다 나은 책을 출간할 것을 약속드린다. 끝으로 이 책이 나오기까지 법보시한 분들에게 다시 한 번 감사드리며, 출판과 교정에 애써주신 솔과학 김재광 사장님과 임직원 모두에게 감사를 표한다.

나무 본사 석가모니불
나무 본사 석가모니불
나무 시아본사 석가모니불

불기 2554년(서기 2010) 3월
충청도 정진실에서
光明 합장

| 차 례 |

제1부
금강경金剛經과 공空

Ⅰ. 금강경의 성립 _16

Ⅱ. 금강경의 위치와 종류 _18

Ⅲ. 반야 공(空) _19
   1. 공(空)의 의의(意義) _19
   2. 경(經)에서의 공(空) _22
      【천태학(天台學)의 제법실상(諸法實相)】 _30
      【화엄사상(華嚴思想)의 두 원리(相入, 相卽)】 _49
      【사종법계(四種法界)】 _60

Ⅳ. 경명(經名) 풀이(解題) _67

제2부
금강경(金剛經) 본문(本文)

[서분(序分)]

一. 금강경이 생긴 동기 _76
    法會因緣分 第一 (법회가 열린 인연)
    법회인연분 제일

[정종분(正宗分)]

二. 수보리가 수행하는 법을 묻다 _88
    善現起請分 第二 (수보리가 법을 청하다)
    선현기청분 제이

三. 부처님이 마음 머무는 법을 보여 주시다 _95
    大乘正宗分 第三 (대승의 바른 종지)
    대승정종분 제삼

四. 부처님이 마음 닦는 법을 보이시다 _110
    妙行無住分 第四 (묘한 행은 머무름이 없다)
    묘행무주분 제사

五. 27겹의 의문 _123

  1. 求佛行施住相疑(구불행시주상의) _123
    (부처가 되려고 보시하는 것도 상에 머무는 것이 아닌가? 라는 의문)

    如理實見分 第五(도리를 진실하게 봄)
    여리실견분 제오

  2. 因果俱深無信疑(인과구심무신의) _131
    (인과가 모두 깊으니 믿을 사람이 있겠는가? 라는 의문)

    正信希有分 第六(바른 믿음은 희유하다)
    정신희유분 제육

3. 無相云何得說疑(무상운하득설의) _140
(상이 없다면 어떻게 법을 얻고 어떻게 설할 수 있는가? 라는 의문)

無得無說分 第七(얻을 것도 없고, 설할 것도 없다)
무득무설분 제칠

依法出生分 第八(법에 의하여 나타남)
의법출생분 제팔

4. 聲聞得果是取疑(성문득과시취의) _151
(성문이 과를 얻는 것은 취하는 것이 아닌가? 라는 의문)

一相無相分 第九(오직 하나의 상은 무상이다)
일상무상분 제구

5. 釋迦燃燈取說疑(석가연등취설의) _168
(석가모니부처님께서 연등부처님으로부터 법을 얻지 않았나? 라는 의문)

莊嚴淨土分 第十(정토를 장엄한다)
장엄정토분 제십 [佛告須菩提 於意云何 ~ 於法實無所得]

6. 嚴土違於不取疑(엄토위어불취의) _171
(보살들이 정토를 장엄한다는 것은 얻음이 아닌가? 라는 의문)

莊嚴淨土分 第十 [須菩提 於意云何 ~ 應無所住而生其心]
장엄정토분 제십

7. 受得報身有取疑(수득보신유취의) _185
(보신을 이루는 것도 얻음이 아닌가? 라는 의문)

一. 問答斷衣(문답단의) _188
莊嚴淨土分 第十 [須菩提 譬如有人身如須彌山王 ~ 是名大身]
장엄정토분 제십

二. 校量顯勝(교량현승) _191
　1. 外財校量(외재교량) _191
　　1) 校量勝劣(교량승열) _191
　　無爲福勝分 第十一(무위의 복덕은 수승함)
　　무위복승분 제십일

8

2) 釋勝所以(석승소이) _193
(1) 尊處嘆人勝(존처탄인승 : 경이 있는 곳과 사람 모두 수승함) _193
　　尊重正敎分 第十二(바른 가르침을 존중 해야함)
　　존중정교분 제십이

(2) 約義辨名勝(약의변명승 : 경의 제목만도 수승함) _196
　　如法受持分 第十三(여법하게 수지하라)
　　여법수지분 제십삼 [爾時須菩提白佛言 ~ 則非般若波羅蜜]

(3) 佛無異說勝(불무이설승 : 부처님은 딴 말씀이 없어 수승함) _198
　　如法受持分 第十三(여법수지분 제심삼)
　　[須菩提 於意云何 ~ 世尊 如來無所說]

(4) 施福劣塵勝(시복열진승 : 보시복덕은 티끌만도 못하므로 수승함) _199
　　如法受持分 第十三(여법수지분 제십삼)
　　[須菩提 於意云何 ~ 如來說世界非世界 是名世界]

(5) 感果離相勝(감과이상승 : 받은 과위는 상과 달라서 수승함) _212
　　如法受持分 第十三(여법수지분 제십삼)
　　[須菩提 於意云何 ~ 如來說三十二相卽是非相 是名三十二相]

2. 內財校量(내재교량 : 신명보시) _213
1) 校量勝劣(교량승열 : 수승함과 열등함을 가려냄) _213
　　如法受持分 第十三(여법수지분 제십삼)
　　[須菩提 若有善男子善女人 ~ 爲他人說其福甚多]

2) 釋勝所以(석승소이 : 수승한 이유를 풀이함) _214
(1) 泣嘆未聞深法勝(읍탄미문심법승 : 처음 듣는 깊은 법) _215
　　離相寂滅分 第十四(상을 여읜 것이 적멸함)
　　이상적멸분 제십사 [爾時須菩提聞說是經深解義趣 ~ 未曾得聞如是之經]

(2) 心淨契實具德勝(심정계실구덕승 : 진실에 계합함) _216
　　離相寂滅分 第十四 [世尊 若復有人得聞是經 ~ 是故如來說名實相]
　　이상적멸분 제십사

차례

   (3) 信解三空同佛勝(신해삼공동불승 : 삼공을 깨달음)   _218
    離相寂滅分 第十四(이상적멸분 제십사)
    [世尊 我今得聞如是經典 ~ 離一切諸相則名諸佛]

   (4) 聞時不動希有勝(문시부동희유승 : 듣고 놀라지 않음)
    ~ (5) 大人淸淨第一勝(대인청정제일승 : 큰 인과가 청정함) _220
    離相寂滅分 第十四(이상적멸분 제십사)
    [佛告須菩提 如是如是 ~ 是名第一波羅蜜]

8. 持說未脫苦果疑(지설미탈고과의) _224
  (이 경을 지녀도 괴로운 과보는 벗어날 수 없는 것 아닌가? 라는 의문)

  離相寂滅分 第十四(이상적멸분 제십사)
  [須菩提 忍辱波羅蜜如來說非忍辱波羅蜜 ~ 又說一切衆生則非衆生]

9. 能證無體非因疑(능증무체비인의) _233
  (언설은 허무한 것이기 때문에 보리의 인이 아닐 것이라는 의문)

  離相寂滅分 第十四(이상적멸분 제십사)
  [須菩提 如來是眞語者 ~ 如來所得法此法無實無虛]

10. 如徧有得無得疑(여편유득무득의) _235
  (진여는 두루한데 어찌 얻는 사람도 있고, 얻지 못하는 사람도 있는가? 라는 의문)

  離相寂滅分 第十四 [須菩提 若菩薩心住於法而行布施 ~ 皆得成就無量無邊功德] _235
  이상적멸분 제십사

  持經功德分 第十五(경을 지니는 공덕) _238
  지경공덕분 제십오

  能淨業障分 第十六(능히 업장을 소멸시킴) _243
  능정업장분 제십육

11. 住修降伏是我疑(주수항복시아의) _248
  (머무르고 닦고 항복시키는 것도 [나]가 아닌가? 라는 의문)

  究竟無我分 第十七(끝내 [나]라는 것이 없다)
  구경무아분 제십칠 [爾時須菩提白佛言 ~ 實無有法發阿耨多羅三藐三菩提心者]

12. 佛因是有菩薩疑(불인시유보살의) _252
(부처님께서도 인위因位에서 보살이 아니었나? 라는 의문)

究竟無我分 第十七 [須菩提 於意云何 ~ 汝於來世當得作佛號釋迦牟尼]
구경무아분 제십칠

13. 無因則無佛法疑(무인즉무불법의) _256
(인因이 없다면 부처도 없고 법法도 없지 않을까? 라는 의문)

究竟無我分 第十七 [何以故 如來者卽諸法如義 ~ 如來說人身長大則爲非大身 是名大身]
구경무아분 제십칠

14. 無人度生嚴土疑(무인도생엄토의) _265
(보살이 없다면 중생을 제도하고, 불토를 장엄하지 못할 것이 아닌가? 라는 의문)

究竟無我分 第十七 [須菩提 菩薩亦如是 ~ 如來說名眞是菩薩]
구경무아분 제십칠

15. 諸佛不見諸法疑(제불불견제법의) _269
(모든 부처님도 법을 보지 못했을 것이 아닌가? 라는 의문)

一切同觀分 第十八(일체를 동등하게 봄)
일체동관분 제십팔

16. 福德例心顚倒疑(복덕례심전도의) _278
(마음이 전도된 것이라면 복덕도 전도된 것이 아닌가? 라는 의문)

法界通化分 第十九(법계를 통틀어 교화함)
법계통화분 제십구

17. 無爲何有相好疑(무위하유상호의) _281
(무위라면 어떻게 상호가 있을까? 라는 의문)

離色離相分 第二十(형상과 모양을 떠남)

18. 無身何以說法疑(무신하의설법의) _286
(몸이 없으면 어떻게 설법하는가? 라는 의문)

非說所說分 第二十一(설함도 설해진 것도 없다)
비설소설분 제이십일

19. 無法如何修證疑(무법여하수증의) _293
(법이 없다면 어떻게 닦아 증득하는가? 라는 의문)

無法可得分 第二十二(얻을 법이 없다) _293
무법가득분 제이십이

淨心行善分 第二十三(청정한 마음으로 선법을 행하다) _294
정심행선분 제이십삼

20. 所說無記非因疑(소설무기비인의) _298
(설한 바가 무기無記이니 인因이 아닐 것이라는 의문)

福智無比分 第二十四(복과 지혜 비교할 수 없음) _299
복지무비분 제이십사

21. 平等云何度生疑(평등운하도생의) _301
(평등하다면 어째서 중생을 제도한다 하는가? 라는 의문)

化無所化分 第二十五(교화하되 교화한 바 없다) _301
화무소화분 제이십오

22. 以相比知眞佛疑(이상비지진불의) _306
(상으로 진불(眞佛)을 비교해 알 수 있지 않는가? 라는 의문)

法身非相分 第二十六(법신은 상이 없다) _308
법신비상분 제이십육

23. 佛果非關福相疑(불과비관복상의) _313
(부처의 과보는 복덕의 상과 관련이 없을 것이라는 의문)

無斷無滅分 第二十七(끊어짐도 없고, 멸함도 없다) _314
무단무멸분 제이십칠

不受不貪分 第二十八(받지도 탐하지도 않는다) _318
불수불탐분 제이십팔

24. 化身出現受福疑(화신출현수복의) _322
(화신이 출현하여 복을 받는 것이 아닌가? 라는 의문)

威儀寂靜分 第二十九(위의는 적정하다) _323
위의적정분 제이십구

25. 法身化身一異疑(법신화신일이의) _325
   (법신과 화신은 같은가? 다른가? 라는 의문)

   一合理相分 第三十(한 덩어리는 없다) _325
   일합이상분 제삼십

   知見不生分 第三十一(지견을 내지 않는다) _329
   지견불생분 제삼십일

26. 化身說法無福疑(화신설법무복의) _333
   (화신의 설법은 복이 없을 것이라는 의문)

   應化非眞分 第三十二(응화신은 참이 아니다) _333
   응화비진분 제삼십이 [須菩提 ~ 不取於相如如不動]

27. 入寂如何說法疑(입적여하설법의) _336
   (적멸에 들면 어떻게 설법하는가? 라는 의문)

   應化非眞分 第三十二 [何以故 一切有爲法 如夢幻泡影 如露亦如電 應作如是觀] _337
   응화비진분 제삼십이

[流通分(유통분)]

六. 이 경의 끝맺음 _341

   應化非眞分 第三十二 [佛說是經已 ~ 皆大歡喜 信受奉行]
   (응분비진분 제삼십이)

補論

상태狀態의 공존共存
― 유有와 무無의 공존 ―

_344

【일러두기】

1. 본서에 주본으로 택한 《금강경》은 《신수대장경》에 실려 있는 '구마라집' 한역본을 택하였다.
2. 서적 명이나 경명은 《 》로 표기하였다.
3. 인용문은 " "로 표시하였고, 주요 단어나, 인용문 안에서의 인용문은 ' '로 표기 하였다.
4. 경문을 인용할 경우에 『 』나 " "로 표기하였다.
5. 과단은 세친의 '27단의(斷疑)'에 따랐고, 소명태자의 32분을 병기하였다.

제1부 금강경金剛經과 공空

제1부 금강경(金剛經)과 공(空)

I 금강경의 성립

《금강경》의 성립은 반야부계통의 경전 성립과 같이 한다. 먼저 천태지의대사[1]는 부처님께서 성도 후 입멸하기까지 설한 교법을 시간적으로 오시(五時)로 나누어 보고 있다. 이를 살펴보면 다음과 같다. 첫째, "화엄시(華嚴時)"인데 석가모니 부처님께서 성도한 후 21일간 《화엄경》을 설한 것을 말한다. 둘째, "아함시(阿含時)"인데 12년간 아함부를 설한 것이다. 그 이유는 《화엄경》은 부처님께서 깨달은 내용 그대로 대중들에게 설한 것인데 그 뜻이 너무 심오하고 어려워 이해하는 사람이 없었다. 그래서 대중들의 수준을 끌어올리고자 현재의 대중들이 이해할 수 있는 수준부터 설한 것이 아함부이다. 이 아함부는 녹야원에서 최초로 설하였으므로 "녹원시(鹿苑時)"라고도 한다. 셋째, "방등시(方等時)"이다. 《유마경》,《승

---

1) 천태대사는 모든 경전을 부처님께서 세상에 계실 때 설한 것으로 보고 오시(五時)로 나누고 있다. 그러나 역사적으로 육신의 부처님께서 설하신 경전은 아함경(니까야) 뿐이다.

만경》 등 대승시교(大乘始敎)를 8년간 설한 기간이다. 넷째, "반야시(般若時)"이다. 반야부계통의 경을 22년간 설한 기간이다. 다섯째, "법화열반시(法華涅槃時)"이다. 반야부계통의 경을 설함으로서 대중들의 수준은 대승 최고의 경인 《법화경》을 이해할 수 있는 수준이 되어 마지막으로 《법화경》을 설하게 된 것이다. 그리고 부처님께서 열반에 드실 때 하루 낮과 밤에 《열반경》을 설한다. 그래서 이 둘을 합쳐서 "법화열반시"라 한 것이다.

　이 천태대사의 오시를 보면 반야부계통의 경은 부처님께서 세상에 계실 때 설한 것으로 된다. 그러나 역사적 사실은 그렇지 않다. 《금강경》은 대승경전이므로 "대승불교"의 태동과 같이한다. 대승불교는 부파불교에서 개인적인 아라한을 증득하는 것을 이상으로 하는 목적이 부처님의 근본 가르침에 어긋난다고 하여 부처님의 근본정신을 되찾고자 일어난 불교운동이다. 이 대승불교운동은 언제 시작되었는지 정확히 알 수 있는 기록이 없지만 불교 학자들은 기원 전후로 태동하였다고 한다.

　그리고 대승불교가 일어날 당시 내세웠던 사상은 "반야(공)"사상이다. 이 반야 공사상을 설하는 경전류가 반야부계통의 경전인 것이다. 이에 따라 가장 먼저 성립된 것은 《팔천송반야경》이고, 그 뒤 《대품반야경 27권》, 《대반야경 600권》 등이 성립된다. 우리가 공부할 《금강경》은 《팔천송반야경》이 성립한 후에 이루어진 것으로 보며 그 시기는 A.D. 100년경으로 보고 있다.

Ⅱ 금강경의 위치와 종류

　《금강경》은 《반야심경》과 더불어 우리나라에서 가장 많이 독송되고 있는 경전이며, 방대한 반야부계통의 경전에서 설하는 핵심사상인 반야사상을 압축하여 설한 경전이다. 이 《금강경》은 육조 대감(혜능) 선사이래 선종의 대표적인 경전이며, 현재 우리나라 조계종의 소의경전이기도 하다. 그 외 유럽과 미국에서도 《금강경》이 영어와 여러 나라 언어로 번역되어 널리 유통되고 있는 중요한 경전이다. 이러한 점에서 대승불교의 기본 경전이라 볼 수 있다.

　현재 한문으로 번역되어 있는 《금강경》은 모두 6종류가 있다. 402년 구마라집이 번역한 《금강반야바라밀경 1권》, 509년 보리유지가 번역한 《금강반야바라밀경 1권》, 562년 진제가 번역한 《금강반야바라밀경 1권》, 592년 달마굽다가 번역한 《금강능단반야바라밀경 1권》, 660년 현장이 번역한 《능단금강반야바라밀경 1권》, 703년 의정이 번역한 《능단금강반야바라밀경 1권》이다.

Ⅲ. 반야 공(空)

1. 공(空)의 의의(意義)

(1) 어원적 의미[2]

1) 공(空)은 산스크리트어로 「쑤냐타(Sūnyatā)」이다. 쑤냐타는 "없는, 공허한"의 뜻인 어간 "쑤냐(Sūnya)"와 여기에 성질을 나타내는 분사형 어미 "타(tā)"가 결합된 것이다. 그래서 쑤냐타는 공(空)이라 번역되고 있다. 어원대로 번역하면 "공성(空性)"이라고 해야 하지만 보통은 "공(空)"이라는 한 글자로 사용되고 있다.

쑤냐(Sūnya)는 원래 "부풀다"의 뜻인 어간 "svi"에서 나왔기 때문에 "쑤냐"는 "부풀어 오른 것과 관계된 것"을 뜻한다고 생각된다. "부풀어 오른 머리는 비어 있는 머리"라는 속담처럼 밖으로 부풀어 올랐거나 팽창된 무엇은 보통 안에는 비어 있거나 공허하기

---

2) 공의 어원적 의미는 까르마. C.C. 츠앙이 지은 《화엄철학》(경서원, 이찬수 옮김), p.123 이하에서 자세히 설명하고 있으므로 이것을 소개한다.

마련이다. 따라서 쑤냐타는 밖으로는 진짜이고 실제적인 것처럼 나타나는 현상세계의 사물일지라도 사실상 내부는 보잘 것 없으며 비어 있다는 것을 나타낸다. 그것들은 실제(real)가 아니며, 단지 실제인 것처럼 나타날 뿐이다.

2) 쑤냐(Sūnya)는 산스크리트어로 "영(零)이나 제로"를 의미한다. 쑤냐가 정확히 "영(零)"을 의미하는 것이라면 쑤냐타(空)는 틀림없이 "영(零)"의 철학을 암시하는 것이며, 공(空)의 불교적 가르침에 대한 이와 같은 이해는 크게 잘못된 것이 아니다. 영(零) 그 자체는 아무것도 포함하고 있지 않는다 해도 절대적으로 비어 있거나 허무주의적인 공허함이라고 말할 수 없다. 수학적 개념이나 기호처럼 "영(零)"을 아주 많은 기능과 유용성을 가지고 있다.

누군가 당신에게 "영(零)"이란 무(無, nothing)인가요? 라고 묻는다면 당신은 적절한 대답을 하기에 아주 곤란을 느낄 것이다. 영(零)은 아무것도 아닌 것(nothing)인 동시에 모든 것이 될 수 있는 가능성(the possibility of everything)이다. 그것은 분명히 무언가 허무주의적인 공허함이 아니라 오히려 모든 나타남(manifestations)에 있어 필수불가결하고 역동적인 것이다. 마찬가지로 쑤냐타(空)는 완전한 무(無)의 의미가 아니라 잔잔하게 울려 퍼지는 음성적이고 양성적인 측면을 모두 갖는다.

(2) 철학적 의미

공(Sūnyatā)은 철학적으로는 어떤 종류이든지 자아(自我)나 자성(自性)을 갖고 있지 않음을 의미한다. 모든 사물은 지속적인 실체

(實體)나 자성(自性, svabhāva)이 없기 때문이다. 원래 공(空)이라는 사상은 근본불교시대에 정립된 것이 아니라, 연기(緣起)를 설명하면서 후에 저절로 정립된 것이다. 즉 일체제법은 연이생법(緣已生法)인데, 연기하는 이유가 일체제법에 자성(自性)이 없기 때문이라는 것이다. 자성(自性)은 다른 것에 의존하지 않고 그 자체로 존재하는 성질을 말한다. 즉 어떤 경우에도 그 존재성을 잃지 않는 성질을 말한다. 그리고 자성이 없음(無自性)을 공(空)이라 한 것이다.

(3) 구별되어야 할 개념

1) 없음(無, absence)의 공(空)

없음의 공(空)은 어떤 것에 무엇인가가 결여된 것을 말하는데, 예를 들어 우리는 무심결에 "그 집이 비었군"이라고 말할 때, 이것이 의미하는 것은 "이 시간에 그 집에 살고 있는 것은 아무도 없다"이다. 또 "이 책꽂이는 비었다"라고 할 때, 그것이 의미하는 것은 "바로 지금 이 책꽂이에는 책이 한 권도 없다"라는 것이다. 이 두 경우 집이든 책꽂이든 그 자체가 없음을 의미하는 것이 아니다. 집과 책꽂이 속에 아무것도 없이 텅 비어 있다는 의미이다. 이런 유(類)의 공(空)을 없음의 공(無, emptiness of absence)이라고 하며, 또 외공이라고도 한다.³ 그러나 공(空)은 자아(自我)나 자성(自性)을 갖고 있지 않다는 의미이다. 즉 지속적인 실체가 아니다라는 뜻이기 때문에 없음의 공을 말하는 것이 아니다.

2) 없어짐(斷, annihilation)의 공(空)

없어짐의 공(空)을 쉽게 이해하기 위해 예를 들면 "이 땅이 비어 있다"고 할 때 과거에는 이 땅에 집이 있었는데, 지금은 집들이 철거되어 더 이상 집들이 없다는 것이다. 즉 집들이 없어졌다는 것이다. 이런 유(類)의 공(空)은 지난 시기 동안은 무언가 있었다가 그런 모습이 사라졌다는 것이다. 즉 존재(存在)로부터 비존재(非存在)로의 진행을 암시하고, 무언가 존재하던 것이 존재하지 않게 되었다는 개념이다.[4] 이 없어짐의 공(空)의 전형적인 예가 생명체의 죽음이다. 그러나 불교에서는 말하는 공(空)이란 없어짐의 공(空)을 말하는 것이 아니다.

2. 경(經)에서의 공(空)

그러면 공사상(空思想)을 설하고 있는 반야부 경전에서는 공(空)을 무엇이라고 하는가? 물론《금강경》도 "공"사상을 설하는 경전이지만 직접적으로 "공"이라는 말을 사용하여 설하지 않는다. 그래서 "공"이라는 말을 직접 사용하고 있는《반야심경(般若心經)》을 살펴보기로 한다.《반야심경》에서는 『色不異空 空不異色 色卽是空 空卽是色(색불이공 공불이색 색즉시공 공즉시색)』이라 한다.

---

3) 위의 책, p.127.
4) 위의 책, p.128.

(1) 色不異空 空不異色(색은 공과 다르지 않고, 공은 색과 다르지 않다)

「色不異空 空不異色」, 여기에는 세 가지 의미가 있다. 첫째, 색과 공이 분리되어 있거나 서로 별개의 것이 아님을 말한다. 둘째, 이사무애법계(理事無礙法界)의 의미인데, 그 중 상입(相入)의 원리를 말한다. 셋째, 무분별후득지(無分別後得智)의 경계를 말한다.

1) 색(色)과 공(空)이 분리되어 있거나 서로 별개가 아닌 관계

색(色)은 오온(五蘊) 중의 하나이다. 보통 사물의 형상·모습을 뜻하며, 정신작용인 수(受), 상(想), 행(行), 식(識)과 대조되는 물질이나 물질적인 것을 가리킨다. 일반적으로 일체제법을 일컬을 때 색(色)과 심(心) 두 가지 법(二法)으로 표현된다(色心二法). 이 색(色)에는 신체의 다섯 기관(五根 : 眼, 耳, 鼻, 舌, 身)과 그에 대응하는 다섯 가지 대상(五境 : 色, 聲, 香, 味, 觸), 그리고 제6의식(意識)에 의해 인식되는 것으로 무변법계(無邊法界) 중에 있는 법처소섭색(法處所攝色)[5]이 있다.

---

5) 법처소섭색이란 제6의식에 의해 인식되는 무변법계(無邊法界) 중에 있는 물질적 사물의 일부라 한다. 여기에 다섯 가지가 있다.
　① 극략색(極略色) : 나무, 흙, 돌 등과 같이 물질을 분석한 최소단위인 극미(極微)를 말한다. 그렇다고 자연과학에서 말하는 원자나 분자를 말하는 것이 아니다. 공(空)을 관(觀)하기 위해 의식(意識)으로 물질을 분석하여 나감으로써 도달한 최소단위의 개념, 즉 극미(極微)를 말하는 것이다. 따라서 극미는 의식 속에서 만들어진 가상 물질이다.
　② 극형색(極逈色) : 허공에 존재하는 물질적인 것(빛, 밝음, 그림자, 어둠 등) 즉 무형(無形)의 물질을 의식으로 분석하여 도달한 극미를 말한다. 이것도 가상

「色不異空 空不異色」을 번역하면 "색은 공과 다르지 않고, 공은 색과 다르지 않다"이다. 이것은 공(空)이란 색(色)과 분리되어 있거나 서로 별개의 것이 아님을 말하고 있는데, 분명히 색(色)과 공(空)을 두 개의 다른 실체로 보아서는 안 되며, 없음의 공도 아니고, 없어짐의 공도 아님을 명백히 하고 있다. 그렇기 때문에 공(空)은 전무(全無)가 아니며, 철학적으로 허무주의(虛無主義)도 아니다.

「色不異空」은 연기(緣起)의 현상세계에서 바라본 것인데, 연기(緣起)하는 현상세계를 관(觀)하니 현상세계 즉 일체제법이 "공(空)"이라는 것이다.

「空不異色」은 공(空)에서 현상세계 즉 일체제법을 바라보니 무자성(無自性), 무아(無我)이기 때문에 연기(緣起)라는 것이다.

2) 상입(相入)의 이사무애법계(理事無礙法界)[6]

상입(相入)과 이사무애법계의 의미에 대해서는 법계연기(法界緣起)편에서 자세히 살펴보기로 한다. 여기서 색(色)은 사종법계(四種

　　　물질이다.
③ 수소인색(受所引色) : 계(戒)를 받음으로써 생기는 계체(戒體)를 말한다. 계를 받음으로써 악(惡)을 멈추는 힘이 생기는데, 이 힘을 계체라 한다. 이 계체는 눈으로 볼 수 있는 구체적으로 나타나는 물질이 아니므로 무표색(無表色)이다.
④ 변계소기색(遍計所起色) : 실재로 존재하지 않지만 의식에 의하여 존재하는 것처럼 만들어진 것을 말한다. 예컨대 거북이 꼬리에 붙은 해초(海草)를 보고 거북이 털이라고 잘못 생각할 때 그 털을 말한다.
⑤ 정소인색(定所引色) : 선정(禪定)을 닦는 사람이 선정의 힘으로 생기는 색을 말한다. 예를 들어 부정관(不淨觀)을 닦을 때 떠오르는 시체나, 월륜관(月輪觀)을 닦을 때 떠오르는 달, 관염불(觀念佛)할 때의 부처의 모습 등이다.
6) 상입(相入)과 상즉(相卽) 그리고 사종법계(四種法界)에 대해서는 본서 pp.49~66 이하를 먼저 읽어보기 바란다.

法界)의 사법계(事法界)이며, 공(空)은 이법계(理法界)를 말한다.

색(色)이 공(空)과 분리되어 있거나 서로 별개가 아니라는 것은, 색(色)이 드러나면 색(色) 속에 공(空)이 당연히 있지만 공(空)의 모습은 보이지 않고, 공(空)이 드러나면 공속에 색이 당연히 있지만 색의 모습이 보이지 않는 상입(相入)의 관계를 말한다. 따라서 이것은 색의 사법계와 공의 이법계가 서로 가로 막거나 방해함이 없이 서로가 서로를 포섭하는 상입(相入)의 이사무애법계(理事無礙法界)를 말한다. 이를 그림으로 나타내면 다음과 같다.

현수 법장스님이 측천무후에게 화엄의 도리를 설명할 때 "금사자"의 예를 들었는데, 이 예를 보면 상입의 이사무애법계가 쉽게 이해될 것이다. 공(空)은 금(金)에, 색(色)은 사자(獅子)에 비유한다. 금사자가 있는 방에 들어가면 먼저 사자의 모습이 눈에 들어오고 금은 보이지 않는다.(그렇다고 금이 없는 것은 아니다) 이것은 색 속에 공이 상입한 이사무애(理事無礙)이니, 위 왼쪽 그림이다.

다음 사자를 보고난 후 조금 있으면 그 사자가 금이라는 것이 드러난다.(그렇다고 사자가 없는 것이 아니다) 이것은 공속에 색이 상입한 이사무애이니, 위 오른 쪽 그림이다. 그리고 공이 색에 상입하는 것(좌측 그림)과 색이 공에 상입하는 것(우측 그림)은 시간적으로 별개로 이루어지는 것이 아니라 동시(同時)에 서로 상입한다.

3) 무분별후득지(無分別後得智)의 경계

일체제법이 나와 다르지 않다(不異, 不二)는 인식하에 동시에 명명백백하게 일체제법의 차별(不一)을 인식하는 것을 무분별후득지라 한다. 이 경계는 상입의 이사무애법계의 원리에서 당연히 나온다.

위 상입의 그림 중 왼쪽을 보자. 색 속에 공이 있는 이사무애법계인데, 이 의미는 연기(緣起)하는 일체제법은 본 모습이 공(空)이기 때문에 차별이 없어 같다는 것이지만, 다만 외형상 나타나는 모습에 차별이 있다는 것이다. 다음 오른 쪽 그림을 보자. 공속에 색이 있는 이사무애법계인데, 이 의미는 공(空)을 떠나서 연기하는 일체제법은 있을 수 없다는 것이다. 이 두 가지를 합하면 즉 무분별(무차별, 不異)을 바탕으로 하면서 분별(차별, 不一)이 있는 경계이니 무분별후득지(無分別後得智)의 경계가 드러난다.

(2) 色卽是空 空卽是色(색이 바로 공이며, 공이 바로 색이다)

「色卽是空 空卽是色」 여기에도 세 가지 의미가 있다. 첫째, 색(色)의 체(體)는 공(空)이며, 공(空)은 일체제법의 근원(根源)이다. 둘째, 상즉(相卽)의 이사무애법계(理事無礙法界)를 말한다. 셋째, 무분별지(無分別智)의 경계를 말한다.

1) 색의 체는 공(空)이며, 공(空)은 일체제법의 근원(根源)

첫째, "색의 체는 공(空)"이라는 것은 「色卽是空(색이 바로 공이다)」이 말해주는 것이다. 색의 체는 공이라는 것에 대하여 살펴보면 세 가지로 논증할 수 있다.

① 사물들은 계속적으로 변화하기 때문에 그것들은 모두 공(空)하다. 현상세계 안에서 모든 사물들이 찰나 찰나에 계속적으로 변화하는 모습을 관찰해 보면, 모든 존재하는 것들이 공(空)하다는 것을 결론 지울 수 있다.

② 모든 사물들은 연기(緣起, pratitya-samutpāda)를 통해 생성되기 때문에 자성(自性, Svabhāva)이 결여되어 있음을 관(觀)한다면 모든 사물들이 공(空)하다는 결론을 내릴 수 있다.

③ 외부세계는 집합적인 카르마(業)의 종합이고, 자기 마음의 투사이며, 변화와 멈춤에 종속되는 것이므로 사물들이 공(空)하다는 결론을 내릴 수 있다. 예를 들어 보면 데바(deva)나 신이 호수를 보면 감로수로 보이고, 사람이 보면 보통 물로 보이고, 아귀가 보면 피고름으로 보이고, 물고기가 보면 자기가 살고 있는 집으로 보인다(一水四見). 왜냐하면 신, 사람, 아귀, 물고기는 각각의 카르마(業)에 의해 투사되어 보기 때문에 달리 보이는 것이다. 즉 사람의 예에서 호수가 참으로 존재하는 것이 아니라 모든 사람들이 같은 지점 위에서 같은 영상을 투사하는 보편 동일한 카르마(業)를 갖고 있음을 의미한다. 이것은 신, 아귀, 물고기에도 마찬가지이다. 이러한 것은 호수 물에 자성(自性)이 없다는 것을 보여 주고 있는 것이다. 각종의 보편적 카르마(業)들에 의해 조건 지어져서 다른 감각적인 존재

들에게 다른 사물들로 나타나는 것이다. 위 세 가지 논증으로 색(色)의 체(體)는 공(空)임을 알 수 있다.

둘째, "공(空)은 일체제법의 근원(根源)"이라는 것은 「空卽是色(공이 바로 색이다)」이 말해 주는 것이다. 즉 공(空)에서 색(色)이 생기한다는 것인데, 공(空)하기 때문에 연기(緣起)가 있다. 따라서 공(空) 그 자체가 연기(緣起)이다. 연기(緣起)는 현상계의 색(色)이고, 색(色)은 공(空)하기 때문에 생기(生起)하므로 공(空)은 일체제법의 근원(根源)임을 알 수 있다.

2) 상즉(相卽)의 이사무애법계(理事無礙法界)

화엄사상의 두 원리 중, 상즉의 원리는 일체제법이 "하나(一)"라는 "동일성원리"이다. 이것은 분화되기 이전의 절대평등하고 어떠한 구별도 없는 경계이다. 오직 하나(一)이고 둘(二)이 아니다. 따라서 「色卽是空 空卽是色」은 색(色)인 사법계(事法界)와 공(空)인 이법계(理法界)가 둘(二)이 아니라 하나(一)라는 것이다. 색과 공이 완전히 하나로 융합되어서 색이니 공이니 하는 구별 자체도 없다는 것이다. 이것이 "상즉(相卽)의 이사무애법계(理事無礙法界)"이다. 이것을 그림으로 나타내면 다음과 같다.

[상즉(相卽)]

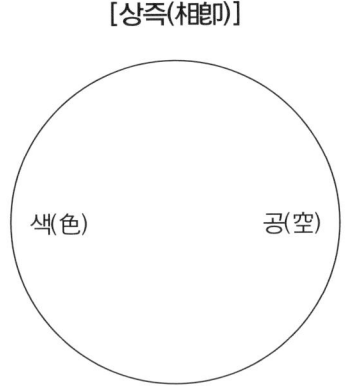

위 그림에서 색(色)과 공(空)이 완전히 하나로 융합되어 있어서 색(色)과 공(空)을 구별할 수 없다. 즉 사법계(事法界)와 이법계(理法界)가 완전히 하나로 융합되어 사법계가 곧 이법계이고, 이법계가 곧 사법계인 상즉의 이사무애법계를 나타내고 있다.

3) 무분별지(無分別智)의 경계

일체제법이 나와 다르지 않다(不二)고 인식하는 것이 무분별지(無分別智)라고 하였다. 이 지혜(智慧)는 상즉의 이사무애법계 원리에서 당연히 나온다. 즉 일체가 구별이나 차별이 없는 "하나"를 상즉이라 하니, 상즉은 무분별지(無分別智)의 지혜를 말하는 것이다. 이러한 이유로 생사(生死)와 열반(涅槃)이 둘이 아닌 하나(生死涅槃相共和)라 하고, 유위법(有爲法)과 무위법(無爲法)이 둘이 아닌 하나(理事冥然無分別)라고 하는 것이다.

※앞 각주 6)에서 말한 화엄사상의 두 원리 상입(相入)과 상즉(相

卽)에 대해서 살펴보기로 한다. 이 화엄사상의 두 원리는 천태학(天台學)의 제법실상(諸法實相)에서 영향을 받아 발전한 것인데, 먼저 천태의 제법실상을 살펴보고, 화엄사상의 두 원리, 상입과 상즉에 대해서 살펴보기로 한다.

【천태학天台學의 제법실상諸法實相】

천태학은 중국 수(隋)나라 시대에 활동한 천태지의대사[7]가 체계화한 교학이다. 천태지의가 제법의 실상을 보는 것은 일체제법 그 자체가 실상(實相)이라는 것이다. 다시 말하면 현상(現象) 그대로가 실재(現象卽實在)라는 즉 현상의 법(法) 그 자체가 그대로 연기(緣起)이며 실상(實相)이라는 것이다. 천태는 이 실상(實相)을 사구분별(四句分別)로 설명한다. 사구분별(四句分別)이란 유(有), 무(無), 역유역무(亦有亦無), 비유비무(非有非無)이다.

예를 들어 "쇠"를 생각해 보자. 우리의 눈으로 분명히 쇠가 있는

---

[7] 지의(智顗, 538~597) : 중국 수나라 승려. 천태종의 개조(開祖). 자는 덕안(德安), 속성(俗姓)은 진(陳), 형주 화용현 사람으로 18세에 과원사에서 법서(法緒)에게 출가함. 혜광에게 율, 대승교를 배우고, 560년 광주 대소산에 혜사를 찾아 심관(心觀)을 받음. 38세에 천태산에 들어가 수선사를 창건하고 《법화경》을 중심으로 불교를 통일하여 천태종을 완성함. 591년 수의 진왕 양광에게 보살계를 주고 지자대사(智者大師)의 호를 받음. 당양현에 옥천사를 창건하고 《법화현의》, 《마하지관》을 강하였음. 세수 60에 천태산에서 입적하였음. 저서로는 《법화문구》, 《법화현의》, 《마하지관》, 《관음현의》 등이 있음. 지의는 천태산에서 거의 머물렀으므로 천태지의라 불렀고, 천태종이라는 이름과 천태학이라는 이름도 여기서 나온 것이다.

것이 확인되며, 누구도 쇠가 없다고 부정할 수 없다. 이것을 있다고 하는 것이다. 따라서 "유(有)"가 긍정된다. 한편 이 쇠는 시간이 지남에 따라 녹이 슬어 소멸해 간다. 다시 말해서 영원히 존재할 수 없다. 그래서 실재하지 않다고 하는 것이다. 여기서 "무(無)"가 긍정된다. 이와 같이 "쇠"의 존재에 대하여 두 가지가 모두 성립된다. 즉 하나는 유(有)이고, 다른 하나는 무(無)이다.

한편 논리상 유(有)와 무(無)는 정반대이기 때문에 어느 것이 옳은 것인지 고찰해 보아야 된다. "존재하는 것임과 동시에 존재하지 않다"는 것이 옳다는 유무(有無) 모두 긍정(亦有亦無)하는 경우와 "존재하는 것이 아니면서 존재하지 않는 것도 아니다"라고 유무(有無) 모두 부정(非有非無)하는 경우를 생각해 볼 수 있다. 그러면 위 "쇠"는 있는 것도 되고 없는 것도 되는(亦有亦無) 동시에, 있는 것도 아니고 없는 것도 아닌 것(非有非無)이라는 것이다.[8]

이것을 다시 정리하면 ① "쇠"가 있다는 상태(有), ② "쇠"가 없

---

8) 이 책 말미 보론(補論)에서 설명하겠지만 "있기도 하고 없기도 하는(亦有亦無) 동시에 있는 것도 아니고 없는 것도 아닌 것(非有非無)"를 "상태(狀態)의 공존(共存)"이라고 한다. 이 말은 현재 불교학문 용어가 아니고 양자물리학에서 사용하는 용어인데 이 상태의 공존이라는 개념을 이해하면 불교에서 말하는 비유비무(非有非無)를 아주 쉽게 이해할 수 있다. 그래서 저자는 이 "상태의 공존"이라는 용어를 사용하기로 한다.
"상태의 공존"이란 같은 시각 같은 공간에서 두 개 이상의 상태가 존재한다는 것이다. 예를 들어 방이 하나 있는데, 어떤 사물 "A"가 방 왼쪽에 있으면서 동시에 방 오른쪽에도 있다는 것이다. 그러나 "A"라는 사물이 두 개 있는 것이 아니라 오직 하나뿐이다. 즉 한 개의 사물 "A"가 방 왼쪽에 있는 상태와 방 오른쪽에 있는 상태, 즉 두 개의 상태가 방이라는 같은 공간과 같은 시각에 동시에 존재하는 것을 "상태의 공존"이라 한다. 이 상태의 공존을 유무(有無)에 적용해 보면 유(有)의 상태와 무(無)의 상태가 같은 시각 같은 공간 속에서 공존하고 있는 것이다. 즉 유(有)이면서 무(無)인 것이다. 有이면서 無이니 비유비무(非有非無)도 성립한다.

다는 상태(無), ③ "쇠"가 있기도 하고 동시에 없기도 하는 상태(亦有亦無), ④ "쇠"가 있는 것도 아니고 동시에 없는 것도 아닌 상태(非有非無) 등 4가지이다. 이 4가지 상태가 같은 시간 같은 공간에서 동시에 모두 존재한다. 이러한 존재 상태를 "상태(狀態)의 공존(共存)"이라고 한다. 여기서 주의할 점은 4가지의 상태가 공존한다고 해서 유의 상태, 무의 상태, 역유역무의 상태, 비유비무의 상태가 각각 별개로 독립한 상태로서 같은 시간 같은 공간에 존재한다는 것이 아니다. 이 4가지 상태는 서로 상즉(相卽)하는 관계에 있다. "有" 卽 "無" 卽 "亦有亦無" 卽 "非有非無"이다.

불교에서는 이러한 제법의 존재상태(存在狀態)를 중도실상(中道實相)이라 한다. 다시 말해서 유무(有無)의 상대(相對)에 떨어지지 않고 또한 상대(相對)와 절대(絕對)에도 떨어지지 않는 중도실상을 천태는 제법실상(諸法實相)이라 한 것이다. 천태대사는 이러한 관점에서 존재하는 모든 것들은 그대로 실상을 보이는 것이며, 실상을 보이는 것이기 때문에 개별이 전체를 거두어들이면서 전체의 부분으로 존재한다는 것이다(互融互具).

천태는 제법의 실상을 이러한 관점에서 보고, 그 구체적인 논리를 삼제원융(三諦圓融)과 일념삼천(一念三千)으로 전개하고 있는데, 실상(實相)은 삼제원융(三諦圓融)으로, 제법은 일념삼천(一念三千)으로 설명하고 있다.

1. 삼제원융(三諦圓融)

삼제는 공제(空諦), 가제(假諦), 중제(中諦)를 말한다. 천태가 말하는 공제, 가제, 중제는 이미 용수가 《중론》에서 『衆因緣生法 我

說卽是空[9] 亦爲是假名 亦是中道義』라 하고 있고, 유식학파에서도 유공중도(有空中道)를 논하고 있으므로 삼제는 천태의 독창적인 것이 아닌 것이다. 다만 천태는 이 삼제를 제법실상을 밝히는데 십분 발휘하고 있는데 그것이 삼제원융이다.

천태에 의하면 일체제법은 공(空), 가(假), 중(中)의 진리라는 것이다. 공(空)이라는 진리는 일체제법의 실체를 부정하여 일체제법은 체(體)에서 평등하다는 것이다. 이것은 진리이므로 공제(空諦)라 한다. 한편 일체제법은 현실에서 차별로 엄연히 존재한다. 이것도 진리이므로 가제(假諦)라 한다. 그리고 평등의 공(空)과 차별의 가(假)는 공(空)이기 때문에 가(假)가 있을 수 있고, 가(假)는 또 공(空)을 나타내는 것이다. 따라서 공과 가는 별개의 둘이 아니라 불이일체(不二一體)이다. 이것이 중제(中諦)라는 것이다. 이제 삼제(三諦)가 원융(圓融)한 면을 보자. 삼제원융이란 공(空) 속에 가(假)와 중(中)이 포섭되어 있고, 가(假) 속에 공(空)과 중(中)이 포섭되어 있고, 중(中) 속에 공(空)과 가(假)가 포섭되어 있어서, 각 제가 다른 이제를 갖추면서 원융하고, 서로 상즉하면서 원융하다는 것이다. 여기서 다른 이제를 갖추면서 원융하다는 것을 호구원융(互具圓融)이라 하고, 서로 상즉하면서 원융하다는 것을 상즉원융(相卽圓融)이라 한다. 예를 들어 물을 보자. 물은 수소(H)와 산소(O)가 결합하여 이루어진다. 여기서 세 가지 측면을 볼 수 있다. 첫째, 수소와 산소를 결합시키면 물이 생성된다는 진리이다. 이것이 물이 있

---

9) 구마라집은 무(無)라고 번역하고 있다. 그러나 범문은 "śūnyatām"이므로 공(空)으로 번역해야 옳다. 《중론》의 다른 번역본인 바라바밀다라 역은 공(空)으로 번역하고 있다. 여기서는 구마라집 譯의 무(無)를 공(空)으로 고쳐서 썼다.

게 되는 것이니 가(假)이다. 둘째, 수소와 산소가 자성(自性)을 가지는 실체가 없기 때문에 물을 생성시킬 수 있는 것이다. 즉 자성의 실체 부정이 공(空)이다. 셋째, 물인 가(假)와, 수소와 산소의 자성 부정인 공(空)은 둘이 아니니 그것이 중(中)이다.

그런데 가(假)로 존재하는 물 역시 자성(自性)이 없는 것이다. 왜냐하면 수소와 산소가 자성이 없으니 그 결합인 물도 자성이 없는 것이다. 따라서 물인 가(假) 속에 공(空)이 포섭되어 있고, 그 가(假)인 물이 자성이 없는 바로 공(空)이다. 따라서 물인 가(假) 속에 중(中)도 포섭되어 있다. 이러한 논리로 공(空) 속에 가와 중이 포섭되고, 중(中) 속에 가와 공이 포섭되어 있는 것이다. 이것이 호구원융(互具圓融)이다.

또 우리가 물을 보면 오로지 물만 나타나지 그 자성은 나타나지 않고, 물과 무자성이 같다는 것도 나타나지 않는다. 따라서 삼제가 물인 가제(假諦)로 완전히 하나의 상태다. 이 물을 과학자가 수소와 산소를 분해하였다면 물을 이미 무자성 공(空)을 나타내는 것이지 물인 가(假)와 중(中)은 나타나지 않는다. 따라서 삼제가 공제(空諦)로 완전히 하나의 상태다. 이 둘의 결과를 동시에 보면 가(假)와 공(空)이 같다는 중(中)으로 나타나지 별도로 나타나지 않는다. 이것이 바로 즉공즉가즉중(卽空卽假卽中)을 말하는 상즉원융(相卽圓融)이다.

위 물을 예로 보았듯이 개별의 법이 일체법의 공, 가, 중을 말하고 있는 것이니, 하나의 공이 일체공(一空一切空)이고, 하나의 가(假)가 일체가(一假一切假)이며, 하나의 중(中)이 일체중(一中一切中)이다. 이 삼제원융을 그림으로 나타내면 다음 쪽과 같다.

그리고 호구원융(互具圓融)과 상즉원융(相卽圓融)의 관계도 서로 동시원융(同時圓融)이다. 이러한 삼제원융은 추상적인 관념상에서만 이루어지는 것이 아니라 현상세계의 사사물물 전부 원융삼제의 진리를 구족하고 있다는 것이다. 가령 우리가 어떤 소리를 들을 때 그 소리가 삼제원융의 진리를 구족하고, 어떤 사물을 볼 때 그 사물이 삼제원융의 진리를 구족하고 있는 것이다. 이러한 것이 제법실상(諸法實相)의 묘리이다. 천태는 이러한 삼제원융의 관찰을 일심삼관(一心三觀)이라 한다.

[호구원융(互具圓融)]

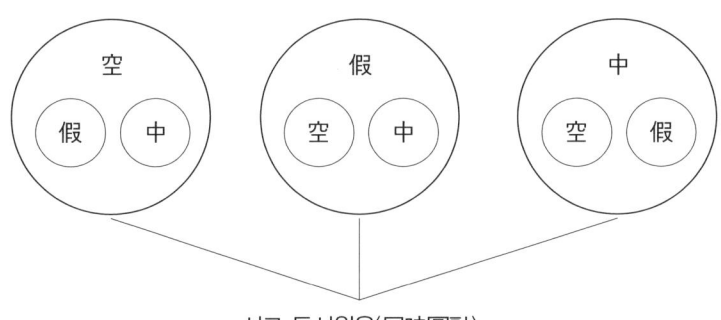

서로 동시원융(同時圓融)

[상즉원융(相卽圓融)]

2. 일념삼천(一念三千)

위 "1. 삼제원융(三諦圓融)"은 제법의 실상(實相)을 설명한 것이다. 그러면 천태학에서는 제법은 무엇일까? 아비달마(부파) 불교에서는 제법을 5위 75법으로 분류하였고, 유식학에서는 5위 100법으로 분류하였다. 그리고 아비달마(부파) 불교나 유식학파는 분류한 제법 하나하나에 대하여 설명을 하고 있다. 천태지의는 제법을 "일념삼천(一念三千)"이라 한다. 그러나 각 법에 대해서는 설명이 없다. 여기서 "삼천(三千)"이 의미하는 것은 부파불교나 유식학에서 분류하는 것과 같이 특정한 제법의 수(數)를 말하는 것이 아니라 제법이 차별적이면서 그 수가 많음을 상징한다.

먼저 "일념삼천(一念三千)"이란 우리의 한 순간 마음에 일체만유가 갖추어져 있다는 것이다. 여기서 일념(一念)이란 범부의 한 순간 마음이다. 즉 느끼고, 생각하고, 분별하는 그 마음을 말하는데, 이러한 마음에 3천이라는 일체만유가 갖추어져 있다는 것이다. 따라서 범부의 마음에 우주만유가 갖추어져 있다고 하여 "심구(心具)"라고도 한다.

다음 3천이라는 수(數)는 십계호구(十界互具)와 십여시(十如是) 그리고 삼세간(三世間)을 곱한 것이다. 십계(十界)는 지옥, 아귀, 축생, 수라, 인간, 천상 등 미혹의 6세계와 성문, 연각, 보살, 불 등 깨달음의 4세계를 합한 것이다. 그리고 각 세계(世界)는 나머지 9세계를 갖추고 있다. 다시 말해서 지옥세계도 불, 보살, 연각, 성문, 천상, 인간, 수라, 축생, 아귀 등 9세계를 갖추고 있고, 불(佛)에도 보살, 연각, 성문, 천상, 인간, 수라, 축생, 아귀, 지옥 등 9세계를 갖추고 있다는 것이다. 이것이 십계호구(十界互具)다. 따라서 10계에 10계를 갖추고 있으니 100계가 된다(10×10 = 100). 또 100계는 열 가지 범주(十如是)로 이루어져 있다. 열 가지 범주는 여시상(如是相), 여시성(如是性), 여시체(如是體), 여시력(如是力), 여시작(如是作), 여시인(如是因), 여시연(如是緣), 여시과(如是果), 여시보(如是報), 여시본말구경등(如是本末究竟等)이다. 100계가 10여시(如是)을 갖추고 있으니 천여(千如)가 된다(100×10 = 1,000). 천여는 삼세간(三世間)에 다 갖추어져 있다. 삼세간은 오온세간(五蘊世間), 중생세간(衆生世間), 국토세간(國土世間)을 말한다. 삼세간(三世間)에 천여(千如)가 갖추어져 있으므로 삼천(三千)이 되는 것이다(1,000×3 = 3,000). 이리하여 삼천제법(三千諸法)이 산출된 것이다.

이 삼천제법 하나하나 법이 삼제원융(三諦圓融)의 진리를 갖추고 있다는 것이 천태의 제법실상(諸法實相)이다. 이제 십계호구(十界互具), 십여시(十如是), 삼세간(三世間)에 대하여 공부하기로 한다.

(1) 십계호구(十界互具)

십계(十界)는 지옥(地獄), 아귀(餓鬼), 축생(畜生), 수라(修羅), 인간(人間), 천상(天上) 등 미혹한 6계와 성문(聲聞), 연각(緣覺), 보살(菩薩), 불(佛) 등 깨달은 4계를 합한 것을 말한다. 위 삼제원융에서 하나의 법이 일체법의 공(空), 가(假), 중(中)을 말하고 있다고 하였다. 이것이 일법구일체법(一法具一切法)이니 하나의 법이 일체법을 갖추고 있다는 결론이 된다. 이러한 논리는 십계에도 적용된다. 따라서 십계의 각계가 나머지 9계를 갖추게 되는 것이다. 이것이 십계호구(十界互具)설이다.

천태지의는 10계를 범부 중생의 6도(道)와 4성(聖)의 차별을 가진 법계(法界)라 한다. 이것은 하나의 법이 일체법의 공, 가, 중을 말하고 있다(삼제원융)는 논리에서 나온다. 즉 가관(假觀)에서 보면 법계는 10계의 차별이 있다는 것이다. 또 공관(空觀)에서 보면 법계는 무차별이다. 동시에 중관(中觀)에서 보면 차별의 10계가 무차별의 일법계(一法界)라는 것이다(差別卽平等). 따라서 법계는 차별과 무차별 그리고 차별즉평등(差別卽平等)이라는 세 가지 면이 있다는 것이다. 십계호구를 그림으로 나타내면 다음과 같다.

[십계호구(十界互具)]

```
   10界        ←─────────────────────────────────→  하성(下性)
불계(佛界)   : 지옥 축생 아귀 수라 인간 천상 성문 연각 보살 佛 (10계)
보살계(菩薩界): 지옥 축생 아귀 수라 인간 천상 성문 연각 菩薩 불 (10계)
연각계(緣覺界): 지옥 축생 아귀 수라 인간 천상 성문 緣覺 보살 불 (10계)
성문계(聲聞界): 지옥 축생 아귀 수라 인간 천상 聲聞 연각 보살 불 (10계)
천상계(天上界): 지옥 축생 아귀 수라 인간 天上 성문 연각 보살 불 (10계)
인간계(人間界): 지옥 축생 아귀 수라 人間 천상 성문 연각 보살 불 (10계)
수라계(修羅界): 지옥 축생 아귀 修羅 인간 천상 성문 연각 보살 불 (10계)
아귀계(餓鬼界): 지옥 축생 餓鬼 수라 인간 천상 성문 연각 보살 불 (10계)
축생계(畜生界): 지옥 畜生 아귀 수라 인간 천상 성문 연각 보살 불 (10계)
지옥계(地獄界): 地獄 축생 아귀 수라 인간 천상 성문 연각 보살 불 (10계)
   상성(上性) ─────────────────────────────────→  100계
```

앞 그림에서 겉으로 나타난 모습(外相)이 지옥이면 지옥보다 위의 성품(性品) 즉 상성(上性)만 갖추고 하성(下性)은 없다. 지옥이 제일 아래 성품이기 때문이다. 만약 겉으로 나타난 모습(外相)이 인간이면 상성은 천상, 성문, 연각, 보살, 불이고, 하성은 수라, 아귀, 축생, 지옥을 갖추고 있다. 겉으로 나타난 모습이 불(佛)이면 하성(下性)만 갖추고 있다. 이렇게 10계의 각 계는 나머지 9계를 본래부터 갖추고 있다는 것이 천태의 설명이다. 따라서 10계 하나하나는 그대로 완전한 법계(法界)를 이룬다는 것이다. 이것이 일법계구일체법계(一法界具一切法界)이다. 개별 중에 전체를 나타내는 것이 십계호구의 뜻이다.[10]

또 십계의 명칭을 보면 유정(有情)들의 마음상태를 나타내는 것이다. 즉 우리들의 마음이 미혹(迷惑)에 빠져 있는가?, 아니면 깨달음에 있는가? 이다. 미혹에 빠져 있으면 그 정도에 따라서 아주 깊으면 지옥계가 나타나고 성내는 마음을 내면 수라계가 나타나는 것이다. 반대로 우리의 마음이 깨달음의 세계에 들어가면 그 깊이에 따라 성문, 연각, 보살, 불계(佛界)가 나타난다는 것이다. 따라서 지옥에 있는 사람도 보살이나 부처의 심성을 가지고 있고, 존경을 받는 성인(聖人)도 마음에는 지옥, 아귀 등과 같은 심성이 있다는 것이다. 이러한 것을 성구설(性具說)이라 한다.

천태지의는 《관음현의》에서 여래(如來)에게도 본성으로서의 악성(惡性)이 있다고 한다(十界互具의 논리상 당연한 결론이다). 그리고

---

10) 화엄의 "일즉일체다즉일사상(一卽一切多卽一思想)"과 같다. 그래서 화엄의 "일즉일체사상(一卽一切思想)"은 천태사상에서 영향을 받았다고 말하기도 한다.

악(惡)을 수악(修惡)과 성악(性惡)으로 구분한다. 수(修)는 수치조작(修治造作)의 뜻이고, 성(性)은 본유불개(本有不改)의 뜻이다. 수악(修惡)은 경험악이고, 성악(性惡)은 악의 가능성을 말하는데 악성(惡性)과 같은 뜻이라고 한다. 그리하여 여래(如來)는 수악(修惡)으로서 경험악을 끊고 있지만, 선천적인 성악(性惡)은 본래부터 갖추고 있다고 하며, 이 본래부터 갖추고 있는 성악(性惡) 때문에 오히려 중생을 제도하는데 있어서 무위(無爲)의 신통력을 자재(自在)로 펼친다는 것이다. 왜냐하면 악(惡)에 대하여 연(緣)이 없으면(無緣) 어떻게 악(惡)의 중생을 제도할 수 있겠는가?이다. 어떻든 천태의 십계호구 성구설은 우리가 어떻게 하느냐에 따라 부처도 되고 지옥에 떨어지기도 한다는 가능성을 가지고 있다는 것이다.

(2) 십여시(十如是)

십여시는 《묘법연화경(妙法蓮華經)》 방편품에 『모든 법은 이와 같은 상(相)이며, 이와 같은 성(性)이며, 이와 같은 체(體)이며, 이와 같은 역(力)이며, 이와 같은 작(作)이며, 이와 같은 인(因)이며, 이와 같은 연(緣)이며, 이와 같은 과(果)이며, 이와 같은 보(報)이며, 이와 같은 본말구경등(本末究竟等)이니라.(所謂諸法 如是相 如是性 如是體 如是力 如是作 如是因 如是緣 如是果 如是報 如是本末究竟等)』이라 하는 데에서 나오는 것이다.

천태지의는 십계의 각 계가 이 십여시를 갖추고 있다는 것이다. 그래서 1,000여시(십계호구100계×10여시=1,000)가 된다. 그러면 십여시가 무엇이고, 십여시가 십계에 어떻게 나타나는지 살펴보자.

1) 십여시의 정의[11]

십여시에 대한 의미는 천태지의가 지은 《마하지관》에서 정의하고 있다. 그리고 십여시를 정의하면서, 우리의 마음이 모든 것(一切)을 갖추고 있다는 심구(心具)의 의미도 아울러 말하고 있다.

① **여시상**(如是相)은 바깥에 근거한 것이니 이는 보아서 구별할 수 있는 것이다. 지옥에는 지옥의 형상이 있고, 아귀에는 아귀의 형상이 있고, 불보살의 형상이 있다는 것이다. 또 사람의 얼굴이 일체상(一切相)을 갖추고 있는 것처럼 우리의 마음도 이와 같아서 일체상(一切相)을 갖추고 있다.

② **여시성**(如是性)에서 성(性)은 안에 근거한 것이다. 이 성(性)에 세 가지 뜻이 있다. 첫째는 바뀌지 않는 것을 성(性)이라 한다. 《무행경(無行經)》에서는 이것을 부동성(不動性)이라 하였는데, 이 성(性)은 바뀌지 않는 의미이다. 둘째 성(性)은 성분(性分) 곧 종류(種類)를 말하는 것이다(種性). 종류는 그 대상마다 같지 않아 각기 바뀌지 않는 것이다. 셋째 성(性)은 실성(實性)이다. 실성은 이성(理性)이고 진정한 실제이어서 이를 넘어서는 것이 없다. 이는 불성(佛性)의 다른 이름이다. 앞에서 소개한 세 가지 성(性)의 의미와 공, 가, 중의 관계를 살펴보자. 부동성(不動性)은 공(空)을 돕고, 종성(種性)은 가(假)를 돕고, 실성(實性)은 중(中)을 돕는다. 그리고 여기서는 안에 있는 성(性)은 바뀌지 않는다는 것을 밝힌다. 비유하면 대나무 안에 있는 화성(火性)을 볼 수는 없으나, 없다고 말할 수 없는 것과 같다. 왜냐하면 부싯돌을 가진 사람이 마른 풀에 불을 놓으

---

11) 이병욱 지음, 천태사상연구, 경서원, pp.342~346를 참고 하였음.

면 모든 것을 태울 수 있기 때문이다. 마음도 이와 같아 오음성(五陰性)을 갖추고 있다. 따라서 볼 수 없다고 해서 없다고 말해서는 안 된다. 지혜의 눈으로 보면 일체(一切)의 성(性)을 갖추고 있음을 볼 것이다.

③ 여시체(如是體)에서 체(體)는 주요한 바탕이다. 십법계의 오음(五陰)이 모두 물질과 마음을 근본 바탕으로 삼는다.

④ 여시력(如是力)은 힘써 쓸 수 있는 것이다. 비유하면 왕의 역사(力士)는 많은 재주가 도리어 병통이 되니, 병들고 잘못됨이 없어야 비로소 재주를 쓸 수 있는 것과 같다. 마음도 이와 같아 모든 역(力)을 갖추고 있으나, 번뇌라는 병 때문에 힘을 쓸 수 없다. 이와 같이 본다면 일체력(一切力)을 갖추는 것이다. 다시 말해서 여시력은 상(相), 성(性), 체(體)가 있으면 이로부터 나오는 원동력이다.

⑤ 여시작(如是作)에서 작(作)은 활동을 해서 무엇인가 만들어 내는 것이다. 그런데 마음을 떠나서는 작동할 것도 없다. 그러므로 마음이 일체작(一切作)을 갖추고 있다.

⑥ 여시인(如是因)에서 인(因)은 과(果)를 초래하는 것이다. 또한 업(業)이라고도 한다. 십법계의 업(業)이 일어남은 마음에서 시작하는 것이다. 그러므로 마음만 있게 된다면 모든 업이 갖추어진다. 그래서 여시인(如是因)이라 말한다.

⑦ 여시연(如是緣)에서 연(緣)은 연유(緣由)를 말하는 것이다. 그리고 업(業)을 돕는 것은 모두 연(緣)의 측면을 가지고 있다. 그런데 무명(無明)과 애(愛) 등이 업을 도우므로, 마음에서 보자면 무명과 애가 연이 된다. 다시 말하면 과(果)를 내는 인(因)을 돕는 것을

여시연(如是緣)이라는 것이다.

⑧ **여시과**(如是果)란 여시인(如是因)과 여시연(如是緣)에 의해 초래되는 결과(結果)를 말한다.

⑨ **여시보**(如是報)에서 보(報)는 인(因)을 갚는 것이다. 습인(習因)과 습과(習果)를 통틀어 인(因)이라 말하는데, 이것이 후세(後世)의 보(報)를 이끈다. 이 보(報)가 인(因)을 갚는 것이다. 예를 들어 사람의 몸을 받는 것은 여시과(如是果)이고, 사람의 몸을 받음으로서 고락(苦樂)이 뒤따르는데, 그 고락(苦樂)이 여시보(如是報)이다. 또 사람의 몸을 받아서 선과 악을 짓게 되는데, 그 선악(善惡)의 행위에 따라 다음 생의 과보를 이끌게 된다. 이것도 여시보(如是報)이다. 그래서 습인과 습과을 통틀어 인(因)이라 한 것이다.

⑩ **여시본말구경등**(如是本末究竟等)은 위 여시상(本)에서부터 여시보(末)까지의 존재 방식이 공(空), 가(假), 중(中)임을 말하는 것이다. 여시상 내지 여시보가 인연화합해서 생겨난 것이므로 독자적인 자성(自性)이 없다. 그러므로 공(空)이다. 여시상 내지 여시보가 서로 다른 내용인 것 같지만 공(空)이라는 점에서 모두 평등하다.

다음 가(假)에서 보면 서로 나타내 주고 있다. 여시상을 보고서 여시보를 알고, 여시보를 보고서 여시상을 안다. 이는 여시상 내지 여시보가 서로 관계를 맺고 있다는 것이다. 다시 말하면 현상계의 존재는 서로 밀접한 상의상관(相依相關)이라는 것이다. 또한 이것은 현상계의 가(假)이다. 따라서 현상계의 가(假)라는 점에서 보면 모두 같다.

그 다음 중(中)을 보면, 여시상의 경우 상(相)은 무상(無相)이다. 이는 공(空)을 말한다. 그리고 무상(無相)이면서 상(相)인데, 이는

가(假)를 말한다. 또한 상(相)도 아니고 무상(無相)도 아니다. 이는 중(中)을 말하는 것이다. 그리고 나머지 여덟 가지도 이와 같다. 그래서 중(中)이라는 점에서 모두 같다고 하는 것이다.

삼전독(三轉讀)

시상여(是相如) ── 여(如) : 공(空) ── 평등

여시상(如是相) ── 상(相) : 가(假) ── 차별

상여시(相如是) ── 시(是) : 중(中) ── 절대

이처럼 여시본말구경등(如是本末究竟等)은 여시상 내지 여시보의 존재방식이 공, 가, 중이라 하였는데, 그렇게 공, 가, 중으로 볼 수 있는 십여시(十如是)의 읽는 방법이 있으니 그것이 "삼전독(三轉讀)"이다. 즉 십여시의 문장을 읽을 때, 첫째, 시상여(是相如) 내지 시보여(是報如)로 여(如)에 중점을 두고 읽는 것이다. 여(如)는 다르지 않다는 뜻으로 모두가 평등한 모습인 공제(空諦)를 나타낸다. 둘째, 여시상(如是相) 내지 여시보(如是報)로 상(相), 성(性) 내지 보(報)에 중점을 두고 읽는 것이다. 이것은 차별적인 제법의 가제(假諦)를 나타낸다. 셋째, 상여시(相如是), 성여시(性如是) 내지 보여시(報如是)로 시(是)에 중점을 두고 읽는 것이다. 시(是)는 진실의 뜻으로 공(空)이면서 가(假)이고, 공(空)이 아니면서 가(假)도 아닌 중제(中諦)를 나타낸다.

2) 십법계에 나타난 십여시

십여시가 십법계에 어떻게 나타나는가? 이다. 《마하지관》 제5권에서는 십법계를 네 종류로 묶어서 설명하고 있다. 네 종류는 삼악도(三惡道), 삼선도(三善道), 이승(二乘), 불보살(佛菩薩)이다.

① 첫째, 삼악도(三惡道)에 십여시가 어떻게 나타나는가? 삼악도는 지옥(地獄), 축생(畜生), 아귀(餓鬼)를 말한다. 삼악도의 상(相)은 고(苦)이고, 악취(惡聚)에 태어남이 결정된 것이 성(性)이며, 삼악도에 사는 중생의 몸과 마음을 꺽는 것이 체(體)이다. 칼날위에 올라서고 뜨거운 가마솥에 들어감이 역(力)이고, 십불선업(十不善業)을 일으킴이 작(作)이며, 유루(有漏)의 악업(惡業)이 인(因)이고, 애(愛)와 취(取)가 연(緣)이다. 악한 습과(習果)가 과(果)이다. 그리고 삼악도(三惡道)에 태어남이 보(報)이다. 삼악도는 모두 어리석다는 점에서 같다. 이것이 여시본말구경등이다.[12]

② 둘째, 삼선도(三善道)이다. 삼선도는 수라(修羅), 인간(人間), 천상(天上)을 말한다. 삼선도의 상(相)은 낙(樂)이다. 선취(善聚)임이 결정된 것이 성(性)이며, 몸과 마음에서 벗어나 위로 올라간 것이 체(體)이며, 즐겨 받아들이는 것이 역(力)이다. 그리고 오계(五戒)와 십선(十善)을 일으킴이 작(作)이고, 선업(善業)이 인(因)이며, 선(善)한 애(愛)와 취(取)가 연(緣)이고, 선(善)한 습과(習果)가 과(果)이다. 인(人)과 천(天)이 있음이 보(報)이고, 가명(假名)에 나아가서 처음과 나중이 서로 있음이 여시본말구경등이다.[13]

---

12) 三途以表苦爲相 定惡聚爲性 摧折色心爲體 登刀入鑊爲力 起十不善爲作 有漏惡業爲因 愛取等爲緣 惡習果爲果 三惡聚爲報 本末皆癡爲等.

13) 三善表樂爲相 定善聚爲性 升出色心爲體 樂受爲力 起五戒十善爲作 白業爲因

③ 셋째, 이승(二乘)이다. 이승은 성문(聲聞)과 연각(緣覺)을 말한다. 이승에서는 열반(涅槃)을 나타냄이 상(相)이고, 해탈(解脫)이 성(性)이며, 오분법신(五分法身 : 계, 정, 혜, 해탈, 해탈지견)이 체(體)이고, 얽힘 없음이 역(力)이다. 그리고 도품(道品)이 작(作)이고, 무루지혜(無漏智慧)의 행이 인(因)이며, 행의 행(行)이 연(緣)이고, 사과(四果 : 수다원, 사다함, 아나함, 아라한)가 과(果)이며, 이미 후유(後有 : 범부가 분단생사를 겪는 것)가 없으므로 보(報)는 없다.[14]

④ 넷째, 불보살(不菩薩)이다. 불보살계는 연인(緣因)이 상(相)이고, 요인(了因 : 보조적으로 사물의 생성을 도와주는 인연)이 성(性)이며, 정인(正因)이 체(體)이고, 4홍서원(四弘誓願)이 역(力)이고, 6바라밀과 많은 보조행이 작(作)이다. 그리고 지혜(智慧)로 장엄(莊嚴)함이 인(因)이고, 복덕(福德)으로 장엄함이 연(緣)이며, 삼보리(三菩提)가 과(果)이고, 대열반(大涅槃)이 보(報)이다.[15]

여기서 이승(二乘)은 보(報)가 없고, 불보살(佛菩薩)은 보(報)가 있다. 그 이유는 이승은 미혹을 완전히 끊어버려 세간에 나와서 교화함이 없기 때문에 보(報)를 남겨두지 않고 바로 열반에 들어가기 때문이다. 그러나 대승의 보살은 세상에 나와서 교화하기 때문에 보(報)를 남겨둔다. 세간에 나와서 교화함과 교화하지 않음에 따라서 보(報)가 있고 없음의 차이가 있다.

善愛取爲緣 善習果爲果 人天有爲報 應就假名 初後相在爲等也.
14) 二乘表涅槃爲相 解脫爲性 五分爲體 無繫爲力 道品爲作 無漏慧行爲因 行行爲緣 四果爲果 旣後有田中 不生故無報.
15) 菩薩佛類者 緣因爲相 了因爲性 正因爲體 四弘爲力 六度萬行爲作 智慧莊嚴爲因 福德莊嚴爲緣 三菩提爲果 大涅槃爲報.

(3) 삼세간(三世間)

삼세간은 오음세간(五陰世間), 중생세간(衆生世間), 국토세간(國土世間)을 말한다. 오음세간은 열 가지 음(陰), 계(界), 입(入)이 다름을 말한다. 《마하지관》 제5권에서 『십법계를 음(陰), 계(界), 입(入)이라고 통칭하나, 그 실제는 같지 않다. 삼악도는 유루(有漏)의 악(惡)한 음, 계, 입이다. 삼선도는 유루의 선(善)한 음, 계, 입이다. 이승은 무루(無漏)의 음, 계, 입이다. 보살은 유루이면서 무루인 음, 계, 입이다. 불(佛)은 유루도 아니고 무루도 아닌 음, 계, 입이다.』[16]라 하고 있다.

중생세간은 십계의 중생이 존귀함이 서로 다른 것을 말한다. 《마하지관》 제5권에서 『오음을 통칭하여 중생이라고도 하는데, 중생이 같지 않다. 삼악도의 오음을 보면 죄를 지어 고통스러운 중생이요, 인천(人天)의 오음을 보면 즐거움을 받은 중생이다. 무루(無漏)의 오음을 보면 진정한 성인중생(聖人衆生)이요, 자비의 오음을 보면 보살대사(菩薩大師)의 중생이며, 상주(常住)의 오음을 보면 가장 존귀한 중생이다.』[17]라 하고 있다.

국토세간은 열 가지 중생이 거주하는 곳이다. 《마하지관》 제5권에서 『지옥계는 뜨거운 철에 의지해서 머무르고, 축생계는 지(地), 수(水), 공(空)에 의지해서 머무르며, 수라계는 물가와 해저(海底)에 의지해서 머무른다. 인간계는 지(地)에 의지해서 머무르고, 천계(天

---

16) 十法界通稱陰入界 其實不同 三途是有漏惡陰界入 三善是有漏善陰界入 二乘是無漏陰界入 菩薩是亦有漏亦無漏陰界入 佛是非有漏非無漏陰界入.
17) 攬五陰 通稱衆生 衆生不同 攬三途陰 罪苦衆生 攬人天陰 受樂衆生 攬無漏陰 眞聖衆生 攬慈悲陰 大師衆生 攬常住陰 尊極衆生.

界)는 궁전에 의지해서 머무르며, 육바라밀을 닦는 보살은 인간계와 같이 지(地)에 의지해서 머무른다. 통교보살(通敎菩薩) 가운데 미혹을 다 끊지 못한 자는 인간계나 천계와 같이 지(地)나 궁전에 의지해서 머무르고, 미혹을 다 끊은 자는 방편토(方便土)에 의지해서 머무른다. 별교보살(別敎菩薩)과 원교보살(圓敎菩薩) 중 미혹을 아직 다 끊지 못한 자는 인간계의 지(地), 천계의 궁전과 방편토에 의지해서 머무르고, 미혹을 다 끊은 자는 실보토(實報土)에 의지해서 머무르며, 여래는 상적광토(常寂光土)에 의지하여 머무른다.」[18] 라 하고 있다.

이리하여 앞 1,000여시에 삼세간을 곱하면 3,000세간이 되는데, 이 3,000세간이 범부의 한 순간 마음에 다 갖추어져 있다고 하여 일념삼천(一念三千)이라 한 것이다. 여기서 삼천(三千)은 삼천제법의 의미로서 일체제법을 말하는 것이고 일체제법이 삼천 가지로 한정되어 있다는 의미가 아니다. 그리고 일념삼천사상(一念三千思想)이 말하는 것은 단순히 일체제법을 말하는 것이 아니라 일체제법이 상호원융무애(相互圓融無礙)하여 한 법이 일체법을 포섭(互具圓融)하고 한 법과 일체법이 상즉 하는 것(相卽圓融)을 나타내기 위하여 삼천세간이라 한 것이다. 따라서 구사학의 5위 75법이나 유식학의 5위 100법과는 그 취지가 다르다.

---

18) 地獄依赤鐵住 畜生依地水空住 修羅依海畔海底住 人依地住 天依宮殿住 六度菩薩同人依地住 通敎菩薩 惑未盡 同人天依住 斷惑盡者 依方便土住 別圓菩薩 惑未盡者 同人天方便等住 斷惑盡者 依實報土住 如來依常寂光土住.

【화엄사상華嚴思想의 두 원리相入, 相卽】

화엄사상은 총체성의 사상이라고 한다. 총체성은 전체와 개별을 한 선상(線上)에서 보는 것이다. 그것은 ① 一中一切多中一(일중일체다중일), ② 一卽一切多卽一(일즉일체다즉일)로 표현되고 있다. ①은 상입(相入: 相互依存性)의 원리를, ②는 상즉(相卽: 同一性)의 원리를 말하는 것이다. 이 상입(相入), 상즉(相卽)의 두 원리에 의하여 화엄의 무진법계연기(無盡法界緣起)가 일어나는 것이다.

1. 상입(相入, mutual penetration, mutual entering)의 원리

상입(相入)은 구체적이든 추상적이든 세간적이든 출세간적이든, 모든 사물은 별도의 독자적인 존재(存在)를 갖지 않고, 그들 실체와 작용에 있어서 서로 의존한다는 것이다. 이것은 공론(空論)에서의 연기(緣起)의 원리에 상응하는 것이라고 한다.[19]

이 상입의 원리는 다시 동시돈기(同時頓起), 동시호입(同時互入), 동시호섭(同時互攝)의 세 종류 원리가 있다. 여기서 동시호입과 동시호섭은 같은 것을 다른 측면에서 본 것이다. 입(入)이란 들어가는 것을, 섭(攝)이란 들어오는 것을 의미한다. 예컨대 밖에서 방안으로 들어가는 것은 입(入)이고, 방안에서 볼 때는 섭(攝)이다. 이 세 가지 의미를 이해하기 위해 까르마. C.C. 츠앙은 "한 잔의 물"을 예를 들어 설명하고 있다.

---

19) 까르마. C.C. 츠앙 지음, 화엄철학, 경서원, p.219.

① 잔 속의 물은 그저 사람의 갈증을 해소시키는 액체로서
② 혼합물의 H_2O로서
③ 분자들의 집합체로서
④ 양자나 전자 영역의 입자로서, 4가지 계(界)의 인과관계가 드러나고 있다.

(1) 동시돈기(同時頓起)

위의 예에서 한 잔의 물을 보면, 서로 다른 계(界)들에서 서로 다른 실재들이 모두 동시(同時)에 일어나고 있다. 즉 ① 그저 사람의 갈증을 해소시키는 물, ② 혼합물 H_2O, ③ 분자들의 집합체, ④ 전자나 양자 영역의 입자로서의 사상(事象)들이 모두 동시에 일어나고 있는데, 이것을 동시돈기(同時頓起)의 원리라 한다. 그런데 이들 서로 다른 계(界)에서 서로 다른 실재들은 동시에 일어날 뿐만 아니라, 서로 간에 방해하거나 장애가 되지 않고 있다.

(2) 동시호입(同時互入), 동시호섭(同時互攝)

위의 예에서 음료수로서의 물, 혼합물로서의 H_2O, 분자들의 집합체, 전자와 양자영역의 입자로서의 각 계(界)는 동시에 일어날 뿐만 아니라, 서로 방해함이 없이 서로 들어가고(入), 서로 포섭한다(攝). 왜냐하면 하나의 잔 속의 물에서 동시에 무리 없이 서로 간에 통과하고, 들어가고 있는 것이다.

또 다른 예를 들어 보면 도서관에 가면 수 많은 형광등이 있다. 그런데 각각의 형광등은 서로 방해함이 없이 빛을 비추어 도서관을 밝게 한다. 각각의 형광등의 빛은 서로 통과하면서도 서로 받아

들이는 것이다. 만약 그렇지 않으면 어떻게 도서관을 밝게 비출 수 있겠는가? 이것이 동시호입(同時互入), 동시호섭(同時互攝)의 원리이다.

이상에서 보았듯이 상입(相入)은 동시돈기, 동시호입, 동시호섭을 말하는데, 상호간의 상호연결과 상호영향을 뜻하는 바, 이것을 상호의존성(相互依存性)이라 한다. 화엄사상에서 말하는 상입(相入)이란 위의 예와 같이 이 우주법계의 일체제법은 어느 한 사물이라도 독자적으로 존재할 수 없고, 일체제법은 상호간에 연결되어 있고, 또한 상호간에 영향을 주고 있다는 것이다. 이것을 철학적 용어로 상호의존성(相互依存性)이라고 한 것이다.

그러면 상입(相入)의 원리를 말하고 있다는 "一中一切多中一, 하나 속에 전체가 있고, 전체 속에 하나가 있다."[20]는 것은 어떻게 이해해야 하는가? 먼저 전체 중에 하나가 있다는 것은 쉽게 이해할 수 있다. 예컨대 "A"라는 고등학교가 있다고 하자. 이 학교에는 교장을 비롯한 교사들, 그리고 1, 2, 3학년 학생들로 구성되어 있다. "A"라는 학교는 전체(일체)를 뜻하고 교장, 교사, 학생들은 개별로서 하나(一)이다. 여기서 개별적인 교장, 교사, 학생들은 "A"라는 학교에 속해있다. 이것이 "多中一, 전체 속에 하나가 있다."의 상입(相入)을 말한다.

다음은 하나 가운데 전체(일체)가 있다는 것이다. 위의 예에서 3학년 "甲"이라는 학생이 전국 태권도 대회에서 우승하였다고 하자.

---

20) 의상대사가 지은 법성게(法性偈)의 한 구절이다. 여기서 "多"는 "一切"를 말한다.

우리가 보통 이번 태권도 대회는 "어느 학교가 우승했는가?"라고 묻고, 답은 "A"학교가 우승했다고 답한다. 즉 태권도 대회에서 "甲"이 우승하였지만 이것은 "甲"이 "A"라는 학교 전체를 대표하고 있다. 그러므로 "甲"이라는 하나(개별) 속에 "A"라는 학교 전체가 있는 것이다. 이것이 "一中一切, 하나 속에 전체가 있다."의 상입(相入)의 원리이다. 다시 위의 물 잔으로 비유해 보면, 물 잔속에 ① 마시는 액체, ② H_2O의 혼합물, ③ 분자의 집합체, ④ 전자나 양장 영역의 입자 등 4가지 계(界)가 있다. 즉 물 잔이 전체인데, 그 속에 4가지 계(界)가 있으니 "多中一"의 상입관계(相入關係)가 있다.

다음 갈증이 나는 사람의 입장에서는 마시는 물로서만 보여지고, 나머지 세 가지 계는 이 속에 포함되어 있으며, 과학자의 눈에는 H_2O의 혼합물로만 보여지고, 이 속에 나머지 세 가지 계가 들어와 있는 것이다. 이것이 "一中一切"의 상입관계(相入關係)이다.

이와 같이 서로 서로 상입하는 "一中一切多中一"을 법성게에서 다시 한 번 읊고 있는데, 그것이 "일미진중함시방(一微塵中含十方) 일체진중역여시(一切塵中亦如是)"이다. 한 티끌 속에 시방세계가 들어 있고, 일체 모든 티끌 속에도 마찬가지로 시방세계가 들어 있다는 것이다. 이 "一微塵中含十方 一切塵中亦如是"의 법성게는 십현연기(十玄緣起)의 "미세상용안립문(微細相容安立門)"과 같은 뜻이다. 위에서 말한 상입(相入)을 "한 잔의 물"을 예를 들어 그림으로 나타내면 다음과 같다.

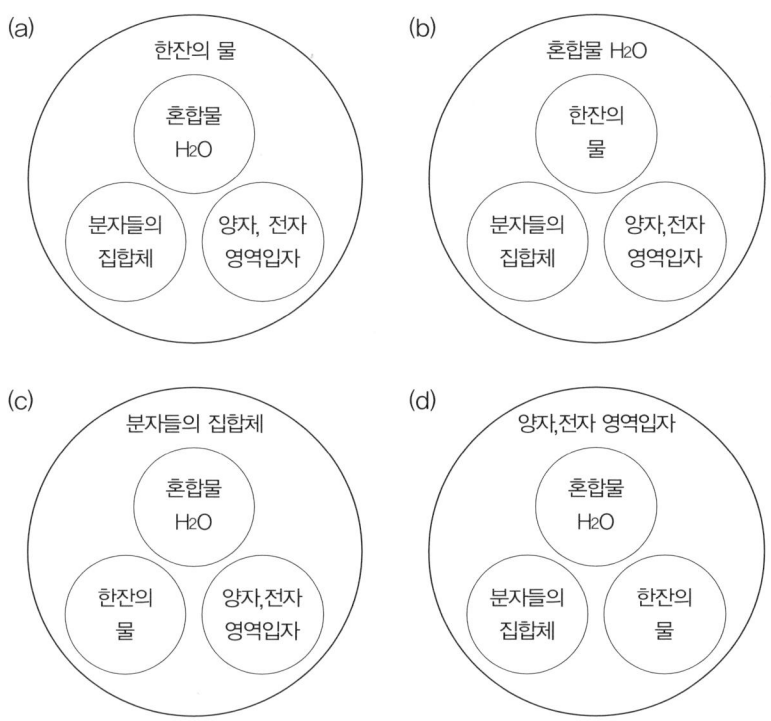

[상입(相入)의 원리]

위 그림에 대해 설명하면, ① 첫째, 그림 (a)를 보면 우리의 눈에 "한 잔의 물"만 보일 뿐 다른 것은 보이지 않는다. 그렇다고 "혼합물 H_2O", "분자들의 집합체", "양자, 전자 영역의 입자"들이 없는 것이 아니다. 이들은 모두 "한 잔의 물 속"에 들어가 있는 것이다 (한 잔의 물 속으로 상입). ② 둘째, 그림 (b)를 과학자의 입장에서 보면 "H_2O"로 보일 것이다. 그렇다고 "한 잔의 물", "분자들의 집합체", "양자, 전자 영역의 입자"들이 없는 것이 아니다. 이들은 모두

53

"H₂O" 속에 들어가 있는 것이다(H₂O 속으로 상입). ③ 셋째, 나머지 그림 (c)와 그림 (d)도, 그림 (a)와 그림 (b)의 설명과 같다.

이와 같이 위 그림들을 보면 다음과 같은 결론을 얻을 수 있다. 서로서로 들어가고(동시호입 과 동시호섭) 있으면서. 또한 서로 간에 방해(礙)하지 않고 동시에 존재(동시돈기)하고 있다. 이것이 상입(相入)의 원리이다.

2. 상즉(相卽, mutual identity)의 원리

(1) 상즉(相卽)의 원리 이해

위 상입(相入)의 원리에 대해서는 우리의 인식으로 어느 정도 그 모습을 알 수가 있다. 그러나 상즉(相卽)은 일체제법이 "하나(一)"임을 의미하기 때문에 우리의 인식으로 잘 받아들여지지 않는다. 예를 들어 나와 전혀 상관없는 지구 반대편의 나라 브라질에 있는 얼굴도 모르는 사람이 바로 "나"라고 인식되지 않을 것이다. 또한 우리의 눈앞에 보이는 일체 사물들이 "나"라고 인식되지 않을 것이다.

이렇게 상즉(相卽)은 일체가 "하나"라는 의미인데, 우리가 그렇게 인식하지 못하는 것은 인간은 일체 제법을 차별과 분별의 세계로 인식하고 있기 때문이다. 그리고 그 인식은 제6의식으로 차별, 분별하는 것이 아니라 무시이래로 아뢰야식과 말나식으로 차별, 분별했기 때문이다. 그리고 상즉의 원리를 학문적으로 이해가 된다고 하더라도 마음상태는 그렇게 납득이 가지 않는다. 따라서 상즉(相

卽)은 이해에 의한 것이 아니라 체험에 의한 증득이 있어야만 나타나는 경계이다.

그렇다고 상즉(相卽)에 대한 이해를 포기할 수 없다. 최대한 상즉(相卽)의 의미를 밝혀내야 한다. 상즉(相卽)은 일체제법이 미분화의 원리(未分化의 原理, 理, 空, 眞如) 속으로 융섭됨으로서 드러나게 된다. 다시 말하면 생사(生死)와 열반(涅槃), 유위법(有爲法)과 무위법(無爲法) 등 모든 정반대의 실재물들이 융섭됨으로서 실현된, 차별이 없이 모든 것이 포용하는 상태임을 말하고, 이 정반대의 실재물들이 완전히 융섭되는 차원은 걸림(礙)이 제거됨으로써 열린다. 이 상즉(相卽)을 지혜로 표현하면 무분별지(無分別智)의 경계이고, 앞 진여연기에서 공부한 여실공(如實空)의 경계이다.

예를 들어서 상즉을 이해해 보자. 오천원권 지폐에 위조방지용 홀로그램이 있다. 이 홀로그램을 보는 방향에 따라 몇 가지 그림이 나온다.

① 한반도, ② 태극마크에 5,000, ③ 태극기에 그려져 있는 "건곤이감"의 괘, 이 세 가지 그림은 하나의 홀로그램 속에 완전히 융섭되어 있다. 오직 하나의 홀로그램이지 그것에 다른 어떤 차별이나 분별 등 상대의 개념이 없다. 즉 보는 방향에 따라 ① 한반도, ② 태극마크 5,000, ③ 건곤이감의 괘가 보이지만, 한반도 그림도 홀로그램이고, 태극마크 5,000 그림도 홀로그램이고, 건곤이감의 괘 그림도 홀로그램이다. 다시 말하면 한반도 그림 = 홀로그램, 태극마크 5,000 그림 = 홀로그램, 건곤이감의 괘 그림 = 홀로그램이니, 한반도 그림이 태극마크 5,000그림이고 동시에 건곤이감의 괘 그림이기도 하는 것이다. 따라서 당연히 태극마크 그림과 건곤이감의

Ⅲ. 반야공(空)

그림도 마찬가지이다. 이것이 상즉(相卽)의 원리이다. 《금강경(金剛經)》을 주석한 쌍림부대사가 "청주에 있는 소가 여물을 먹었는데, 익주에 있는 말이 배가 불렀다."라 하고 있는 것은 바로 상즉(相卽)을 말하는 것이다. 이 상즉(相卽)의 원리를 홀로그램을 예로 그림으로 나타내면 다음과 같다.

[상즉(相卽)의 원리]

위의 그림을 보면 원은 홀로그램이다. 그리고 한반도 그림도 홀로그램 그 자체이고, 태극마크 5,000그림도 홀로그램 그 자체이고, 건곤이감의 괘 그림도 홀로그램 그 자체이다. 한반도 그림이 나타날 때에는 태극마크 그림과 건곤이감의 괘 그림은 한반도 그림과 하나가 되어 오직 한반도 그림 하나만 있을 뿐이다. 또 태극마크 그림이 나타날 때에는 한반도 그림과 건곤이감의 괘 그림은 태극마크 그림과 하나가 되어 오직 태극마크 그림 하나만 있을 뿐이다. 역시 건곤이감의 괘 그림이 나타날 때에는 한반도 그림과 태극마크 그림은 건곤이감의 괘 그림과 하나가 되어 오직 건곤이감의 괘 그림 하나만 있을 뿐이다.

또 위 원(홀로그램) 안에서 어느 것이 한반도 그림이고, 어느 것이 태극마크 그림이고, 어느 것이 건곤이감의 괘 그림인지 구분할 수 없다. 이들은 홀로그램이라는 하나의 원 그 자체인 것이다. 이와 같이 위 그림을 통해서 다음과 같은 결론을 얻을 수 있다. ① 첫째, 각 개별은 서로 서로 하나가 되어 완전히 융섭되고, ② 둘째, 각 개별이 나타날 때에는 나머지 개별들 모두는 그 나타난 개별에 완전히 하나로 되는 융섭되는 것임을 알 수 있다. 이러한 원리를 상즉(相卽)의 원리라 한다.

(2) 일즉일체다즉일(一卽一切多卽一)

그러면 상즉의 원리를 말하고 있는 "一卽一切多卽一(하나가 전체이고, 전체가 하나이다)."은 어떻게 이해하여야 하는가? 위 홀로그램의 예에서 홀로그램은 "하나(一)"이고, 그 속에 세 가지 그림이 있으니 이것이 "전체(一切,多)"이며, 동시에 각각의 그림이 "하나(一)"이고, 나머지 그림들은 "전체(一切,多)"이다. 이미 위 그림에서 보았듯이 홀로그램 = 한반도 그림 = 태극마크 그림 = 건곤이감의 괘 그림임을 보았다. 다시 말하면 "하나(一)"로서의 홀로그램이 바로 "전체(一切,多)"로서의 나머지 그림들(한반도 그림, 태극마크 그림, 건곤이감의 괘 그림)이라는 것이다.

마찬가지로 "하나(一)"로서의 한반도 그림이 바로 "전체(一切,多)"로서의 나머지 그림들이라는 것이며, 태극마크 그림이나 건곤이감의 괘 그림도 마찬가지이다. 이해를 돕기 위하여 이 관계를 수학적 기호로 나타내면 다음과 같다.(= : 卽의 의미이고, 同一하다고 보면 된다)

하나(一)	즉(卽)	전체(一切, 多)
홀로그램 =	① 한반도 그림,	② 태극마크 5,000그림, ③ 건곤이감 괘 그림
한반도 그림 =	① 홀로그램,	② 태극마크 5,000그림, ③ 건곤이감 괘 그림
태극마크 5,000그림 =	① 홀로그램,	② 한반도 그림, ③ 건곤이감 괘 그림
건곤이감 괘 그림 =	① 홀로그램,	② 한반도 그림, ③ 태극마크 5,000그림

이것이 "일즉일체다즉일(一卽一切多卽一)"이다.

이상으로 상입(相入)과 상즉(相卽)의 원리를 살펴보았는데, 그러면 이 두 원리가 시사하는 점은 무엇일까? 먼저 상즉(相卽)의 원리를 보면 서로서로가 하나로 완전히 융합되는 것이다. 즉 개별적 특성이 여기에는 없고, 오직 하나일 뿐이다. 이것을 지혜(智慧)로 말하면 무분별지(無分別智)인데, 중생이 모든 번뇌장과 소지장을 끊어서 무명(無明)을 멸하게 되면, 그때 나타나는 지혜가 무분별지인데, 이 무분별지를 증득하면 일체의 모든 사상(事象)들과 하나가 된다는 것이다. 즉 더 이상 분별과 차별이 없는 절대평등의 경계라는 것이다. 이것을 《화엄경》에서 『心佛及衆生 是三無差別, 마음과 부처 그리고 중생, 이 셋은 차별이 없다』라 하고 있는 것이다.

다음은 상입(相入)의 원리인데, 동시돈기, 동시호섭, 동시호입에서 보았듯이 각 개별 속으로 다른 개별이 들어가지만, 그렇다고 들어간 개별이나 받아들인 개별이 그 특성을 잃어버리지 않고 그대로 유지한다. 마치 어느 단체에 입단하더라도 그 단체 개개의 회원이 개성을 잃어버리는 것이 아닌 것과 같다. 그런데 서로 서로 들어가고 받아들이는 데 있어서 걸림(礙)이나 장애가 없다. 왜 그러한가? 그것은 상즉(相卽)의 원리에서 기인한다. 상즉의 원리는 하나로 통합되는 원리이고, 그 하나로 통합된 다음 거기서 그치는 것이 아니라 다시 개별적 특성으로 나타나는데 이것이 상입(相入)이다. 이 상입을 지혜로 말하면 무분별후득지(無分別後得智)이다. 즉 이 현상세계는 엄연히 차별이 있다. 물과 불의 차별이 있고, 남과 여의 차별이 있듯이 우리가 오관을 통해서 인식하는 일체제법은 엄연히 차별이 있는 것이다. 그런데 이러한 차별적 인식이 범부중생은 자기중심적 집착심에 의하여 차별하지만, 번뇌장과 소지장을 끊어서 무명이 멸한 무분별지(無分別智)를 증득한 경지에서 보면 일체제법과 자신이 완전히 하나로서 같다는 인식하에 다시 일체제법의 차별을 인정한다는 것이다. 이러한 무분별지의 경계에서 다시 차별을 보는 것이 상입의 원리를 말하는 것이다.

 이와 같이 화엄의 사상은 한 개체와 전체의 관계를 설명하는 총체적 동일성(同一性)과 상호의존성(相互依存性)을 말하고 있다. 이러한 관계를 연기(緣起)로 설명하는 것이 법계연기(法界緣起)이다.

【사종법계四種法界】

사종법계는 화엄학에서 법계를 4종류로 나누어 보는 것이다. 먼저 징관은 법계를 설명하는 가운데 중요한 의미가 있는 바, 첫째, 계(界)를 사법계(事法界)와 이법계(理法界)로 나누어 설명하고 있으며, 여기서 사종법계설(四種法界說)이 전제되고 있다. 둘째, 분(分)과 성(性)의 두 가지 의미가 동시에 교철(交徹)한다 하여 인과동시(因果同時)와 주반구족(主伴具足)의 뜻이 포함되어 있어 법계연기사상이 내재되어 있다고 한다.

사종법계(四種法界)에 대하여 징관은 《화엄경행원품(華嚴經行願品)》 권1에서 다음과 같이 말한다.

법계연기는 다시 이문(二門)으로 연다. 첫째, 개합(開合)이고, 둘째, 석상(釋相)이다. 지금 처음 연기의 법계란 계(界)도 아니고 불계(不界)도 아니다. 법(法)도 아니며 불법(不法)도 아니다. 이름(名)도 모양(相)도 없지만 억지로 이름을 붙이면 무장애법계(無障礙法界)라 하며 (이 무장애법계는) 적요허광(寂寥虛曠)하고 충심포박(沖深包博)해서 만유(萬有)를 다 갖추고 있으니 즉 이것은 일심(一心)이다. 이 무장애법계에 사(事)와 이(理) 두 문이 있는데, 색심(色心)등의 상(相)은 사(事)이며, 체성(體性)이 공적(空寂)한 것은 이(理)라 한다. 사(事)와 이(理)가 서로 융(融)한 것은 즉 장애가 없기 때문이니 법계에 세 가지 종류를 나눌 수 있으니, 첫째 사법계(事法界), 둘째 이법계(理法界), 셋째 무장애법계(無障礙法界)이다. 또 무장애법계에 둘이 있어서 즉 사종법계로 나누어지니 이사무애법계(理事無礙法界)와 사사무애법계(事事無礙法界)이다.

  法界緣起 復開二門 一者開合 二者釋相 今初緣起法界 非界非不界 非法非不法 無名相中 強爲立名是曰無障礙法界 寂寥虛曠 冲深包博 總該萬有 卽是一心 於此無障礙法界 開爲事理二門 色心等相 謂之事 也 體性空寂 謂之理也 事理相融 卽無有障礙 故於法界 略分三種 一 事法界 二理法界 三無障礙法界 無礙有二 卽分四種法界 謂事理無礙 法界 事事無礙法界

  징관은 사종법계를 일심(一心)에서 비롯되는 것이라고 한다. 법계연기를 개합(開合)과 석상(釋相)으로 나누는데, 개합이란 열어서 합한 것이고, 석상이란 상(相)을 해석한다는 것이다. 즉 열어서 합하면 일심(一心)이고, 이 일심(一心)에서 일어나는 상(相)을 해석하면 네 종류의 법계가 된다는 것이다. 그리고 일심(一心)은 이름도 모양도 없고, 고요하고 텅 비어서 밝으며, 깊고 깊어서 모든 것을 다 포용해서 일체를 다 갖추고 있다. 그래서 이것을 법계로 말하면 무장애법계라 한다. 이 무장애법계를 사(事)와 이(理)로 나누어서, 색심(色心) 등의 상(相)을 사(事)라 하여 여기서 사법계(事法界)가 이루어지고, 체성(體性)이 공적(空寂)한 것을 이(理)라 하여 여기서 이법계(理法界)가 이루어진다. 또 사법계(事法界)와 이법계(理法界)가 서로 별개로 독자적인 것이 아니라 서로 장애가 없는(無礙) 것이라 하여 이사무애법계(理事無礙法界)가 이루어지고, 더 나아가 사(事)와 사(事) 사이에도 서로 별개로 독자적인 것이 아니라 서로 장애가 없는(無礙) 것이라 하여 사사무애법계(事事無礙法界)가 이루어지는 것이라 한다. 그리하여 사종법계(四種法界)가 성립되는 것이다. 이 사종법계(四種法界)를 도시(圖示)하면 다음 쪽과 같다. 이 도시(圖示)를 보면 법계연기(法界緣起)는 사종법계 중 무장애법계의 사사무애법계(事事無礙法界)를 말한다. 이 사사무애법계의 모습을 설명하는 것이 십현연기(十玄緣起)와 육상원융(六相圓融)이다.

[사종법계(四種法界)]

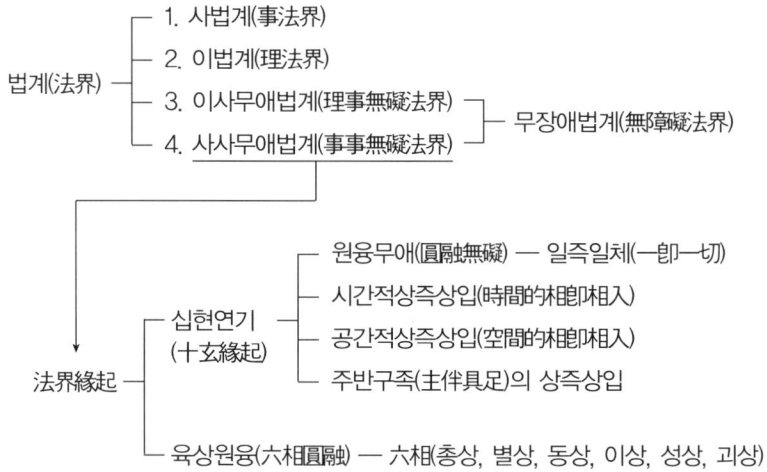

1. 사법계(事法界)

사법계란 간단히 말해 현상(現相, phenomena) 혹은 사건(事件, events)의 경계(境界)를 말한다. 모든 사물(事物)이 서로 다른 분명한 대상이나 사건으로 드러나는 현상의 세계이다. 따라서 사(事)란 현상, 사물, 사건 등을 가리키고, 계(界)란 분(分)을 뜻하니 서로 다르게 분명하게 드러남을 말한다. 우리의 주위환경 즉 강이 흐르고, 산이 있고, 비가 오고, 일체 생명체가 살아가고 죽고 하는 현상들이 이 경계에 속한다. 여기서는 개체(個體)와 개체(個體)는 공통성이 없이 차별적인 면만 본 것이다.

2. 이법계(理法界)

이법계란 간단히 말해서 본체(本體, nomena) 혹은 원리(原理, principles)의 경계(境界)이다. 다시 말하면 우주의 본체로서 평등한 세계를 말한다. 이(理)는 원리, 본체, 법칙, 보편적 진리 등을 말하고, 계(界)는 성(性)을 가리킨다. 따라서 이법계는 오직 현상을 이루는 추상적 원리 및 일체제법을 떠받치는 내재(內在)의 실재(實在, tathatā)가 드러나는 경계(境界)이다. 그러므로 이(理)는 모든 사건의 보이지 않는 통치자인데, 화엄가(華嚴家)들은 이(理)를 일심진여(一心眞如), 공(空), 여여(如如)라고 한다.

3. 이사무애법계(理事無礙法界)

이사무애법계란 사법계(事法界)의 사건과 이법계(理法界)의 원리가 완전 융섭하여 둘이 서로 별개가 아닌, 하나의 걸림이 없는 상호 관계에 있는 것을 말한다. 즉 이(理)와 사(事)가 불가분(不可分)의 단일체(單一體)라고 하는 경계(境界)이다. 성(性)과 분(分)이 자재하고 융섭한다는 것이다. 이것은 구체적인 사건은 어떤 추상적인 원리의 표현이며, 원리는 현현(顯現)하는 사건의 증거이다. 예를 들어 높은 건물에서 추락하는 물건이 있다고 생각해 보자. 물건이 높은 곳에서 낮은 곳으로 추락하는 사건은 중력에 의해서 추락하는 것이다. 즉 중력의 법칙은 추상적인 이(理)이며, 물건이 추락하는 사건은 사(事)이다. 물건이 추락하는 사건은 사(事)로서 이(理)를 표현하는 것이며, 중력이라는 원리(原理)는 이(理)로서 물건이 추락하는 사건인 사(事)를 나타낸다. 이러한 것은 이(理)와 사(事)가 서로 융섭하기 때문에 일어나는 것이다.

현수법장은 이사무애법계를 《금사자장(金獅子章)》에서 금사자의 비유를 들어 설명하고 있다. 금(金)이라는 금속은 이(理)로서 미분화된 본체를 상징하며, 사자(獅子)라는 가공품은 분화된 사(事) 혹은 현상(現相)을 말한다. 여기서 사(事)인 사자는 이(理)인 금(金)에 의존하고 있고, 또한 이(理)인 금(金)은 사(事)인 사자가 나타내 보이는 것이다.

《대승기신론》에서는 바닷물과 파도의 비유로 이사무애법계를 설명하고 있다. 바닷물은 본체인 이(理)를 상징하고, 파도는 현상인 사(事)를 상징한다. 파도는 바닷물을 떠나서 있을 수 없다. 파도가 바로 바닷물인 것이다. 즉 이사무애인 것이다.

이 이사무애의 경계는 손바닥과 손등의 관계나 우유와 물이 혼합된 그러한 것이 아니라 바닷물과 파도처럼 서로 온전히 다르지만 체성(體性)이 하나인 것을 말한다. 이러한 이사무애경계를《반야심경(般若心經)》에서는 『色不異空 空不異色 色卽是空 空卽是色(색불이공 공불이색 색즉시공 공즉시색)』이라 하고 있다.

4. 사사무애법계(事事無礙法界)

사사무애법계는 사건(현상)과 사건(현상)이 완전 자재하고 융섭하는 경계를 말한다. 개체와 개체가 자재 융섭하여 현상계 그 자체가 절대적인 진리의 세계라는 뜻이다. 일체제법은 서로 서로 받아들이고(相入), 서로 하나가 되어(相卽) 원융무애(圓融無礙)한 무진연기(無盡緣起)를 이루고 있음을 말한다. 이 사사무애법계가 바로 화엄가들이 말하는 법계연기(法界緣起)이다. 이러한 사사무애의 경계가 일어나는 이유는 체상(體相)으로는 이사상즉(理事相卽)이기 때문에 사사상즉(事事相卽)이며, 작용에 있어서 이사상입(理事相入)이기 때문에 사사상입(事事相入)이 된다는 것이다.

이 사사상즉(事事相卽)에 대해서 의상(義湘)과 그 제자들은 동풍파(同風波)와 서풍파(西風波)가 서로 다르지 않는데 비유하고 있다. 즉 동쪽에서 바람이 불어서 일어난 파도와 서쪽에서 바람이 불어서 일어난 파도는 서로 체성(體性)이 다르지 않다. 왜냐하면 같은 물이기 때문이다.

그러나 이 사사무애법계의 경계는 이해나 검증의 문제가 아니라,

직접적이고 구체적인 체험을 통해서 현실화되는 세계이다. 이 사사무애법계의 법계연기를 구체적으로 설명하는 것이 십현연기(十玄緣起)와 육상원융(六相圓融)이다. 십현연기는 상즉(相卽)과 상입(相入)의 두 원리의 10가지 모습이고, 육상원융은 상즉과 상입의 두 원리의 6가지 모습이다.

Ⅳ. 경명經名 풀이解題

《금강경》은 산스크리트어로 "Vajracchedika Prajnaparamita sutra"이다.

1. "Vajraccedika"는 일반적으로 금강(金剛)이라고 번역하고 있다. 금강은 다이야몬드인데 제일 귀한 보석으로 보석 중의 왕이며 제일 단단한 물질이다. 그래서 본 경도 부처님의 말씀 중에서 제일 값지고 귀중한 가르침이라하여 금강이라 명한 것이다. 현장은 능단(能斷: 능히 잘라 버릴 수 있는) 금강이라고 경의 제목을 번역하였다.

2. "Prajnaparamita"는 "반야바라밀"로 음사(音寫)되고 있는데 "Prajna"는 "지혜(智慧)"로 번역되고, "paramita"는 "최고의, 최상의"를 뜻하는 형용사 "parama"의 추상명사형이며 "완성, 완결, 완전, 궁극"을 뜻한다.

3. "Sutra"의 원래 의미는 "실"이나 "노끈"을 의미했는데 옛날에는 경전을 대나무 등의 판에 적어서 여러 개를 실로 묶어 지녔기 때

문에 이런 이름이 유래 되었다고 한다. 한자(漢字) 경(經)에도 "피륙 따위를 세로 놓은 실, 날실"이라는 뜻이 있다. 따라서 《금강반야바라밀경》을 한글로 옮기면 "금강과 같은 완성된 지혜의 글"이라고 할 수 있다. 여기서 가장 핵심은 "반야바라밀" 즉 "지혜의 완성"인데 지혜에 대해서 자세히 알아보기로 한다.

"지혜(智慧)"는 일체제법(법계)이 바로 나와 다르지 않다(不異, 不二, 同體)는 것을 인식하면서, 그리고 그러한 인식하에 동시에 명명백백하게 일체제법의 차별(不一)을 인식하는 것을 말한다. 그리고 이 인식은 이해의 차원에서 인식되는 것이 아니라 온 몸, 온 마음으로 증험하여 체득해야 하는 인식이다. 일체제법(우주 법계)이 나와 다르지 않다(不異, 不二, 同體)는 인식을 무분별지(無分別智)라 하고 그러한 인식하에 동시에 명명백백하게 일체제법의 차별(不一)을 인식하는 것을 무분별후득지(無分別後得智)라 한다.

쉽게 이해하기 위하여 예를 들어보자. 이 우주를 내 자신의 몸이라 하고 이 우주 안에 있는 일체제법을 내 몸의 각 기관 즉 팔, 다리, 손, 발, 머리, 눈, 귀, 코, 기타 등등이라 하자. 이 때 "팔"도 "나"이고, "다리"도 "나"이고, "손"도 "나"이고, "발"도 "나"이며 기타 모든 기관 등등이 모두 "나"이다. 즉 "나"를 구성하고 있는 모든 기관들이 "나"이기 때문에 각 기관들은 "나"와 다르지 않다(不異, 不二, 同體) 그렇기 때문에 팔 = 다리 = 손 = 발 = ~ = "나"이다. 이것이 무분별지(無分別智)이다. 그리고 또한 팔, 다리, 손, 발 등이 "나"이면서 명명백백하게 다른 모습과 각기 다른 기능을 가지고 있다. 이것을 인식하는 것이 무분별후득지(無分別後得智)이다.

《금강경》 무득무설분(無得無說分) 제칠에 다음과 같이 언급되어 있다.

수보리야 너는 어떻게 생각하느냐? 여래가 아뇩다라삼먁삼보리를 얻었느냐? 또 여래가 설한 바의 법이 있느냐? 수보리가 대답하였다. 제가 부처님께서 설한 뜻을 이해하기를 아뇩다라삼먁삼보리라고 이름할 정해진 법은 없으며 또한 여래께서 설하신 정해진 법도 없습니다. 왜냐하면 여래께서 설하신 법은 모두 취할 수도 없고, 설할 수도 없으며, 법도 아니고, 법이 아닌 것도 아니기 때문입니다. 왜냐하면 일체 현성은 모두 무위법으로써 차별이 있기 때문입니다.

須菩堤 於意云何 如來得阿耨多羅三藐三菩堤耶 如來有所說法耶 須菩堤言 如我解佛所說義 無有定法 名阿耨多羅三藐三菩堤 亦無有定法 如來可說 何以故 如來所說法 皆不可取 不可說 非法 非非法 所以者何 一切賢聖 皆以無爲法 而有差別

'무위법(無爲法)'이 '무분별지(無分別智)'이고 그 다음 구 '이유차별(而有差別)'이 '무분별후득지(無分別後得智)'이다. 즉 일체 현성은 무분별지를 바탕으로 하여 일체를 차별한다는 것이다.[21]

《화엄경(華嚴經)》에서 『삼계는 오직 일심이며 마음 밖에 별도의

---

21) 이 부분의 주석에 대하여 대부분은 산스크리트어에 충실하게 해석하고 주석을 하고 있다. 그러나 여기서의 해석은 《금강경》은 대승경전이어서 다소 원어의 직역에 의하지 않고 대승의 취지에 따라 해석하고 금강경 전체의 사상에 비추어 주석을 하였다.

법이 없으니, 마음과 부처 그리고 중생, 이 셋은 차별이 없다. 三界唯一心 心外無別法 心佛及衆生 是三無差別」라 하는 것은 무분별지를 말하고 있는 것이다.

현수법장은 《화엄오교장(華嚴五敎章)》에서 육상원융(六相圓融)을 집의 비유를 들어 설명하고 있는데, 다음은 그 중 총상(總相)을 설명하는 부분이다.

① 무엇이 총상인가? 하는 물음에 "집이 총상이다"라 답하고 있다.
② 집은 서까래 등의 연일뿐인데 무엇이 집인가? 하는 물음에 "서까래가 곧 집이다"라 답하고 있다. 그 이유는 서까래가 있어야 집이 이루어지기 때문이라는 것이다.
③ 그렇다면 나머지 기와 등이 없이 서까래만으로 집을 만들 수 있는가? 라는 의문이 나온다. 이에 대하여 서까래는 기와 등이 있어야 서까래이지 기와 등이 없으면 이미 서까래가 아니라 한다. 그 이유는 기와 등과 함께 집을 이루고 있는 인연 속에서 서까래이기 때문이라 한다. 그렇지 않으면 서까래가 아니라 단지 긴 나무토막에 불과하다고 한다. 그래서 긴 나무토막이 홀로 집을 이루는 것이 아니라 서까래가 홀로 집을 이룬다는 것이다.
④ 이리하여 서까래가 없으면 온전한 집이 없으니 그 집은 파옥(破屋)일 뿐이다. 집이 곧 서까래이면 기와 등도 서까래이다. 서까래가 없으면 집이 없고 집이 없으면 기와 등도 없기 때문이다.

여기서 총상인 "집"은 이 우주 즉 위의 비유에서 "나"이고 서까래 등은 일체제법이다. 법장은 집의 비유를 들어 일체제법과 "내"가 둘이 아닌(不異, 不二) "하나"임을 설명하고 있는데 이것이 무분별지이다.

그리고 계속하여 별상(別相)과 괴상(壞相)을 설명하고 있는데 이는 무분별후득지를 말하는 것이다.

이와 같이 이 우주법계에 있는 모든 제법은 나와 다르지 않다는 것을 인식하는 것을 무분별지(또는 무차별지 또는 평등성지)라 하였는데(실제 무분별지를 증득하면 "나"라는 인식 마저도 없다. 그 이유는 일체 모든 것이 "절대 평등"이기 때문이다), 이렇게 인식할 수 있는 바탕은 무엇일까? 바로 "나"와 "일체제법"은 무자성(無自性)인 공(空)이기 때문이다. 이 공(空)은 이해의 차원에서가 아니라 온 몸과 온 마음으로 증험해야 한다.

그런데 손, 발, 팔, 다리 등이 나의 손, 나의 발, 나의 팔, 나의 다리이지만 손과 발은 엄연히 다르며, 팔과 다리도 다르다. 즉 차별이 있는 것이다. 가령 발이 다쳤을 때 발이 아프지 손이 아픈 것은 아니다. 이때의 차별은 본질적인 차별이 아니라 그 모습과 기능면에서 차별이다. 가령 발이 다쳤을 때 발이 아프고 손이 아픈 것은 아니지만 바로 "내"가 아픈 것이다. 그래서 본질적인 차별이 아니기 때문에 손이 아프든 발이 아프든 다 "내"가 아픈 것이다. 따라서 어디가 아프든 당연히 치료하게 되는 것이다. 《유마경》에서 『중생이 아프니 내가 아프다』라는 말이 이 뜻이다.

이와 같이 내 몸의 각 기관을 내 몸으로 인식하면서 서로 차별되게 인식하는 것을 "무분별후득지"라 하였는데 바로 무분별후득지에서 무연자비(無緣慈悲)의 중생구제라는 마음이 나온다. 이것을

《능엄경(楞嚴經)》에서 『부처가 본원지에서 중생제도의 원을 세웠다』라 하였다.

이 무분별후득지는 무분별지를 체득하면 동시에 체득하게 된다. 이론상 그렇게 나누어 본 것이지 서로 다른 별개의 지혜가 아니며 시간적으로도 무분별지를 체득하고 나서 얼마 후에 무분별후득지가 체득되는 것이 아니다. 무분별지를 체득함과 동시에 무분별후득지는 저절로 체득된다. 그 이유는 무분별지와 무분별후득지가 같은 지혜이기 때문이며 이론상 나누어 본 것이다. 가령 내 몸을 비유하여 보면 내 손, 내 발, 내 팔 하면서도 손, 발, 팔 등을 구별하여 보지 않는가?

이러한 무분별지와 무분별후득지는 반드시 진공(眞空)을 체득하여야 그러한 지혜(智慧)가 체득된다.(진공체득이 지혜체득이다)

이상으로 지혜(智慧)란 진공(眞空)을 체득한 무분별지(無分別智)와 무분별후득지(無分別後得智)를 말한다.

제2부 금강경金剛經 본문本文

금강반야바라밀경(金剛般若波羅密經)

요진(姚秦) 삼장법사(三藏法師) 구마라집(鳩摩羅什) 역(譯)

　요진(姚秦)은 5호(五胡) 16국 시대[22]의 후진(後秦)인데, 후진(後秦) 왕 요흥(姚興)의 이름 요(姚)를 따서 붙여진 국명이다.

　삼장(三藏)이란 경장(經藏), 율장(律藏), 논장(論藏)을 말하고, 이 삼장을 통달한 스님을 법사(法師)라 한다.

　구마라집(鳩摩羅汁, Kumārajīva 343~413)은 인도인 구마라염 아버지와 구자국 왕의 누이동생인 어머니 기바 사이에 태어났다. 7세에 출가하여 인도의 북쪽 계빈에서 빈두달다에게 소승을 배우고 소륵국에서 수리야소마에게 대승을 배웠다. 다시 구자국에 돌아와 비마라차에게 율을 배웠다. 383년 진왕(秦王) 부견(符堅)이 여광을 시

---

22) 중국 삼국(위, 촉, 오)시대에 위(魏)의 가신 사마중달의 손자 사마염(武帝)이 위나라를 찬탈하여 진(晉)을 세운다(265). 이어서 오(吳)를 멸하여 중국을 통일하였다. 무제(사마염)는 서방요지에 일족을 분봉하였는데 이것이 화근이 되어 무제 다음 혜제(惠帝)때 팔왕(八王)의 난이 일어나 국력에 쇠미해진다. 이때 북방의 호족(胡族)들이 침입하여 중국은 대혼란에 빠지게 된다. 북방의 호족들은 흉노(匈奴), 갈(羯), 선비(鮮卑), 저(氐), 강(羌)의 5족인데 이들이 약 100년 동안 중국에 10여개의 나라를 세우는데 이 시기를 5호 16국 시대라 한다.

켜 구자국을 치게 되자 여광은 구마라집과 함께 양주로 왔으나 부견이 패하였다는 말을 듣고 자기가 왕이 된다. 그 뒤 후진(後秦)의 요흥(姚興)이 양(凉)을 쳐서 401년 구마라집을 데리고 장안으로 와 국빈으로 모시고 경전을 번역케 하였는데, 구마라집은 서명각(西明閣)과 소요원(逍遙園)에서 《성실론》, 《십송율》, 《대품반야경》, 《묘법연화경》, 《아미타경》, 《중론》, 《십주비바사론》 등 경율론 74부 380여권을 번역하였다. 구마라집에게 훌륭한 제자들이 많았는데 그 중에서도 도생(道生), 승조(僧肇), 도융(道融), 승예(僧叡)가 유명하다. 이 4인을 사철(四哲)이라 부른다. 구마라집은 세수 74세(413년) 장안 대사(大寺)에서 입적하였다.

[서분(序分)]

一
금강경이 생긴 동기

법 회 인 연 분   제 일
法會因緣分 第一 (법회가 열린 인연)

如是我聞 一時佛在舍衛國祇樹給孤獨園 與大比丘衆千
여시아문 일시불재사위국기수급고독원 여대비구중천

二百五十人俱 爾時世尊食時着衣持鉢入舍衛
이백오십인구 이시세존식시착의지발입사위

大城乞食 於其城中次第乞已 還至本處飯食訖 收衣鉢
대성걸식 어기성중차제걸이 환지본처반사흘 수의발

洗足已敷座而坐
세족이부좌이좌

이와 같이 내가 들었다. 어느 때 부처님께서 사위국 기수급고독원에서 일천이백오십 명의 큰 비구들과 함께 계셨다. 그때 세존께서는 공양할 때라 가사를 수하고 발우를 들고 사위성에 들어가 밥을 비셨다. 그 성중에서 차례대로 빌기를 마치시고 본래 계시던 곳(기수급고독원)으로 돌아와 공양을 마치시고 가사와 발우를 거둔 뒤 발을 씻고는 자리를 펴고 앉으셨다.

해설 이 분(分)은 서분이다. 첫째, 증신서(證信序)로 ①《금강경》을 설하게 된 동기, ② 육성취(六成就). 둘째, ③ 발기서(發起序)를 밝히는 대목이다. 증신서는 부처님께서 설한 경의 처음에 그 경을 믿어야 함을 증명하기 위하여 6가지 사항을 밝히는 부분이며 모든 경에 공통되는 것이다. 그래서 통서(通序)라고도 한다. 발기서는 그 경전의 특유한 서분이라는 뜻으로 별서(別序)라고도 한다.

1. 《금강경》을 설하게 된 동기

제1부에서 살펴보았듯이《금강경》은 반야(般若) 공(空)을 가르치는 경이다. 그 반야 공을 부처님께서 일상적인 생활에서 보여주고 있는 것이《금강경》을 설하게 된 동기이다. 그 일상적인 생활은 부처님께서 걸식을 하시고 발을 씻으시고 자리를 펴고 앉으시는 일련의 행동인데, 그 일련의 행동을 하는 가운데에 부처님의 마음 상태는 조금도 산란함이 없는 여여한 공(空)인 것이다. 이것을 수보리가 알아차리고 부처님께 법문을 청하는 것이다. 여기서 부처님과 범부 중생들이 차이가 난다. 중생들은 좋아하는 일이 있으면 그것만 하려고 한다. 그리고 그 일이 반복되면 금방 싫증을 내고 매너리즘에 빠진다. 예를 들어 직장인들이 점심 때 구내식당에서 먹을까? 외식

을 할까? 무엇을 먹을 것인가? 고민하고 어제 먹었던 음식은 오늘 먹으려 하지 않는다. 이처럼 중생들은 항상 변화와 자기가 좋아하는 것만 찾는 것이다. 그러나 부처님은 항상 하는 일이지만 싫증을 내거나 매너리즘에 빠지지 않고 항상 여여부동(如如不動)한 마음 상태(空)에서 일상생활을 하는 것을 중생들에게 말없는 법문을 하고 있는 것이다.

2. 육성취(六成就)

"육성취"란 신성취(信成就), 문성취(聞成就), 시성취(時成就), 주성취(主成就), 처성취(處成就), 중성취(衆成就)를 말한다. 쉽게 말하자면 "육하원칙(六何原則)"으로 이해하면 된다. 어떤 글을 쓸 때 "육하원칙"에 입각하여 글을 쓰는데, 반드시 육하원칙을 따르는 것은 아니지만 불교 경전도 서분(序分)[23]에서 유사하게 전개하고 있다. 경전이 육성취로 시작하게 된 연유가 있는데, 《대지도론》(권제2)에서 전하고 있다고 하며 다음과 같다.[24]

---

23) 경전(經典)을 내용에 따라 여러 단락으로 나누는 것을 과단(科段), 과문(科文), 분과(分科) 등이라 한다. 일반적으로 경전은 서분(序分), 정종분(正宗分), 유통분(流通分)의 세 부분으로 구분한다. 이것을 3분과경(三分科經)이라 한다. 서분은 그 경전을 설하게 된 인연(因緣) 즉 동기를 말하는 부분이고, 정종분은 그 경전의 종요(宗要)를 말하는 부분이고, 유통분은 그 경전의 이익을 말하여 후대까지 길이 유전되고 드날리기를 권하는 부분이다. 이 3분과경은 중국 진(晋)나라 석도안(釋道安)이 처음으로 제창하였다. 3분과경에 따라 《금강경》을 분과하면 서분은 "법회인연분 제1"이 해당하고, 정종분은 "선현기청분(善現起請分) 제2"부터 "응화비진분(應化非眞分) 제32" 중 "何以故 一切有爲法 如夢幻泡影 如露亦如電 應作如是觀"까지이다. 유통분은 "응화비진분 제32" "佛說是經已 長老須菩提 ~"부터 끝 부분 "~信受奉行"까지이다.
24) 김윤수 지음, 《반야심경 금강경 읽기》, 마고북스, pp.294~296에서 인용.

붓다께서 열반에 드실 때에 구이나갈국의 살라나무 두 그루 사이에서 머리를 북쪽으로 하시고 누워서 열반에 드시려 하였다. 그때 아난은 친척으로서의 애정이 각별하여 근심과 걱정에 빠져 헤어나지 못하였다. 이때 아니로두(아나율) 장로는 아난에게 이렇게 말하였다. "그대는 붓다의 법장(法藏)을 지킬 사람이다. 범부들처럼 근심의 바다에 빠져 있어서는 안 된다. 온갖 유위법은 모두 무상한 모습이니 그대는 너무 근심치 말라. 또 붓다께서 몸소 그대에게 법을 전해 주셨거늘 그대가 지금 근심에 빠져 버리면 맡은 소임을 잃어버리는 것이다. 그대는 지금 붓다께 이렇게 물어야 한다. '붓다께서 열반에 드신 뒤에 우리들은 어떻게 도를 닦아야 합니까? 누구를 스승으로 삼아야 합니까? 말이 험한 차익(車匿)과는 함께 어떻게 살아야 합니까? 불경 첫머리에는 무슨 말을 둡니까?'라는 등 갖가지 장래의 일을 붓다께 물으라."

아난이 이 말을 듣고 근심에서 조금 깨어나 도력을 회복하고는 붓다께서 누우신 침상 곁에 기대서서 위의 일을 붓다께 여쭈니 붓다께서 아난에게 이렇게 말씀하셨다. " ~또 내가 세 아승지 겁 동안에 모은 법보장(法寶藏)의 첫머리에는 '이와 같이 내가 들었다. 어느 때 붓다께서 어느 쪽 어느 나라 어느 지방의 숲 속에 계셨다(如是我聞 一時 佛 在 某方某國土 某處樹林中).'라고 하라. 왜냐하면 과거 모든 붓다의 경 첫머리에도 이 말씀을 두셨고, 미래 모든 붓다의 경 첫머리에도 이 말씀을 두실 것이며, 현재 모든 붓다들께서 마지막 열반에 드실 때에도 이 말씀을 두도록 가르치시기 때문이다."

(1) 신성취(信成就)

신성취는 믿음이 성취된 것이니 "이와 같이(如是)"라고 한 부분이다. "이와 같이(如是)"는 더하거나 뺀 것이 아니라는 뜻이다. 종밀[25]의 주석에 의하며 "단지 '여시(如是)'만을 해석하면 지도론에 이르되 믿음이 성취된 것이라 한다. 불법(佛法)의 대해(大海)는 믿음으로 능히 들어가고, 지혜로 능히 건널 수 있으니 믿는 자는 이것을 말하기를 여시(如是)라 하고, 믿지 않는 자는 이것을 말하기를 불여시(不如是)라 한다. 또 성인의 설법이 단지 여(如)를 나타내기 위함이니 오직 여(如)가 시(是)가 되기 때문에 여시(如是)라 칭하며, 또 유무불이(有無不二)가 여(如)가 됨이요, 여가 비유무(非有無)인 것을 시(是)가 됨이라"[26]라 하고 있다.

(2) 문성취(聞成就)

문성취는 들음이 성취된 것이니 "내가 들었다(我聞)"라고 한 부분이다. "내가 들었다"라는 것은 아난 자신이 들은 것뿐이지 결코 자신의 견해가 아니라는 것이다.

---

25) 종밀(宗密, 780~841) 중국 당나라 스님, 화엄종 제5조이며 호는 규봉(圭峰), 수주도원(遂州道圓)에게 출가하여 선을 배움. 뒤에 징관(澄觀)이 지은 《화엄경소석》을 보고 그의 제자가 되어 《화엄경》을 연구하여 선과 교의 일치를 주장함. 당 회창 1년 홍복탑원에서 입적함(62세). 당나라 선종이 정혜선사(定慧禪師)라는 시호를 내림. 저서에 《원각경소》 6권 외 다수 있음.

26) 單釋如是者 智度論 云信成就也 佛法大海 信爲能入 智爲能度 信者 言是事如是 不信者 言是事不如是 又聖人說法 但爲顯如 唯如爲是 故稱如是 又有無不二爲如 如非有無爲是.

(3) 시성취(時成就)

시성취는 "어느 때(一時)"라고 한 부분이다. "어느 때"는 경이 설해진 시기를 말하는데, 지역 마다 시간이 같지 않으므로 "이렇게 (어느 때, 一時)"라고 기록한 것이라 한다. 이 부분 종밀의 주석을 보면 "셋째 시(時)이니 스승과 제자가 함께 모여 설법과 듣는 것이 성취되었기 때문에 일시(一時)라 하며, 모든 지역의 시간이 같지 않으므로 다만 '어느 때(一)'라 하고, 또 법을 설하고 법을 알아듣는 그 때에 마음과 경계가 사라지고, 이(理)와 지(智)가 융합하여 범부와 성인이 하나가 되고, 본(本)과 시(始)가 모이니 이 두 법이 다 '일시(一時)'인 것이다."[27]라 하고 있다.

(4) 주성취(主成就)

주성취는 설법의 주체를 밝히는 부분으로 "부처님께서(佛)"라 한 부분이다. 불(佛)은 산스크리트어 "buddha"의 음역(音譯)이다.[28] 불(佛)이란 진리를 깨달은 자(覺者)를 말한다. 그러면 부처님께서 깨달은 진리는 무엇일까? 여러 가지 설(說)이 있으나 연기(緣起)를 깨달은 것으로 보는 것이 정설이다.

연기(緣起)에는 두 가지 개념이 있는데 첫째, 법칙(法則)으로서의 연기와 둘째, 법칙으로 인하여 생긴 연이생법(緣已生法)이다. 먼저 법칙으로서의 연기는 《잡아함경》 권12에 다음과 같이 언급되어 있다.

---

27) 三時 師資合會 說聽究竟 故言一時 諸方時分 延促不同 故但言一 又說法領法之時 心境泯 理智融 凡聖如 本始會 此諸二法 皆一之時.
28) 산스크리트어 원전 《금강경》에는 "bhagavān"으로 되어 있다.

부처님께서 비구에게 말하였다. 연기법이라는 것은 내가 지은 바가 아니다. 역시 다른 사람이 지은 것도 아니다. 그리고 저 여래가 세상에 나오거나 나오지 않거나 관계없이 (연기법은) 법계에 항상 머무른다. 저 여래가 스스로 이 법(연기법)을 깨달아 등정각(等正覺)을 이루고, 모든 중생을 위하여 분별하여 설하고, 열어서 나타내 보여 주었으니, 이른바 "이것이 있으므로 저것이 있고, 이것이 일어나므로 저 것이 일어난다." 무명을 연하여 행이 있고, 내지 아주 큰 고의 무더기가 집기하며, 무명이 멸하므로 행이 멸하고, 내지 아주 큰 고의 무더기가 멸한다.

佛告比丘 緣起法者 非我所作 亦非餘人作 然彼如來 出世及未出世 法界常住 彼如來自覺此法 成等正覺 爲諸衆生 分別演說 開發顯示 所謂此有故彼有 此起故彼起 謂緣無明行 乃至純大苦聚集 無明滅故 行滅 乃至純大苦聚滅

이 경문을 살펴보면 세 가지 내용을 담고 있다.

① 연기법을 정의하고 있는데,
ⅰ) 동시병존적 관련성(同時竝存的 關聯性)으로 "이것이 있으므로, 저것이 있다.(此有故彼有)"
ⅱ) 이시계기적 관련성(異時繼起的 關聯性)으로 "이것이 일어나므로, 저것이 일어난다.(此起故彼起)"라는 상호관계의 법칙을 연기법이라 하고 있다.
② 연기법은 여래(如來)가 만든 것도 아니고, 다른 사람이 만든 것도 아니라, 법계에 상주하는 법(법칙)일 뿐이다. 즉 어느 누

가 만든 것이 아니라는 것이다. 여기서 여타 종교에서 설정하고 있는 창조주(절대자)를 부정한다.
③ 여래는 이 연기법을 스스로 깨달아서 등정각(佛)을 이루었고, 모든 중생을 위하여 연설한 것뿐이다.

위의 ①을 보면 연기(緣起)를 법칙(法則)으로 정의하고 있다.

다음 연이생법(緣已生法)으로서의 연기는 《중아함경(中阿含經)》권7에, 『만약 연기(緣起)를 보는 것은 바로 법(法)을 보는 것이며, 만약 법(法)을 보는 것은 바로 연기(緣起)를 보는 것이다. 왜냐하면 모든 현인과 세존은 다섯 가지의 성음(盛陰: 즉 五蘊을 말함)이 인연으로 생긴 것이라 설한다. (若見緣起便見法 若見法便見緣起 所以者何 諸賢世尊說五盛陰從因緣生)』라 하고 있다. 이 경문의 내용은 연기를 보는 것이 법을 보는 것이고, 법을 보는 것이 연기를 보는 것이라 하고 있는데, 여기서의 법은 연이생법(緣已生法)이다. 다시 말해서 연기의 법칙으로 인해 생긴 물(物)로서의 法(존재)을 말한다. 그 이유는 "諸賢世尊說五盛陰從因緣生"이라 하고 있기 때문이다. 즉 色, 受, 想, 行, 識의 오온은 因緣따라 생긴 것이라고 설하고 있으므로 오온이 바로 연이생법이다.

따라서 이 경문은 연기(緣起)를 연이생법(緣已生法)으로 정의하고 있다. 그러므로 "연기(緣起)를 본다"는 것은 "연이생법(緣已生法)의 존재"를 본다는 의미이다. 이렇게 연이생법을 보면 제법(존재)은 연기에 의해서 일어나는 것임을 안다는 것이다.

셋째, 연기법과 연이생법의 관계를 보면 같으면서도 다른 관계이다. 자세한 설명은 《불교학개론》(광명 스님 지음) pp.62~64 참고.

(5) 처성취(處成就)

처성취는 설법의 장소를 말하는 것이니 "사위국기수급고독원"이 법을 설하는 장소이다. "사위국"은 산스크리트어로 슈라바스티(Śravasti)라 하는데, 부처님 재세시 마가다국과 더불어 2대 강국이었던 코살라국을 말한다. 원래 코살라국이라 하여야 하나 남인도에 또 다른 코살라국이 있어서 구별하기 위하여 수도의 이름을 빌어 사위국이라 하였다. 그리고 코살라국의 수도를 사위성(舍衛城)이라고 한다. "기수(祇樹)"는 코살라국 파사익왕의 아들 기타 태자가 소유한 숲을 말하고, "급고독(給孤獨)"은 대부호 수달다(須達多) 장자를 가리키는데 고독한 사람들에게 먹을 것을 보시하였기에 급고독이라 하였다. "원(園)"은 중원(衆園)의 약자로 절을 뜻하며 중원은 승가람(僧伽藍, Sangharama)을 번역한 말이다. 따라서 "기수급고독원"은 기타 태자의 숲에 있는 급고독 장자가 기증한 중원이라는 뜻이다.

"기수급고독원"에는 다음과 같은 사연이 있다. 수달다 장자는 부처님의 감화를 받고 귀의하여 부처님께서 거처할 절이 필요하므로 물색하던 중 기타 태자가 소유한 숲을 발견하고 팔기를 요청하였다. 기타는 팔 마음이 없어 이를 거절하고자 숲 전체를 금으로 덮으면 팔겠다고 하였다. 그러자 수달다 장자는 금화로 숲을 덮기 시작하였다. 이에 놀란 태자는 그 이유를 물으니 "절을 지어 부처님께 드릴 것이다."라는 말에 감동한 태자는 땅은 시가대로 팔되 숲은 자기이름으로 기증하였다. 그래서 기타의 숲과 급고독 장자가 지은 중원이 합하여 "기수급고독원"이 된 것이며 "기원정사(祇園精舍)"라고도 한다.

(6) 중성취(衆成就)

중성취는 법문을 듣는 대중들을 말하는 것으로 "일천이백오십명의 큰 비구들과 함께 계셨다(與大比丘衆 千二百五十人俱)."가 중성취를 말한다. "천이백오십"이 의미하는 것은 부처님 곁에 항상 대중들이 있는 것을 말하고 숫자를 열거할 뿐이지 "천이백오십" 이외에 다른 대중이 없다는 뜻은 아니다. 그 이유는 이 경의 끝에 『부처님께서 이 경을 설하여 마치시니 장로수보리와 모든 비구 비구니와 우바새 우바이와 일체 세계의 천인과 아수라가 부처님께서 설한 바를 듣고 모두 크게 기뻐하고 믿고 받들어 행하였다.』는 것에서 볼 수 있다.

"비구(比丘)"는 범어 "bhiksu"의 음역으로 포마(怖魔), 걸사(乞士), 정계(淨戒) 등으로 번역된다. 포마는 악마를 두렵게 한다는 뜻이며, 걸사는 음식을 빌어서 살아간다는 뜻이며, 정계는 계를 깨끗이 지킨다는 뜻이다.

"천이백오십"은 처음 교진여 등 다섯 사람(5)을 제도하고, 다음 가섭 3형제(우르빈나가섭, 나제가섭, 가야가섭)와 그 무리들을 합쳐 1,000명을 제도하고, 세 번째 사리불, 목건련과 그 무리들 200명을 제도하고, 마지막으로 야사 등 50명이 제도된 사람 모두 합치면 1,255명인데 단지 "1250명"이라고 표현한 것에 불과하다.

3. 발기서(發起序)

"이시(爾時) 세존(世尊)~"부터 "~부좌이좌(敷座而坐)"까지가 발기서에 해당한다. "그때(爾時)"는 부처님과 대중들이 다 함께 모인 때를 말한다. "세존(世尊)"은 부처님의 열 가지 이름 중의 하나인데 세상에서 가장 높고 귀한 분이라는 뜻이다. 열 가지 이름은 ① 수행을 완성한 사람이라는 "여래(如來, tathāgata)", ② 응당 공양을 받을 사람이라는 "응공(應供, arhat)", ③ 바르고 두루한 지혜를 갖춘 사람이라는 "정변지(正遍知, samyak-sambuddha)", ④ 지혜와 행을 완전히 갖추고 있는 사람이라는 "명행족(明行足, vidyā-carana-sampanna)", ⑤ 잘해 나가고 있는 사람이라는 "선서(善逝, sugata)", ⑥ 세상을 잘 아는 사람이라는 "세간해(世間解, lokavidū)", ⑦ 최고의 스승이라는 "무상사(無上師, anuttura)", ⑧ 아주 잘 조절하는 사람이라는 "조어장부(調御丈夫, purusadamyasārathi)", ⑨ 하늘과 사람의 스승이라는 "천인사(天人師, śāstā devamanusyānām)", ⑩ 세존의 원래 명칭인 "불세존(佛世尊, buddha-bhagavā)"이다.

"공양할 때(食時)"라 함은 밥을 먹을 때를 말함이니 곧 사시(巳時, 9~11시)를 말한다. "수하고"는 "(옷을) 입는다."라는 불교 말이다. 부처님뿐만 아니라 출가한 사문들은 하루에 사시(巳時) 때 한 끼 먹고 먹을 것은 탁발한다. 그래서 부처님께서 가사를 입고 발우를 들고 제자들과 함께 사위성(코살라국 수도)에 들어가 탁발하는 것이다. 탁발은 빈부귀천을 가리지 않고 차례대로 7집에서 빈다. 만약 밥을 얻지 못하면 그 날은 먹지 않는다고 하지만 실은 다른 사람이 탁발하여 온 것을 나누어 먹었다고 한다. "빌기를 마치시고"는 일곱 집을 돌았다는 것이지 밥의 분량을 말하는 것이 아니다. 공양은 정오(오전 12시)를 넘기면 안 된다. "자리를 펴고 앉으셨다"는 것은 삼매에 드신 것을 가리킨다.[29] 즉 부처님께서 일상적인 생활을 하는 동

---

29) 산스크리트어 원전을 보면 부처님께서 삼매에 드신 것을 확실하게 알 수 있

(動) 중에도 마음이 전혀 미동(微動)치 않고, 자리를 펴 앉는 정(靜) 중에도 마음이 산란하거나 무기에 빠지거나 잠에 빠지지 않는 여여부동(如如不動)한 마음 즉 항상 삼매 중에 있는 것을 말하는 것이다. 이것이 《금강경》을 설하게 되는 특별한 인연이기 때문에 발기서로 보는 것이다.

다.(산스크리트어 원전 번역은 각묵스님 번역을 따름)『~ 바루와 가사를 제자리에 내려놓으시고 두 발을 씻고 미리 준비된 자리에 앉으셨다. 가부좌를 결하고 곧게 몸을 세우고 전면(前面)에 마음챙김을 확립하시고서~』.

[정종분(正宗分)]

二
수보리가 수행하는 법을 묻다

선 현 기 청 분   제 이
善現起請分 第二 (수보리가 법을 청하다)

時長老須菩提在大衆中 卽從座起偏袒右肩右膝着地
시장로수보리재대중중 즉종좌기편단우견우슬착지

合掌恭敬而白佛言 希有世尊 如來善護念諸菩薩
합장공경이백불언 희유세존 여래선호념제보살

善付囑諸菩薩 世尊 善男子善女人 發阿耨多羅三藐三
선부촉제보살 세존 선남자선여인 발아뇩다라삼막삼

菩提心 應云何住云何降伏其心 佛言 善哉善
보리심 응운하주운하항복기심 불언 선재선

哉 須菩提 如汝所說 如來善護念諸菩薩 善付囑諸菩薩
재 수보리 여여소설 여래선호념제보살 선부촉제보살

汝今諦聽 當爲汝說 善男子善女人 發阿
여금제청　당위여설　선남자선여인　발아

耨多羅三藐三菩提心 應如是住如是降伏其心
녹다라삼막삼보리심　응여시주여시항복기심

唯然世尊 願樂欲聞
유연세존　원요욕문

　　이때 장로 수보리가 대중 가운데 있다가 자리에서 일어나 오른쪽 어깨를 벗어 메고 오른쪽 무릎을 땅에 꿇고 합장하여 공경히 부처님께 물었다. "희유하십니다. 세존이시여! 여래께서는 보살들을 잘 염려하여 보호하여 주시고, 보살들에게 잘 부촉하십니다. 세존이시여! 선남자 선여인이 아뇩다라삼먁삼보리심을 내고서는 응당 어떻게 머물러야 하고 어떻게 그 마음을 항복 받아야 합니까?" 부처님께서 말씀하셨다. "참으로 말 잘했다. 수보리여 참으로 그대가 말한 바와 같이 여래는 보살들을 잘 염려하여 보호하여 주시고 보살들에게 잘 부촉하느니라. 그대는 지금 잘 들어라 응당 그대를 위해 설하리라. 선남자 선여인이 아뇩다라삼먁삼보리심을 내고서는 응당 이와 같이 머무르고 이와 같이 그 마음을 항복 받아야 하느니라." "예, 그렇게 하겠습니다. 세존이시여! 원컨대 듣고자 합니다."

해설　여기서부터 정종분(正宗分)이 시작된다. 선현(善現)은 수보리를 한역(漢譯)한 말이다. 선현이 설법을 청하는 분이라 하여 "선현기청분(善現起請分)"이라 하였다. 수보리는 부처님의 10대 제자 중 한 분이다. 십대제자는 부처님의 제자 중 가장 훌륭한 10명을 말하는데 지혜제일 사리불존자, 신통제일 목건련존자, 두타제일 가섭존자, 다문제일 아난존자, 해공제일 수보리존자, 지계제일 우바리존자, 설법제일 부루나존자, 천안제일 아나율존자, 논의제일 가전연존자, 밀행제일 라훌라존자 등이다.

금강경은 반야 공(空)을 설하는 경전이므로 공을 가장 잘 체득한 (解空第一) 수보리존자가 부처님의 대화자로 등장한다.

"이때"는 부처님께서 자리를 펴고 앉으신 때이다. "장로(長老)"란 덕행이 높고 연장(年長)의 비구를 통칭하는 말이다. 반드시 나이가 많아 장로라고 부르는 것이 아니다. "① 자리에서 일어나 ② 오른쪽 어깨를 벗어 메고 ③ 오른쪽 무릎을 땅에 꿇고 ④ 합장하고 ⑤ 공경히 부처님께 물었다."라는 것은 제자가 부처님께 법을 묻는 예법으로 "제자오례(弟子五禮)"라 한다. ②번째 "오른쪽 어깨를 벗어 메고(편단우견)"는 고대 인도의 예법인데 자기의 오른 팔을 드러냄으로써 무기를 숨기지 않았다는 것을 알리는 것이다. 합장(合掌)은 두 손을 가슴에 모아 경의를 표하는 의식이다. 현재 우리나라에서의 합장은 양 손바닥을 밀착하는 방법이지만 원래는 양 손바닥의 중간 부분을 불룩하게 합쳐서 연꽃봉우리 모양을 만드는 방법이 합장이다. 밀교에서는 오른 손은 태장계, 이(理), 혜(慧)를 상징하고 왼 손은 금강계, 지(智), 정(定)을 상징한다. 또 오른 손은 부처의 보리(菩提), 왼 손은 중생의 번뇌(煩惱)를 상징하며, 보리와 번뇌가 둘이 아닌 하나라는 것을 상징한다.

"희유(稀有)"는 '이상한, 불가사의한, 경이로운' 등을 의미한다. 수보리가 무엇을 보고 희유하다고 하였는가? 두 가지로 고찰할 수 있다. 첫째, 부처님께서 탁발을 하고 돌아와 공양을 마치고 자리를 펴고 앉는 동(動)과 정(靜) 중에 전혀 마음이 산란치 않는 여여부동(如如不動)한 삼매를 본 것이다. 둘째, 첫째와 같은 상황에서 여래께서 보살들을 잘 염려하여 보호하여 주시고, 보살들에게 잘 부촉한 것이다.

"잘 염려하여 보호하여 주시고(善護念)"와 "잘 부촉하십니다(善付囑)"에 대해 여러 가지 주해들이 있는데 무착이 미륵으로 받은 미륵게(彌勒偈)를 보면 이해가 잘 되리라 본다.

선호념(善護念) ⇨ 巧護義應知(교호의응지) : 잘 보호한다는 뜻을 잘 알아두어라.
　　　　　　　　加被身同行(가피신동행) : 그의 몸에 가피하여 함께 한다.
선부촉(善咐囑) ⇨ 不退得未得(불퇴득미득) : 얻거나 얻지 못하거나 물러나지 않게 하니[30]
　　　　　　　　是名善咐囑(시명선부촉) : 이를 선부촉이라 한다.

세친은 "그의 몸에 가피하여 함께한다."라 함은 "보살의 몸 가운데에 지혜의 힘을 주어 불법을 성취하게 하고, 또 그 보살이 중생을 섭취(攝取)하도록 교화하는 힘을 주는 것"이라 하고, "얻거나 얻지 못하거나 물러나지 않게 하니"라 함은 "공덕을 얻거나 얻지 못하는

---

30) 월운 스님은 "물러나지 않게 하고 얻지 못한 것을 얻게 하시니"라 번역하고 있다.

가운데 물러나 잃는 것을 염려하여 지혜를 주는 것"이라 한다. 그리고 세친은 그 다음에 "얻고 물러나지 않는다(得不退)는 것은 대승을 버리지 않는다는 것이고, 얻지 못하고 물러나지 않는다(未得不退)는 것은 대승 가운데로 잘 나아가게 하고자 한다는 것이다"라 풀이 하고 있다.

"보살(菩薩)"은 보리살타의 약어이며, 범어 "bodhisattva(보디사트바)"의 음역이다. 범어 보디사트바의 의미는 "도(道)를 구하는 중생 또는 깨달음(覺)을 구하는 유정"이다. 그래서 "도중생(道衆生)" 또는 "각유정(覺有情)"으로 의역(意譯)한다. 그리고 보살을 다시 세 가지로 나누어 볼 수 있다.

① 구도(求道)의 보살인데, 도를 구하고자 하는 유정.
② 오도(悟道)의 보살인데, 깨달을 수 있는 유정.
③ 서원(誓願)의 보살인데, 남을 깨닫게 하려고 하는 유정.

①과 ②는 상구보리의 보살이고 ③은 하화중생의 보살이다. 대승불교에서 보살이라 함은 ①, ②, ③ 전부를 포함하여 말한다. 따라서 보살이란 무상정등정각을 성취하기 위하여 큰마음을 내어 수행하고 있지만 아직 성취하지는 못하였고 또한 다른 중생들도 무상정등정각을 성취시키고자 제도하는 유정이라 할 수 있다. 간단히 말해서 상구보리(上求菩提) 하화중생(下化衆生)하는 유정이다.

"선남자, 선여인"은 대승을 배우고자 발심한 남, 여를 통칭하는 말인데 보살이란 말과 상통한다. "아뇩다라삼먁삼보리(阿耨多羅三藐三菩提)"는 범어 "anuttara-samyak-sambodhih"를 음사한 말이다. '아뇩다라(anuttarā)'는 '무상(無上)', '삼먁(samyak)'은 '바른 완전한', '삼보리(sambodhih)'는 '깨달음'이란 뜻으로 '무상정등정각(無上正等正覺), 무상정변지(無上正遍知), 무상정변도(無上正遍道)' 등으로 번역되고 있다. 따라서 "아뇩다라삼먁삼보리심을 낸다."는 것은 무상정등정각을 이루겠다는 마음이다. 보통 아뇩다라삼먁삼보리심을 줄여서 "발보리심(發菩提心)"이라 한다. 산스크리트어 원전에는 "보살승에 굳게 나아가는(bodhisattva-yāna-samprasthitena)"이라 되어 있다. 구마라집은 '보살승에 굳게 나아가는 선남자 선여인'이야 말로 '보리심을 발한 선남자 선여인'이라고 이해하여 '발아뇩다라삼먁삼보리'라 번역한 것이다.

여기 "세존이시여 선남자 선여인이 아뇩다라삼먁삼보리심을 내고서는 응당 어떻게 머물러야 하고(應云何住) 어떻게 그 마음을 항복 받아야 합니까(云何降伏其心)?"라 한 대목이 부처님께 법을 청하는 요지이다. 범어 원전에는 "선남자 선여인은 어떻게 머물러야 하고, 어떻게 수행해야 하며, 어떻게 마음을 조복받아야 합니까?"라고 세 가지 물음으로 되어 있다. 현장은 원전에 충실하여 "~응운하주(應云何住) 운하수행(云何修行) 운하섭복기심(云何攝伏其心)"라 번역하고 있다. 보통은 이 세 가지를 간략하게 주(住), 수(修), 항(降)이라 한다. 따라서 부처님의 설법도 이에 응하여 범어 원전에는 "어떻게 머물러야 하고, 어떻게 수행해야 하며, 어떻게 마음을 항복받아야 하는지를 그대에게 설하리라"라고 되어 있다. 현장의 번역은 원전에 충실하여 "~應如是住(응여시주) 如是修行(여시수행) 如是攝伏其心(여시섭복기심)"으로 되어 있다.

주(住)는 마음을 "어디에 둘 것인가?"이다. 이는 보살의 서원이기도 하다. 수(修)는 서원을 세웠으면 "어떻게 수행할 것인가?"이고, 항(降)은 마음의 조복인데 마음을 "어떻게 길들일 것인가?"이다. 여기에 대하여 부처님의 답을 정리하여 보면 주(住)에 대해서는 4심(四心), 수(修)에 대해서는 육바라밀, 항(降)에 대해서는 무사상(無四相)이라 할 수 있다. 그리고 주(住)와 수(修)를 행할 때 항상 항(降)을 기초로 하여야 한다. 따라서 서원을 세움에 상이 없어야 하고, 수행을 함에도 상이 없어야 한다.

전통적인 주해는 주와 수를 별문(別問)과 별답(別答)이라 하고, 항을 총문(總問)과 총답(總答)이라 불리어 왔는데 다음과 같다.

별문	별답
어떻게 머물러야 합니까(住)?	네 가지 마음(四心)에 머물러야 한다.
어떻게 수행해야 합니까(修)?	육바라밀을 닦으라.

총문	총답
이 두 가지에 대하여 어떻게 마음을 항복받아야 합니까(降)?	사상(四相)을 가져서는 안 된다.

* 四心

① 廣大心(광대한 마음)

② 第一心(제일의 마음)

③ 常心(항상한 마음)

④ 不顚倒心(전도되지 않은 마음)

三
부처님께서 마음 머무는 것을 보이다

대승정종분 제삼
大乘正宗分 第三 (대승의 바른 종지)

佛告須菩提 諸菩薩摩訶薩應如是降伏其心
불고수보리 제보살마하살응여시항복기심

所有一切衆生之類 若卵生若胎生若濕生若化生 若有色
소유일체중생지류 약난생약태생약습생약화생 약유색

若無色 若有想若無想 若非有想非無想 我皆令入無餘
약무색 약유상약무상 약비유상비무상 아개영입무여

涅槃而滅度之 如是滅度無量無數無邊衆生 實無衆生得
열반이멸도지 여시멸도무량무수무변중생 실무중생득

滅度者 何以故 須菩提 若菩薩有我相人相衆生相壽者
멸도자 하이고 수보리 약보살유아상인상중생상수자

相 卽非菩薩
상   즉 비 보 살

　　부처님께서 수보리에게 말씀하셨다. "모든 보살마하살은 응당 이와 같이 그 마음을 조복시켜야 한다. '세상의 모든 중생의 무리들, 알에서 태어난 것, 태에서 태어난 것, 습기에서 태어난 것, 화하여 태어난 것, 형상이 있는 것, 형상이 없는 것, 지각이 있는 것, 지각이 없는 것, 지각이 있는 것도 아니고 없는 것도 아닌 것들 모두를 내가 무여열반에 들도록 제도하리라.'라 하고는 이와 같이 한량없고 무수한 중생을 제도하되 실제는 제도된 중생이 없다. 왜냐하면 수보리야 만약 보살이 아상, 인상, 중생상, 수자상이 있으면 보살이 아니기 때문이다."

해설　이 분의 제목이 대승정종분인데, "대승의 바른 종지"라는 뜻이다. 여기서 대승불교가 바라보는 시각을 알 수 있다. 즉 대승불교의 시각은 "중생제도"에 있다. 수보리는 부처님께 묻기를 아뇩다라삼먁삼보리(무상정등각)를 이루려고 마음을 낸 사람이 어떤 마음을 가져야 하는가?라는 것인데, 부처님의 대답이 "중생제도"라는 것이다. 다시 말하면 중생을 제도하겠다는 원이 없이는 무상정등각을 이룰 수 없다는 것이다. 무상정등각을 성취하는 목적이 바로 중생제도라는 것이다. 또 중생제도의 원을 세우고 실제 중생을 제도하는 것이 무상정등각을 이루는 것이다. 문제는 중생을 제도할 때의 마음가짐이다. 그것을 이 대승정종분과 다음 묘행무주분에서 설하고 있다. 그리하여 이 대승정종분과 다음 '묘행무주분 제사(妙行無

住分 第四)'는 수보리가 묻는 주(住), 수(修), 항(降)에 대한 부처님의 근본 가르침이다. 대승정종분은 '주(住)'에 대한 답이고, 묘행무주분은 '수(修)'에 대한 답이다. 그리고 각각의 답에 모두 '항(降)'을 동반하고 있다. 앞에서 설명한 바와 같이 '주'와 '수'를 행할 때 항상 '항'을 기초로 해야 하기 때문이다.

부처님께서 먼저 "모든 보살마하살은 응당 이와 같이 그 마음을 조복시켜야 한다."라 하여 '항'을 설한 이유가 '주'와 '수'에 항상 '항'을 기초로 해야 하기 때문에 '항'을 먼저 대답한 것이다.

그러면 대승정종분에서 설하는 '주'는 무엇인가? '주'는 '마음을 어디에 둘 것인가?'이다. 즉 보살의 서원이라 하였다. 그것은 사심(四心 ; 네 가지 마음)인데 광대한 마음(廣大心), 제일의 마음(第一心), 항상한 마음(常心), 전도되지 않은 마음(不顚倒心)인데 미륵송의 풀이에서 연유한다. 미륵송은 대승정종분에 대하여 "광대하고 제일이며 항상하고 그 마음이 전도되지 않고 이익을 주는 깊은 마음에 머무니 이 승(대승)의 공덕이 가득하리라, 廣大第一常 其心不顚倒 利益深心住 此乘功德滿."라 하고 있는데 앞부분의 네 가지 마음에 근거한 것이다. 경문과 관련하여 사심(四心)을 살펴보기로 한다.

첫째, 광대심(廣大心)이다. 보살이 중생을 제도하려고 서원을 세웠는데 그 대상이 "세상의 모든 중생의 무리들 일체"라는 점에서 "광대한 마음(廣大心)"이라 하였다.

둘째, 제일심(第一心)이다. 보살이 "세상의 모든 중생들을 어디까지 제도할 것인가?"인데 "모두 무여열반에 들도록 제도하리라"하는 점에서 최고의 마음이므로 "제일의 마음(第一心)"이라 하였다.

셋째, 상심(常心)이다. 보살이 "한량없고 무수한 중생을 제도하면서도 한 중생도 제도했다는 생각을 내지 않고 지속적으로 중생을 제도"하므로 "상심(常心)"이라 하였다.

넷째, 부전도심(不顚倒心)이다. 중생을 제도하는 보살이 "아상, 인상, 중생상, 수자상이 없기" 때문에 "전도되지 않은 마음(不顚倒心)"이라 하였다. 다음은 경문을 세부적으로 살펴본다.

"세상의 모든 중생의 무리들(所有一切衆生之類)"에서 "중생(衆生)"은 범어 "살타(薩陀, sattvā)"를 번역한 구역이고 현장의 신역은 "유정(有情)"이다. 중생은 많은 인연의 의하여 살아가는 존재를 뜻하고 유정은 마음이 있는 생명체라는 뜻이다. 중생이라 번역하건 유정이라 번역하건 모두가 생명체를 지칭하는 말이며 깨닫지 못한 범부를 가리킨다. 이런 중생은 12류가 있는데 크게 세 부류로 나누고 있다. 첫째는 태어나는 형태에 의한 분류(受生差別 : 욕계), 둘째는 태어나는 몸의 형태에 따른 분류(依止差別 : 색계), 셋째는 경계에 따른 분류(境界差別 : 무색계)이다.

첫째, 태어나는 형태에 의한 것으로 "난생(卵生)"은 알에서 태어나는 것, "태생(胎生)"은 태(胎)에서 태어나는 것, "습생(濕生)"은 습기(濕氣)가 있는 데서 태어나는 것으로 모기, 지렁이 등이며, "화생(化生)"은 천상의 사람이나 지옥의 중생들처럼 무엇에 의탁하지 않고 변화해서 태어나는 중생을 말한다. 이 네 가지 태어나는 형태를 4생(四生)이라 한다.

둘째, 태어나는 몸의 형태에 의한 것으로 유색(有色)[31], 무색(無

色), 비유색(非有色), 비무색(非無色)이 있다. 유색은 형상이 있는 중생인데 색계(色界) 중생을 일컫는다. 색계 중생은 몸에서 빛이 난다. 무색은 형상이 없는 중생인데 무색계(無色界) 중생을 일컫는다. 비유색과 비무색은 원래 비유색유색(非有色有色)과 비무색무색(非無色無色)이며 나무나 돌에 잠시 붙어 중생 노릇을 하는 정령(精靈)의 무리를 말한다. 전설에 나오는 빗자루도깨비 같은 것들이다. 먼저 비유색유색은 빗자루에 본래 도깨비의 색이 없었는데 도깨비의 색이 있게 되었다는 것이며, 비무색무색은 빗자루에 본래 빗자루의 색이 있었는데 빗자루의 색이 없어지고 도깨비가 되었다는 것이다.

셋째, 경계에 따른 것으로 유상(有想 : 생각이 있는 것), 무상(無想 : 생각이 없는 것), 비유상(非有想), 비무상(非無想)이 있다. 이들은 무색계 중생들을 일컫는다. 유상은 공무변처(空無邊處)와 식무변처(識無邊處)의 중생들을 말하고, 무상은 무소유처(無所有處) 중생을, 비유상과 비무상은 비상비비상처(非想非非想處 : 생각이 있는 것도 없는 것도 아닌 것) 중생을 말한다. 비유상은 원래 비유상유상(非有想有想)이다. 늑대인간을 비유를 들어 보면 늑대인간이 처음에는 늑대라는 생각이 없었는데 늑대와 같이 살면서 늑대라는 생각을 가지게 되는 것이다. 비무상은 원래 비무상무상(非無想無想)이다. 늑대인간이 처음에 사람이라는 생각이 있었는데 지금은 사람이라는 생각이 없어지고 늑대라는 생각만 있는 것이다.

위에서 말한 세상의 모든 중생의 무리 모두를 "내가 무여열반에

---

31) 넓은 의미에는 욕계의 중생도 유색(有色 : 형상이 있는 것)에 속한다.

들도록 제도하리라(我皆令入無餘涅槃 而滅度之)"라 한 것은 모든 중생을 무여열반에 이르도록 하겠다는 서원을 세운 것을 말한다. 여기서 멸도(滅度)는 번뇌의 소멸 또는 육도 윤회에서 벗어나는 것을 말하는 것으로 열반과 같은 뜻이다. 범어 원문에는 열반이라는 단어가 거듭나오는데 이것을 피하고자 한 것이다.[32]

열반에는 4가지가 있는데, 4종열반(四種涅槃)이라 한다. 4종열반은 유여의열반(有餘依涅槃), 무여의열반(無餘依涅槃), 자성청정열반(自性淸淨涅槃), 무주처열반(無住處涅槃)을 말한다. 앞 두 열반은 소승불교의 열반이고, 뒤 두 열반은 대승불교의 열반이다.

[소승불교의 열반]

소승불교의 열반론은 설일체유부의 문헌외에는 거의 문헌이 없으므로 자연히 설일체유뷰가 소승불교를 대표하게 된다. 설일체유부에서는 사제(四諦) 중 멸제(滅諦)를 열반으로 본다. 이 멸제는 간택력(簡擇力)에 의해 증득한 바인 무위법(無爲法)이라고도 하며, 혜(慧)의 간택력에 의해 얻어지는 결과로서 택멸(擇滅)이라고도 한다. 즉 혜(慧)로써 사제(四諦)의 이(理)를 간택하여 모든 번뇌를 끊을 때, 모든 유루법(有漏法)의 계박을 여의고 해탈(解脫)을 증득하는 것을 택멸이라 한다. 따라서 열반을 택멸로 보고 있다. 그리고 이 택멸 또는 열반인 법(法)을 법체항유(法體恒有)의 근본사상에 의하여 그 실체가 실유(實有)한다고 한다. 또 열반의 성질은 선(善)이고 상주불변(常住不變)한다고 한다. 또 열반을 유여의열반(有餘依涅槃)

---

32) 범어 원문에는 "나는 그들을 모두 무여열반의 경지로 완전히 열반에 들게 하리라.(각묵 스님 번역)"라 하여 열반이라는 단어가 두 번 나오고 있다.

과 무여의열반(無餘依涅槃)으로 나누고 있다.

1) 유여의열반이란 아라한의 모든 번뇌가 영원히 다 멸한다고 할지라도 수명이 아직도 남아 있어 색(色)이 아직 끊어지지 않았으므로 오근심신(五根心身) 즉 심, 소(心, 所)가 상속하여 전(轉)함에 의하는 여의(餘依)가 있다는 것이다.
2) 무여의열반이란 아라한의 모든 번뇌가 다 멸할 뿐만 아니라 수명이 이미 멸하여 색(色)의 상속까지도 이미 끊어져 오근심신이 다시 전하지 않아서 여의가 없는 것을 말한다. 이러한 견해에서 보면 유여의열반은 완전하지 못한 열반이며, 무여의열반이 완전한 열반인 동시에 이러한 열반에 도달하자면 사후(死後)가 아니고는 무여의열반을 증득할 수 없다.

[대승불교의 열반]

대승불교에서는 열반을 법계(法界)의 실성(實性) 즉 진여(眞如)와 합일(合一)되었다는 의미라 한다. 그 근거로《대반열반경(大般涅槃經)》에 『만약 여래가 열반에 들어 가는 것을 땔나무의 불이 다하여 없어지는 것과 같은 것이라고 말하면 불요의(不了義)라 함이요, 만약 여래가 법성(法性)에 들어 가는 것이라 말하면 이는 요의(了義)라 함이다.』라고 하니 열반은 법성(法性)에 들어가는 것이고, 그것은 법신(法身)을 증득한 것으로 열반을 법신(法身)이라 할 수 있다. 또《승만경》에 『일승(一乘)을 얻었다는 것은 아뇩다라삼막삼보리를 얻었다는 것이요, 아뇩다라삼막삼보리는 즉 열반계이며 열반이란 즉 여래의 법신이다.』라고 하고 있다. 또한《승만경》에서 『여래법신은 상바라밀(常波羅蜜), 낙바라밀(樂波羅蜜), 아바라밀(我波羅蜜), 정바라밀(淨波羅蜜)이니 불법신(佛法身)에 이것을 지어 보는 것은 정견(正見)이라 한다』고 하므로 상, 락, 아, 정은 법신(法身)의 4덕(四德)이다. 열반과 법신은 다른 것이 아니므로 법신의 4덕이 곧 열반의 4덕이다. 《대반열반경》에서 『상(常), 락(樂), 아(我), 정(淨)의 4덕은 무상(無常), 무아(無我), 고(苦), 부정(不淨)의 사전도(四顚倒)를 대치(對治)하는 것이다』라 하고 무상(無常)은 이승(二乘 : 성문승과 연각승)인데, 이것을 대치 하는 것이 상(常)인데 상(常)은 여래법신이다. 무아(無我)는 생사(生死)인데, 이것을 대치하는 것이 아(我)이고, 아(我)는 여래이다. 고(苦)는 일체외도(一切外道 : 불교의 정법을 제외한 모든 사상)인데, 이것을 대치하는 것이 낙(樂)이며, 낙(樂)은 열반(涅槃)이라 한다. 부정(不淨)은 유위법(有爲法)[33]인데, 이것을 대치하는 것이 정(淨)이며, 정(淨)은 모든 불보살(佛菩薩)의 정법(正法)을 말한다. 그리고 대승불교에서는 열반을 본래자성청정열반(本來自性淸淨涅槃)과 무주처열반(無住處涅槃)을 들고 있다.

1) 본래자성청정열반은 객진번뇌(客塵煩惱)에 오염된다 할지라도 그 자성(自性)이 본래 청정(淸淨)하고 무량공덕(無量功德)을 본래 갖추고 있다는 것으로 오직 성자(聖者)만이 자내증(自內證)한다고 한다.

2) 무주처열반이라 함은 소지장(所知障)을 끊은 곳에 드러나는

---

33) 유위법(有爲法) : 여러 종류의 조건들이 모여서 형성된 것, 또는 윤회하는 우리들의 생존을 구성하고 만들어진 것, 인연에 의해 생멸하는 현상계의 일체 사물을 말한다.

것으로 항상 반야(般若)에 있어서 생사(生死)에 머물지 않는 동시에 또 대비(大悲)에 있어서 열반에도 머물지 않고 중생을 이롭게 하는 까닭으로 무주처(無住處)라 한다. 대승불교에서는 이 무주처열반을 진정한 열반으로 보고 있다.

위에서 말한 사심(四心) 중 네 번째 부전도심은 보살이 '아상, 인상, 중생상, 수자상'이 없는 마음을 일컫는 것이라 하였다. 이 아상, 인상, 중생상, 수자상을 사상(四相)이라 하는데, 주(住), 수(修), 항(降)에서 항에 해당한다. 사상(四相)의 개념을 알려면 위 漢譯『須菩提 若菩薩 有我相人相衆生相壽者相』에 해당하는 산스크리트어 원문(原文)을 살펴보아야 한다.

[原文]

na sa Subhūyte bodhisattvo vaktavyo yasya ātmasamjñā pravarteta, sattvasamjñā vājivasamjñā vā pudgalasamjñā pravarteta
세존께서 수보리야 아트마산냐가 생기거나 사트바산냐나 지와산냐나 푸드갈라산냐가 생긴다면 보살이라고 말할 수 없기 때문이다.

구마라집은 위 아트마산냐를 아상(我相), 사트바산냐를 중생상(衆生相), 지와산냐를 수자상(壽者相), 푸드갈라산냐를 인상(人相)으로 한역(漢譯)하였다.

(1) 산냐(samjñā)

산냐(samjñā)는 sam(함께)+ jñā(to know)의 명사이다. 어원적으로

는 "같게 인식하는 것"이라는 뜻이다. 대상을 받아들여 개념작용을 일으켜서 이름을 붙이는 작용이 산냐라고 이해된다. 초기의 경에는 산냐는 단지 푸르다고 아는 것, 붉다고 아는 것 등과 같이 단순히 인식하는 정도의 개념이었다. 그러나 금강경에서의 산냐라는 개념을 단순히 인식하는 정도로 보아서는 안 된다. 그러면 어떻게 개념을 지을 것인가? 단순히 인식하고 생각하고 하는 차원을 넘어서 마음에 어떤 모양(相) 즉 고정된 관념을 가진 상태를 산냐라고 할 수 있다. 이렇게 산냐를 개념지을 수 있는 것은 무색계 사처(四處, āyatana)가 모두 산냐라는 말로 표현되고 있기 때문이라 한다.[34] 그러면 위 사상은 아트만이라는 고정관념, 사트바라는 고정관념, 지와라는 고정관념, 푸드갈라라는 고정관념을 말한다. 이제 아트만, 사트바, 지와, 푸드갈라에 대해서 살펴보자.

(2) 아트만(ātman)

아트만(ātman)은 인도사상에서 중요한 개념이다. 기원전 2300～1800년경 인도의 인더스강 유역에 고도로 발달된 도시문명이 있었는데 모헨조다로(Mohenjo-dāro)와 하랍파(Harappā) 2대 중심지가 그것이다. 이 지역에 기원전 1,500년경 인도 아리야인이 힌두쿠시산맥을 넘어 서북인도로 진입하여 검은 피부와 낮은 코의 선주민을 정복하고 이 문명의 유적 근처 펀쟈브(Pañjab) 지방에 정착하였으며 《리그베다(Ṛg-veda)》를 편찬하였다고 한다.[35] 이것이 인도사상의

---

34) 각묵 스님 저, 금강경 역해, 불광출판부, p.77.
35) 하야시마 쿄소 외 3인저, 인도사상의 역사, 민족사, p.19.

개막이다. 리그베다의 성립연대는 기원전 1,200년을 중심으로 작성된 것으로 추정되며, 그 후 대개 기원전 500년경까지는 바라문교의 근본성전을 구성하는 방대한 베다성전이 성립되어 인도사상의 기초가 확립되었다고 한다.[36]

베다(veda)는 4부분으로 되어있다.[37]

① 본집(本集, Samhitā) : 핵심적인 부분으로 만트라(mantra) 즉 찬가(讚歌), 가사(歌詞), 제사(祭詞), 주사(呪詞)의 집록(集錄)이다.

② 브라흐마나(Brāhamana)제의서(祭儀書) : ①에 부가된 산문의 문헌으로 제식의 실행방법을 규정하고 제식의 신학적 설명을 행하며 그 가운데 신화, 전설을 담고 있다. 기원전 800년경 성립.

③ 아라니야카(Āranyaka)삼림서(森林書) : 삼림 속에서 가르쳐야 할 비의(秘義)를 수록하고 있으므로 이러한 명칭을 갖게 되었으며 제식의 설명과 함께 철학적 문제도 취급하고 있다.

④ 우파니샤드(Upanisad)오의서(奧義書) : 베단타(Vedānta)라고도 불리는 당시의 비설(秘說)의 집성서, 베다성전 중 철학적 사유의 극치를 나타낸다고 한다. 기원전 500년경에 성립되었다고 한다.

우파니샤드(Upanisad) 철학의 성립(기원전 500년경)

우주의 비인격적 실재하는 최고원리로서 브라흐만(梵, Brā

---

36) 위의 책, p.21.
37) 위의 책, p.22.

haman)있고, 또 하나의 실재로서 아트만(我, atman)이 있는데, 아트만은 원래 숨을 의미하였지만 전화(轉化)되어 생명의 본체로서 "생기(生氣)", "생명원리(生命原理)", "자아(自我)"의 의미로 사용되었으며, 나아가 "만물에 내재하는 영묘한 힘"을 뜻하기도 하였다. 일반적으로 아트만은 "개인의 本體"를 의미한다고 한다.

이러한 브라흐만과 아트만의 두 원리를 발견한 우파니샤드 철학자들은 개인의 본체인 아트만과 최고실재인 브라흐만이 동일하다는 범아일여(梵我一如) 사상을 주장하였다. 이것이 우파니샤드철학이다. 그리고 브라흐만과 아트만은 불변의 실재라는 것이다. 그리하여 아트만은 나고 죽는 것이 없는 영원한 생명자리이며, 비록 몸은 윤회하지만 아트만은 생사를 초월해 있고, 절대적인 존재라는 것이다.

(3) 사트바(sattva)

sattva는 as(to be)에서 파생되었다고 한다. 인도어 일반에서 넓게는 "존재하는 모든 것"으로, 전문적으로는 "살아 있는 모든 것"을 나타내는 단어라 한다.[38] 불교에서는 "깨달음을 성취하지 못한 모든 생명체"를 의미한다. 구마라집은 사트바를 중생(衆生)으로 번역하였고, 현장은 유정(有情)으로 번역하였다.

(4) 지와(jiva)

지와(jiva)는 인도의 자이나교에서 우주론을 설명하면서 사용하

---

38) 각묵 스님 저, 금강경 역해, 불광출판부, p.82.

는 개념이다. 자이나교에서는 이 우주는 지와(jiva)[39]와 아지와(ajiva, 비영혼) 대별되며, 5실체로 구성되어 있다고 한다. 아지와(비영혼)는 ① 운동의 조건(dharma), ② 정지의 조건(adharma), ③ 허공(ākāśa), ④ 물질(pudgala)의 4실체로 나뉜다. 이리하여 지와(영혼)와 더불어 5실체[40]로서 우주를 이룬다는 것이다. 지와(영혼)는 지(地), 수(水), 화(火), 풍(風), 동물, 식물에 존재하기 때문에 6종의 영혼이 있다하며, 영혼의 본질은 정신작용이다. 아지와(비영혼)중의 ① 운동의 조건(dharma)은 고기를 헤엄치게끔 하는 물과 같이 다른 것을 운동시키는 조건이 되는 것이다. ② 정지의 조건(adharma)은 낙하물을 정지시키는 대지(大地)와 같이 운동하고 있는 것을 정지시키는 조건이 되는 것이다. ③ 허공(ākāśa)은 큰 공간으로서 다른 여러 실체가 존재하는 장소이다. ④ 물질(pudgala)은 항을 바꾸어 설명하겠다. 이와 같이 자이나교에서는 이러한 우주구성의 5가지 요소는 실체로서 영원불멸하고 상주한다는 것이다.

(5) 푸드갈라(pudgala)

위 자이나교에서 푸드갈라(pudgala)는 아지와(ajiva, 비영혼)의 한 실체라고 하였다. 푸드갈라는 "물질"로 이해되고 있고, 이 물질은 무수히 존재하며, 많은 물체를 구성하고, 장소를 점유하며 색(色), 미(味), 향(香), 가촉성(可觸性)의 특질을 갖는다고 한다. 이 물질은 원자(原子, anu 미세한 것, paramānu 극히 미세한 것 등으로 불린다)로

---

39) 일반적으로 "영혼"이라 번역한다.
40) 여기서의 실체(實體)라는 의미는 영원불멸로 상주한다는 것이다.

구성되어 있다. 원자는 부분을 갖지 않으며, 분할되지 않고, 파괴되지 않고, 지각되지 않는다고 한다. 이러한 자이나교의 원자론은 인도에 있어 최초로 나타난 것으로 후에 부파불교의 설일체유부(說一切有部)에도 영향을 주었다고 한다.[41] 이처럼 자이나교에서 푸드갈라(pudgala)는 원자로 구성되어 있으며, 부분을 갖지 않고, 분할되지 않고, 파괴되지 않고, 지각되지 않는다고 하여 결국 영원불멸의 상주한다는 것이다. 이 푸드갈라를 구마라집은 인(人)으로 번역하였고, 현장은 보특가라(補特伽羅)로 음사하고 있다.

이상에서 사상(四相)의 개념을 살펴보았는데 물질(pudgala)이든, 비물질(ātman, jiva)이든, 혼합체(sattva)이든 모두 상주불변(常住不變)으로서 실재(實在)하는 실체(實體)라는 것이다. 그리고 그 실체들에 대하여 고정관념(samjñā)이 뿌리를 내리고 있는 것이다. 그러나 금강경에서 이러한 실체들을 부정하는데, 그 이유는 우리의 생각에서 만들어 조작된 것이기 때문이다. 사실 물질이든 비물질이든 영원불멸의 상주하는 것은 없다. 다시 말해서 위의 사상(四相)은 환상(幻想)인 것이다.

보살(菩薩)은 상구보리하화중생(上求菩提下化衆生)하는 사람이다. 그런데 상구보리(上求菩提)의 면에서 보살에게 사상(四相)이 있으면 깨달을 수 없으므로 상구보리가 되지 않는다. 따라서 이렇게 되면 이미 보살(菩薩)이 아닌 것이다. 그래서 즉비보살(卽非菩薩)이라 한 것이다.

---

41) 하야시마 쿄쇼 외 3인 저, 인도사상의 역사, 민족사, p.43.

다음은 본문 "如是滅度 無量無數無邊衆生 實無衆生 得滅度者(이와 같이 한량없고 무수한 중생을 제도하되 실제는 제도된 중생이 없다)."를 살펴보면, 이 구는 사심(四心) 중 상심(常心)으로서 사상(四相)보다 앞에 나오지만 사상이 이해되면 이 구는 자연히 이해된다. 이미 사심 중 상심(常心)에서 설명하였지만, 상심은 무수한 중생을 제도하지만 한 중생도 제도했다는 생각을 내지 않고 지속적으로 중생을 제도하는 마음이라 하였다. 그 이유는 사상이 없기 때문이다. 사상의 부정이 의미하는 바는 어떠한 실체도 인정하지 않는다. 그렇기 때문에 중생을 제도한다는 생각도 역시 실체가 있는 것이 아니다. 실체가 없기 때문에 중생을 제도했다는 상이 생기지 않는다.

四
부처님께서 마음 닦는 법을 보이다

묘행무주분   제 사
妙行無住分 第四 (묘한 행은 머무름이 없다)

復次須菩提 菩薩於法應無所住行於布施 所謂不住色布
부차수보리 보살어법응무소주행어보시 소위부주색보

施 不住聲香味觸法布施 須菩提 菩薩應如是 布施不住
시 부주성향미촉법보시 수보리 보살응여시 보시부주

於相 何以故 若菩薩不住相布施 其福德不可思量 須菩
어상 하이고 약보살부주상보시 기복덕불가사량 수보

提 於意云何 東方虛空可思量不 不也世尊 須菩提 南
리 어의운하 동방허공가사량부 불야세존 수보리 남

西北方四維上下虛空可思量不 不也世尊 須菩提 菩薩
서북방사유상하허공가사량부 불야세존 수보리 보살

無住相布施福德　亦復如是不可思量　須菩提　菩薩但應
무 주 상 보 시 복 덕　　역 부 여 시 불 가 사 량　　수 보 리　　보 살 단 응

如所敎住
여 소 교 주

"또 수보리야. 보살은 법에 응당 머물러 있는 생각 없이 보시를 해야 하니, 소위 형상에 머물지 않고 보시하며 소리, 향기, 맛, 감촉, 생각의 대상에 머무르지 않고 보시해야 하느니라. 수보리야. 보살은 응당 이와 같이 보시하되 상(相)에 머물지 않아야 한다. 왜냐하면 만약 보살이 상에 머물지 않고 보시하면 그 복덕은 헤아릴 수 없기 때문이다. 수보리야 네 생각은 어떠하냐? 동쪽 허공을 헤아릴 수 있느냐? 없습니다. 세존이시여! 수보리야. 남서북방과 네 간방과 위아래에 있는 허공을 헤아릴 수 있느냐? 없습니다. 세존이시여! 수보리야. 보살이 상에 머물지 않고 보시한 복덕도 또한 그와 같아서 헤아릴 수 없다. 수보리야. 보살은 무릇 응당 이렇게 가르쳐 준 대로 머물러야 한다."

해설 이 부분은 수보리가 질문한 두 가지 ① 어떻게 마음을 머물러야 하는가?(이에 대한 대답은 '대승정종분 제3'이다.) 와 ② 어떤 수행을 해야 하는가?에 대한 두 번째 질문에 대한 대답이다. 그에 대한 답은 보살은 육바라밀 중 보시바라밀을 대표로 내세워 수행하라고 한다. 그리고 '선현기청분 제2'에서 말했듯이 주(住)와 수(修)를 행할 때 항상 항(降)을 기초로 해야 한다. 수(修)인 보시바라밀을 완성하기 위해서는 항(降)으로 '법(法)'에 머물지 않아야 하고, '색

(色)'에 머물지 않아야 하고, '성(聲)'에 머물지 않아야 하고, '향(香)'에 머물지 않아야 하고, '미(味)'에 머물지 않아야 하고, '촉(觸)'에 머물지 않아야 한다. 그리고 이 여섯 가지 머무름 없는 것은 "상(相)에 머물러서는 안 된다(無住相)"고 하는 데 포섭된다. 다음은 경문에 따라 자세히 살펴본다.

① 『보살은 법에 응당 머물러 있는 생각 없이 보시를 해야 하니』 이 부분은 수(修)와 항(降)을 총괄하여 나타낸 것인데, 수(修)로는 보시바라밀(布施波羅蜜)을, 항(降)으로는 법(法)에 머물지 않아야 한다. 보시바라밀은 육바라밀(六波羅蜜)에서 첫 번째 바라밀이다. 경문에는 '보시바라밀' 하나를 들고 있지만 육바라밀 전부로 이해해야 한다. 미륵송을 보면 그 이유를 알 수 있다.

檀義攝於六(단의섭어육)　보시(檀)의 이치가 여섯(육바라밀)을 포섭하니
資生無畏法(자생무외법)　자생과 무외와 법이다.
此中一二三(차중일이삼)　여기에 하나와 둘과 셋으로 포섭되고
名爲修行住(명위수행주)　이를 수행주라 이름한다.

이 게송이 의미하는 것은 보시의 뜻에는 자생과 무외와 법이 있고, '자생'에는 육바라밀 중 '보시바라밀' 하나가, '무외'에는 '지계바라밀'과 '인욕바라밀' 둘이, '법'에는 '정진바라밀'과 '선정바라밀' 그리고 '지혜바라밀' 셋이 있다는 것이다. 따라서 '보시'가 육바라밀을 포섭하는 것이다. 여기서는 '보시바라밀'에 대해서만 공

부한다.

[보시바라밀(布施波羅蜜)]

'보시(布施, dāna)는 주는 것을 말하는데, 재시(財施), 법시(法施), 무외시(無畏施)가 있다. 위에서 본 자생이 재시이고, 무외가 무외시이며, 법이 법시이다.

① 재시(財施)는 금품 등 물질을 베푸는 것을 말한다. 재시는 삼륜(三輪)이 청정(淸淨)해야 한다. 삼륜은 베푸는 사람, 받는 사람, 보시하는 물건을 말한다.

첫째, 베푸는 사람의 마음이 청정(淸淨)해야 한다. 나는 너에게 베푼다. 그러니 너는 나에게 감사해야 한다는 마음이 있으면 참된 보시가 아니다. 무조건(無條件)의 보시, 또는 무주상(無住相)보시를 말한다.

둘째, 받는 사람의 마음이 청정(淸淨)해야 한다. 보시를 받는 사람의 마음에 조금도 구애됨이나 걸림이 없어야 한다. 보시를 받았다 해서 비굴해지거나 혹은 보답을 해야만 한다고 생각해서는 안 된다. 진실로 청정한 마음으로 받아들일 때 그것이 참다운 보시가 된다.

셋째, 보시하는 물건이 청정(淸淨)해야 한다. 보시하는 금전이나 물건이 청정해야 하는 것은 말할 필요가 없다. 도둑질한 물건이나 금품을 보시한다 해도 이것은 청정한 보시가 될 수 없다. 또 자신에게 필요하지 않은 것을 베푸는 것은 보시가 아니다. 버리려고 생각했던 헌 옷을 수재민이나 기타 다른 곳에 주면 어느 정도 자선은 될지언정 보시는 아니다. 자기에게 중요한 것을 타인에게 베풀 때 그것이 참다운 보시인 것이다.

② 무외시(無畏施)는 두려움을 없애주고 안정을 시켜주는 것이다. 두려움이 없고 안정을 가지려면 계를 지켜야 하고(持戒), 고난을 참고 견뎌야 한다(忍辱). 그래서 '무외'에 '지계바라밀'과 '인욕바라밀'이 포섭되는 것이다.

③ 법시(法施)는 진리를 상대방에게 가르치는 것을 말한다. 진리를 증득하려면 정진(精進)해야 하며, 선정(禪定)을 닦아야 하고, 지혜(智慧 또는 般若)를 갖추어야 한다. 그래서 '법'에 '정진바라밀'과 '선정바라밀' 그리고 '지혜바라밀'이 포섭되는 것이다.

다음은 육바라밀과 근본불교의 8정도 그리고 삼학(三學 : 계, 정, 혜)을 비교해 보면 다음과 같다.

삼학(三學)	육바라밀(六波羅蜜)	8정도(八正道)
계(戒)	보시(布施), 지계(持戒),	정어(正語), 정명(正命),
정(定)	인욕(忍辱), 정진(精進),	정업(正業), 정정진(正精進),
혜(慧)	선정(禪定), 반야(般若)	정념(正念), 정정(正定),
		정견(正見), 정사유(正思惟)

이렇게 비교 해보면 대승불교의 수행법인 육바라밀과 근본불교의 수행법인 8정도가 별개 아님을 알 수 있다. 다음은 '법(法)'이라는 말을 공부하기로 한다. '법'이라는 단어는 불교교리를 배우는데 있어서 굉장히 중요한 것이므로 매우 주의하여 익혀야 한다.

[법(法, dharma)]

"법(法, dharma, dhamma)"의 어의(語義)는 "유지하는 것(√dhr에서 유래)"이라는 의미인데, 이로부터 "변하지 않는 것"이라는 의미가 파생하고, 인륜적인 질서를 유지하는 것, 예로 부터의 관례, 의무, 사회질서, 더 나아가 선(善), 덕(德), 진리(眞理) 등의 의미로 옛부터 인도에서 사용되고 있었다 한다.[42] 불교 이전의 법의 개념에는 선이나 진리를 의미했으며, 악(惡), 불선(不善)은 "비법(非法, adharma)"으로 불리고 법에 포함되지 않았다. 그러나 불교에서는 번뇌, 악, 불선도 법으로 취급하여 이들도 법 속에 포함시키고 있다. 이러한 점을 고려하여 "법"에 대해서 알아보자.

붓다고사(佛音, Buddhaghdsa, A.D.5C 사람)는 아함경을 주석하면서 법에 4가지 의미가 있다고 하는데, 속성, 교법, 성전, 물의 4종이며, 혹은 교법을 빼고 인(因, hetu)을 넣기도 한다.

① 속성(guna) : 보통 "德"으로도 번역되고 있다. 불타가 갖추고 있는 십팔불공법(十八不共法)[43]과 같은 것이 덕으로서의 *法*이다.

② 교법(desanā) : 불(佛) 법(法) 승(僧) 삼보의 법보(法寶)는 교법으로서의 법이다. 즉 진리(眞理)를 말한다.

③ 성전(pariyatti) : 위 교법을 경장(經藏)으로 형성화한 것을 말한다. 예컨대 아함경으로 형성화한 것이 성전이다. 아함경이전에는 구분교(九分敎)로 교법을 분류하였는데, 이것도 성전으

---

42) 히라카와 아키라 저, 인도불교의 역사 上, 민족사, p.66.
43) 남에게는 없고, 불타에게만 갖추어져 있는 특별한 특징.

로서의 법이다.

④ 인(hetu) : 교법을 뺐을 경우 인(因)을 넣어 법이라고 했는데, 인이란 선법, 악법과 같이 결과를 산출하는 것을 말한다. 예컨대 선인선과악인악과(善因善果惡因惡果)와 같은 것이다. 따라서 무기(無記, 선법도 악법도 아닌 것)의 법은 인(因)에는 포함되지 않는다.

⑤ 물(物, nijjīva) : 인연화합(因緣和合)에 의하여 이루어지는 모든 것을 말한다. 즉 모든 현상(주관속의 相과 오관으로 감득할 수 있는 객관 대상)은 인연화합으로 이루어지는데, 그 인연화합물을 말한다. 이 物로서의 法은 객관계의 사물과 주관계인데, 그 주관계에는 악, 불선, 번뇌 등도 포함되는 것이다. 그리고 이들은 모두 인연화합의 연기소생이다. 그렇기 때문에 物로서의 法은 연이생법(緣已生法)이라는 것임을 알 수 있다. 연이생법은 연기법(緣起法)과 차이가 있는데, 이미 본서 pp.81~83에서 자세히 설명하였다. 그리하여 《중아함경》 권7 「상적유경(象跡喩經)」에서 『만약 緣起를 보는 것은 바로 法을 보는 것이며, 만약 法을 보는 것은 바로 緣起를 보는 것이다. (若見緣起便見法 若見法便見緣起)』고 설하고 있는 것이다.

《아함경》에서 이러한 物로서의 法을 오온(五蘊), 십이처(十二處), 십팔계(十八界)로 분류하고 있다. 십이처의 "처(處, āyatana)"는 "영역(領域)"을 의미하고, 십팔계의 "계(界, dhātu)"는 "요소(要素)"를 의미한다. 오온은 뒤에서 설명하기로 한다. 첫째, 십이처(十二處)란 주관(主觀)의 영역과 그 주관에 대응하는 객관(客觀)의 영역을 말하는 것으로, 주관의 영역은 안처(眼處), 이처(耳處), 비처(鼻處), 설처(舌處), 처(身處), 의처(意處)이고, 객관의 영역은 색처(色處), 성처(聲處), 향처(香處), 미처(味處), 촉처(觸處), 법처(法處)를 말한다. 둘째, 십팔계(十八界)란 위 십이처를 인식하는 여섯의 식(識)이 있는데, 안식(眼識), 이식(耳識), 비식(鼻識), 설식(舌識), 신식(身識), 의식(意識)이다. 십이처에 이 여섯 식을 합하여 십팔계를 이룬다. 이리하여 현상계를 십팔계로 설명하고 있는 것이다. 이들 오온, 십이처, 십팔계의 관계를 도시하면 다음과 같다.

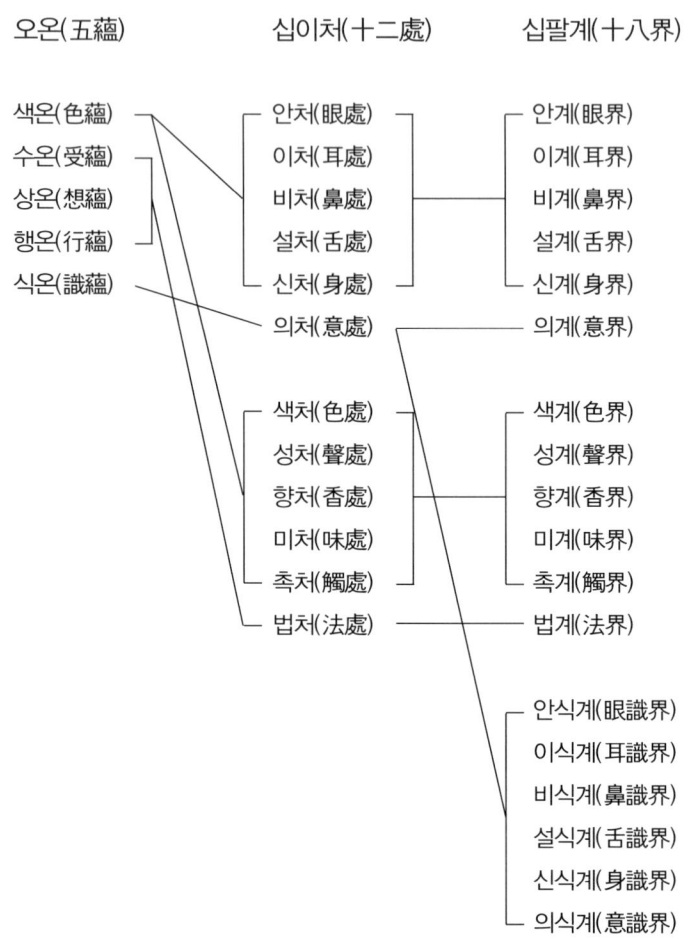

다음은 부파불교(部派佛敎) 시대에서 인정한 법의 개념으로서 승의유와 세속유가 있는데, 이것을 공부한다.

[승의유(勝義有)와 세속유(世俗有)[44]]

《구사론(俱舍論)》에서는 존재를 "승의(勝義)의 존재"와 "세속의 존재(假有, 施設有)"로 나누고, "승의의 존재(勝義有)"를 "다르마(법)"라 하고 있다. 그리고 세속유(世俗有)는 예컨대 청색 병을 깨뜨리면 병 그 자체는 없어진다. 이러한 존재를 세속유라 한다. 인간도 육체적 정신적인 갖가지 요소의 복합체이기 때문에 세속적 존재(세속유)라 한다. 그런데 청색 병이 깨어져서 병은 없지만, 그 "청"은 병이 깨어지더라도 없어지지 않는다. 그 청색 병을 무한히 부수면 가루가 되지만, "청"은 그 경우에도 존재성을 잃지 않는다. 이처럼 다른 것에 의존하지 않고, 그 자체로 존재하는 것을 "승의의 존재(勝義有)"라 하고, 이것을 "다르마(법)"라 부른다. 또 그 자체로 존재하는 것을 "자성(自性, svabhāva)"이라고 한다.

심리작용에 대해서도 마찬가지이다. "탐(貪)"이라는 심리작용은 더 이상 분석할 수 없는 요소적 존재이다. 그리고 마음에 탐하는 생각을 일으키는 힘을 갖고 있다. 이처럼 더 이상 분석할 수 없는 요소가 승의의 존재자이며, 이것을 '다르마'라고 하고 있다. 그리고 또 구별해야 할 개념이 있는데, 자상(自相, svalaksana)인데, 위의 예에서 청색 병의 "청색"이 자상(自相)이다. 그런데 자성(自性)과 자상(自相)을 엄격히 구분하지 않고 사용되기도 한다. 이상의 내용을 요약하면 다음과 같다.(청색 병을 예로 든다)

---

44) 히라카와 아키라 저, 인도불교의 역사상, 민족사, pp.173~174.

청 : 자성(自性), 다르마, 승의의 존재(勝義有).

병 : 세속의 존재(世俗有)

청색 : 자상(自相)

자성(自性, svabhāva)[45] : 극미로 이루어져 있는 청이라는 존재자. 自性 그 자체가 法 더이상 분석할 수 없고, 다른 것에 의존하지 않고, 그 자체로 존재함.

  이상으로 법(法)에 대해 살펴보았는데, 다양한 의미를 포함하고 있다. 법이 어떤 의미로 사용되고 있는지는 법을 사용하고 있는 문장의 전후 관계를 살펴보면 알 수 있다.

  본문에서 사용하고 있는 '법'의 의미는 모든 의미를 포함한 총괄적인 법의 의미로 사용된 것이다. 따라서 물질적, 정신적 법은 물론 진리로서의 법도 여기의 법에 포함된다. 그래서 보시를 할 때, 어떠한 법의 모습에 머물지 않고 보시하여야 한다. 심지어 진리라는 상에도 머물지 않고 보시해야 한다. 이것이 무주상(無住相) 보시이다. "법의 모습에 머물지 않고(無住相)"의 구체적인 마음은 첫째, 자기의 소유라는 생각을 버리고, 둘째, 내가 행한 행위(보시)에 대한 대가를 바라지 않아야 하며, 셋째, 미래에 있을 보답을 기다리지 않아야 한다. 이런 마음을 가지려면 바로 사상(四相 : 4가지의 고정된 실체)에 집착하지 않아야 한다. 그래서 《금강경》은 항(降)으로 이 사

---

45) 대승불교에서는 공(空)을 내세워 부파불교가 주장하는 자성(自性)을 부정한다. 즉 무자성(無自性)이다. 따라서 다른 것에 의존하지 않고, 그 자체로 존재하는 것은 없다고 한다.

상에 머물지 말라고 거듭 강조하고 있는 것이다.

① 『소위 형상에 머물지 않고 보시하며 소리, 향기, 맛, 감촉, 생각의 대상에 머무르지 않고 보시해야 하느니라.』

이 부분은 '법'의 의미를 구체적으로 설명한 것이다. 여기서는 색, 성, 향, 미, 촉, 법의 6경(六境)만 들고 있으나 위에서 설명한 바와 같이 이에 국한되는 것이 아니다.

② 『수보리야. 보살은 응당 이와 같이 보시하되 상(相)에 머물지 않아야 한다.』

이 부분은 본문 ①과 ②에서 설한 보시할 때의 마음가짐에 대하여 결론적으로 매듭짓는 부분이다. 그 결론은 '무주상보시(無住相布施)'이다. 경문에는 '부주상보시(不住相布施)'로 되어 있는데, 무주상보시와 같은 뜻이다. 그 이유는 범어본을 보면 알 수 있다. '부주상보시'에 해당하는 범어본은 "yathā na nimitta-samjāyām"으로 되어 있고, '무주상보시'에 해당하는 범어본도 "yath? na nimitta-samjāyām"로 되어 있어 같은 뜻임을 알 수 있다.

③ 『"왜냐하면" 이하부터 경문의 끝까지』이다.

이 부분은 무주상보시한 복덕에 대한 설명이다. 무주상으로 보시할 수 있는 경지에 이르면 이미 불보살(佛菩薩)의 경지이다. 그러니 그 복덕은 헤아릴 수 없을 정도로 많은 것이다.

이상으로 수보리의 질문에 대한 부처님의 대답은 끝났다. 그런데 계속 법을 설한 이유는 수보리가 부처님의 가르침에 의심을 일으켰기 때문에 의심을 끊어 주기 위하여 계속 설한 것이다. 의심은 모두 27겹이다.

五
27겹의 의문

1

구 불 행 시 주 상 의
求佛行施住相疑
(부처가 되려고 보시하는 것도 상에 머무는 것이 아닌가? 라는 의문)

　이 부분은 선남자 선여인이 무상정등정각(아뇩다라삼먁삼보리)을 이루겠다고 마음을 내고는 어떻게 수행하고, 마음을 가져야 하는가? 하는 물음에 부처님께서 '무주상보시'로 답하였다. 그러면 무상정등정각을 이루어 부처가 되겠다는 마음으로 보시하는 것은 '무주상'에 어긋나는 것이 아닌가? 하는 의문이 있게 된다. 왜냐하면 부처가 되겠다는 생각만은 여전히 머묾이며 집착이기 때문이다. 또 설사 무주상으로 보시를 했다하더라도 부처는 분명 32상을 갖추고 있는데, 어떻게 무주상으로 수행을 하여 모양(상) 있는 부처를 얻는가? 원인과 결과가 다를 수 있는가? 그러므로 의문이 제기된다는 것이다. 이것이 첫 번째 의문이다.

如理實見分 第五(도리를 진실하게 봄)
여리실견분 제오

須菩提 於意云何 可以身相見如來不 不也世尊 不可以
수보리 어의운하 가이신상견여래불 불야세존 불가이

身相得見如來 何以故 如來所說身相卽非身相 佛告須
신상득견여래 하이고 여래소설신상즉비신상 불고수

菩提凡所有相皆是虛妄 若見諸相非相卽見如來
보리범소유상개시허망 약견제상비상즉견여래

"수보리야 너는 어떻게 생각하느냐? 몸이라는 상으로 여래를 볼 수 있겠는가?" "그렇지 않습니다. 세존이시여! 몸이라는 상으로 여래를 볼 수 없습니다. 왜냐하면 여래께서 말씀하신 몸이라는 상은 (실제) 몸이라는 상이 아니기 때문입니다." 부처님께서 수보리에게 말씀하셨다. "무릇 모든 상은 모두 허망한 것이니 만약 모든 상이 상 아님을 보면 바로 여래를 보리라."

해설 위에서 본 의문의 전개는 경문에서 '무상정등각(아뇩다라삼먁삼보리)'이라는 것이 별도로 있어서 증득되는 것이고, 또 그러한 '정각자'에게는 특별한 몸의 형상이 있을 거라는 생각을 전제로 하고 있다. 경문을 살펴보기로 한다.

① 『수보리야 네 생각은 어떤가? 몸이라는 상으로 여래를 볼 수 있겠는가?』

이 부분은 수보리가 묻지도 않았는데 부처님께서 물음으로 이야기를 풀어 나간다. 이런 형식을 '무문자설(無問自說)'이라 한다. 고

대 인도에서는 《베다》에 전륜성왕이나 정각자와 같은 위대한 사람에게는 보통 사람과는 달리 32가지의 대인상(大人相)이 있다고 전해져 오고 있다. 이러한 대인상은 보시 등 온갖 선행의 과보로 성취되는 것이라 하고 있다. 그래서 부처님에게도 32가지의 대인상과 80가지의 작은 특징(32상 80종호)이 갖추어져 있다고 한다. 경문의 '신상(身相 : 몸이라는 상)'은 이를 가리킨다. 부처님께서는 수보리의 의문을 간파하고 여래의 32상이라는 '대인상'을 예를 들어서 대답을 주기 위해 먼저 수보리에게 질문을 던진 것이다.

② 『그렇지 않습니다. 세존이시여! 몸이라는 상으로 여래를 볼 수 없습니다.』

이 부분은 수보리가 부처님의 내심을 알고는 곧 바로 여래의 32상이라는 형상으로는 여래를 볼 수 없다고 대답한다. 이때의 여래는 육신의 여래를 의미하는 것이 아니라, 진리로서의 여래(法身)를 말하며, 경문의 끝 부분 '卽見如來'의 여래도 같은 의미(法身)이다.

③ 『왜냐하면 여래께서 말씀하신 몸이라는 상은 (실제) 몸이라는 상이 아니기 때문입니다.』

이 부분은 여래의 32상이라는 형상으로 여래를 볼 수 없는 이유를 밝힌 것이다. 원래 이 부분은 제일의제(第一義諦)[46]와 세속제(世俗諦)로 되어 있는 구도인데 세속제가 빠져있다고 대부분 주석한다. 세속제를 넣어 경문을 다시 구성하면『여래께서 말씀하신 몸이라는 상은 (실제) 몸이라는 상이 아니라 이름 하여 몸이라는 상이라 합니다. (如來所說身相 卽非身相 是名身相)』라 된다. 그리고 이

---

46) 제일의제를 승의제(勝義諦)라고도 한다.

러한 형식을 불적(拂跡 : 자취를 쓸어버림)이라 한다. 《금강경》은 이러한 구도의 경문이 여러 차례 나오는데, 모두 12번이다.[47] 불적의 구도에서 승의제(제일의제)에 해당하는 부분은 "실제 몸이라는 상이 아니라(卽非身相)"이고, 세속제에 해당하는 부분은 "이름하여 몸이라는 상이라 합니다(是名身相)."이다. 이것을 일반화시켜 보면 다음과 같다.

卽非 A : 실재(실체)로서 A가 있는 것이 아니다. ⇨ 제일의제(승의제)
是名 A : 세간의 이해로서 이름 하여 A라 한다. ⇨ 세속제

이러한 구도로 경문의 의미를 파악하면, 여래의 32상이라는 몸의 형상은 실제적(실체적)으로 몸의 형상이 있는 것이 아니다. 다만 세간의 이해에 의해 32상이라는 몸의 형상이라 이름 부르는 것이다. 여래의 32상이라는 몸은 연이생법(緣已生法)이다. 연이생법이기 때문에 생멸(生滅)하는 유위법이다. 유위법인 연이생법은 법의 실상(實相)일 수 없다. 즉 32상이라는 여래의 몸은 그 법체가 공성(空性)이다. 공성은 모든 법이 항상 존재하는 것(실제로 존재)을 부정한다. 그렇기 때문에 여래의 32상은 실제적으로 있지 않는 것이다. 다만 여래의 32상은 우리 범부 중생들의 눈으로 보여지고, 손으로 만져져서 마치 있는 것으로 보이지만 영원히 변하지 않고 존재하는 것이 아니다. 그것은 찰나적으로 존재하는 임시적 존재일 뿐이다. 그래서 그 임시적 존재에 대해 형상에 따라 이름을 붙이는데 "是名

---

47) 12번의 불적은 ①여리실견분 제5, ②의법출생분 제8, ③장엄정토분 제10, ④여법수지분 제13, ⑤이상적멸분 제14, ⑥구경무아분 제17, ⑦일체동관분 제18, ⑧이색이상분 제20, ⑨비설소설분 제21, ⑩정심행선분 제23, ⑪화무소화분 제25, ⑫지견불생분 제31이다.

A : 이름하여 A"라 표현한다. 또 무상정등각이라는 실체가 있는가? 무상정등각은 곧 공성(空性)을 말한다. 따라서 증득할 만한 특별한 법이 있는 것이 아니다. 일체법이 공성임을 아는 것을 무상정등각이라 이름 붙일 따름이다.

④ 『부처님께서 수보리에게 말씀하셨다. 무릇 모든 상은 모두 허망한 것이니 만약 모든 상이 상 아님을 보면 바로 여래를 보리라.』

이 부분은 《금강경》의 유명한 '사구게(四句偈)' 중 하나이다. '사구게'라 함은 경(經)에 여러 게송이 나오는데, 그 중에서 가장 대표적인 하나를 골라 그 경의 '4구게' 또는 '제일사구게(第一四句偈)'라 한다.

《화엄경》의 사구게는 "若人欲了知 三世一切佛 應觀法界性 一切唯心造(약인욕요지 삼세일체불 응관법계성 일에유심조), 삼세의 모든 부처님의 가르침을 확연히 알려고 하면, 응당 법계의 본성을 관하여, 모두가 마음에서 이루어짐을 알아라."이며,

《법화경》의 사구게는 "諸法從本來 常自寂滅相 佛子行道已 來世得作佛(제법종본래 상자적멸상 불자행도이 내세득작불), 모든 법은 본래부터 항상 스스로 적멸한 상이니, 불자가 도를 행하여 마치면 내세에는 성불하리."이며,

《열반경》의 사구게는 "諸行無常 是生滅法 生滅滅已 寂滅爲樂(제행무상 시생멸법 생멸멸이 적멸위락), 모든 법은 무상하니 이것이 생멸법이다. 생멸을 이미 멸하면 적멸의 낙이리."이다.

위 본문의 내용을 '삼법인(三法印)'에 대비해 보면 쉽게 이해할 수 있다.

삼법인	본문 사구게
諸行無常: 모든 법은 무상이다.	凡所有相皆是虛妄: 무릇 모든 상은 모두 허망한 것이니
諸法無我: 모든 법체는 공(空)이다.	若見諸相非相: 만약 모든 상이 상 아님을 보면.
涅槃寂靜: 열반의 적정이다.	卽見如來: 바로 여래를 보리라.

"모든 법이 무상하다(제행무상)"라는 것은 일체의 법이 생멸하여 영원히 존재하는 것이 아니라는 것이다. 즉 다른 말로 표현하면 허망한 것이다. 마치 물거품이 일어났다가 사라지는 것과 같다. 사구게에서의 상(相)은 일체법이 우리의 인식계에 의해 파악되는 것을 말한다. 외부의 형상, 소리, 향, 맛, 촉감 등이 결국 우리의 인식계에서 파악되는 것이다. 삼법인에서는 외부의 대상(境)을 직접 나타내었고, 사구에서는 그것을 우리의 인식계로 표현한 것일 뿐 서로 다른 것이 아니다. 또 제행무상은 생멸변화를 말하므로 연기(緣起)를 의미한다. 따라서 연기로 나타나는 모든 것은 실재(實在)하는 것이 아니니 모두 허망하다. 이것을 본문에서 "凡所有相皆是虛妄"이라 하였고, 한편으로는 이 구(句)는 연기(緣起)를 말해주고 있다.

다음 "모든 법체는 공(空)이다(제법무아)"라는 것은 모든 법의 본성(本性: 흔히 '법체'라고 한다.)을 말해준다. 즉 모든 법의 본성은 공성(空性)인데, 이것은 모든 법은 항상 변하지 않고 영원히 존재하는 성질이 아니라는 것이다. 이것은 위에서 공부한 바와 같이 부파불교시대의 부파에서 주장한 승의유 즉 법체항유(法體恒有: 법체는 변하지 않고 항상 존재하여서 삼세에 실유한다.)를 부정한다. 이러한 의미를 본문에서 "若見諸相非相"이라 하였다. 즉 "모든 상(다른 말로 法)은 실재로 있는 상(다른 말로 法)이 아니다.(非相)"라 하였다. "실재로 있는 상이 아니라"는 부정이 바로 모든 상의 본성은 공성을 말해주고 있다.

이제 제행무상과 제법무아의 관계를 보면 제행무상이 즉 제법무아이고, 제법무아가 즉 제행무상이다. 모든 법이 생멸변화(제행무상)하는 이유가 모든 법의 체는 공성(제법무아)이기 때문이다. 다시 모든 법체가 공성(제법무아)이기 때문에 모든 법이 생멸변화(제행무상)한다. 이것을 바꾸어 표현하면 연기(緣起)가 즉 공(空)이고, 공(空)이 즉 연기(緣起)이다. 《반야심경》에서는 이것을 연기를 색(色)으로 대표하여서 "色不異空 空不異色 色卽是空 空卽是色"으로 설하고 있다.

"열반적정"은 제행무상과 제법무아의 이치를 증득한 경지를 말한다. 즉 무상정등각을 이루었다는 것이다. 그러면 열반적정이라는 법이 실재하는가? 다른 말로 무상정등각이라는 실재하는 법이 있는가? 라는 문제이다. 만약 무상정등각이라는 법이 별개로 존재한다면, 모든 법의 본성이 공성이라는 진리에 위배된다. 공성이 법의 실재를 부정한다고 하였다. 따라서 무상정등각도 본성은 공성이다. 무상정등각의 법체(본성)는 공성이므로 실재하는 법이 아니다. 그렇기 때문에 증득할 대상으로 무상정등각이라는 법도 실재하지 않는다.

이제 경의 본문을 보면 "열반적정"을 "여래"라 표현하였다. 여래를 본다는 것은 32상의 형상을 보는 것이 아니라, 모든 상(법)이 허망한 것(제행무상)과 또 모든 상이 허망하기 때문에 실재하는 것이 아님(非相, 제법무아)을 아는 것을 말한다. 그리고 위에서 설명하였듯이 여래라는 법도 공성이므로 실재하는 법이 아니기 때문에, 증득할 대상으로 별개로 존재하는 것이 아니다.

그래서 "如理實見分 第五(여리실견분 제5)"는 일체법의 실상을 통찰하여서 공성이 바로 여래의 체(體)임을 설하고 있다.

2
인 과 구 침 무 신 의
因果俱深無信疑
(인과가 모두 깊으니 믿을 사람이 있겠는가? 라는 의문)

'묘행무주분'에서 수행으로 '무주상보시'를 하라 하였고, '여리실견분'에서는 "모든 상이 상 아님을 보면 바로 여래를 보리라"라 하였다. 이 두 부분을 보면 머뭄이 없는 수행을 통하여 머뭄이 없는 부처를 이루는 구조이다. 다시 말하면 없음을 통해 없음을 얻는 것이 된다. 따라서 이러한 어려운 말을 누가 과연 믿겠는가? 하는 의심이 일어난다. 그리하여 수보리가 부처님에게 물은 것이며, 특히 부처님 당시에서 보아 미래의 중생들에게 문제된다. 왜냐하면 미래의 중생들(부처님 당시에서 보았을 때)은 근기가 하열하여 자기의 이익을 위해 모든 것을 하므로 부처님께서 하신 말씀이 마음에 들어올 수 없기 때문이다.

정 신 희 유 분   제 육
正信希有分 第六(바른 믿음은 희유하다)

①須菩提白佛言 世尊 頗有衆生得聞如是言說章句生實
　수 보 리 백 불 언　 세 존　 파 유 중 생 득 문 여 시 언 설 장 구 생 실

信不 佛告須菩提 莫作是說 如來滅後後五百歲有持戒
신 불　 불 고 수 보 리　 막 작 시 설　 여 래 멸 후 후 오 백 세 유 지 계

修福者 於此章句能生信心以此爲實 當知是人不於一佛
수 복 자 어 차 장 구 능 생 신 심 이 차 위 실 당 지 시 인 불 어 일 불

二佛三四五佛而種善根 已於無量千萬佛所種諸善根 聞
이 불 삼 사 오 불 이 종 선 근 이 어 무 량 천 만 불 소 종 제 선 근 문

是章句乃至一念生淨信者 須菩提 如來悉知悉見是諸衆
시 장 구 내 지 일 념 생 정 신 자 수 보 리 여 래 실 지 실 견 시 제 중

生得如是無量福德 ②何以故是諸衆生無復我相人相衆
생 득 여 시 무 량 복 덕 하 이 고 시 제 중 생 무 부 아 상 인 상 중

生相壽者相 無法相亦無非法相何以故 是諸衆生 若心
생 상 수 자 상 무 법 상 역 무 비 법 상 하 이 고 시 제 중 생 약 심

取相則爲着我人衆生壽者 若取法相卽着我人衆生壽者
취 상 즉 위 착 아 인 중 생 수 자 약 취 법 상 즉 착 아 인 중 생 수 자

何以故 若取非法相 卽着我人衆生壽者 ③是故不應取
하 이 고 약 취 비 법 상 즉 착 아 인 중 생 수 자 시 고 불 응 취

法 不應取非法 以是義故 如來常說汝等比丘 知我說法
법 불 응 취 비 법 이 시 의 고 여 래 상 설 여 등 비 구 지 아 설 법

如筏喩者 法尙應捨何況非法
여 벌 유 자 법 상 응 사 하 황 비 법

① 수보리가 부처님께 여쭈었다. "세존이시여! 무릇 어떤 중생이 있어서 이러한 말씀을 듣고 진실한 믿음을 낼 수 있겠습니까?" 부처님께서 수보리에게 말씀하셨다. "그런 말 하지 말라. 여래가 멸도한 후, 후오백세에 계를 지키고 복을 닦는 사람은 이 말에 능히 믿는 마음을 내어 이를 진실로 여길 것이다. 응당 알아야 하니, 이런 사람은 한 부처님이나 두 부처님이나 셋, 넷, 다섯 부처님에게 선근을 심은 것이 아니라, 이미 한량없는 부처님께 온갖 선근을 심

어서, 이 말씀을 듣고는 한 순간에 깨끗한 믿음을 내는 것이니라. 수보리야. 여래는 이 모든 중생이 이와 같은 한량없는 복덕을 받는 것을 다 알고 다 본다. 왜냐하면, 이 모든 중생은 아상, 인상, 중생상, 수자상이 없고, 법이라는 상이 없으며 법이 아닌 것이라는 상도 없기 때문이다. ② 왜냐하면 이 모든 중생이 만약 마음에 상을 취하면 바로 아, 인, 중생, 수자에 집착하는 것이기 때문이며, 만약 법이라는 상을 취하여도 아, 인, 중생, 수자에 집착하는 것이기 때문이다. 왜냐하면 만약 법이 아닌 것이라는 상을 취하여도 바로 아, 인, 중생, 수자에 집착하는 것이다. ③ 이런 까닭으로 응당 법을 취하여도 안 되며, 법이 아닌 것을 취하여도 안 되기 때문에, 여래는 너희 비구들에게 항상 이르노니, 내가 설한 법을 뗏목의 비유와 같음을 알아야 한다. 법도 오히려 버려야 하거늘 하물며 법이 아닌 것은 말할 필요가 있겠는가?

해설 이 부분의 경문은 수보리의 질문에 부처님의 대답인데, 세 부분으로 나누어 볼 수 있다. ① 믿을 사람이 있다는 것과 그 이유를 밝히는 부분, ② 이유에 대하여 실질적인 근거를 밝히는 부분, ③ 결론을 내어 가르침을 설하는 부분이다.

1. 믿을 사람이 있음과 이유를 밝히는 부분

(如來滅後後五百歲~如來悉知悉見是諸衆生得如是無量福德)

먼저 "여래가 멸도한 후, 후오백세에 계를 지키고 복을 닦는 사람은 이 말에 능히 믿는 마음을 내어 이를 진실로 여길 것이다."라고 하는 부분은 "믿을 사람이 있다는 것"과 "그 이유"를 밝히는 것이다.

(1) "믿는 사람"은 여래 멸후 후오백세의 사람이다. '후오백세'에 대해 두 가지 설명이 있다. 첫째 '후오백세'는 부처님께서 멸도에 드신 후 불법의 쇠퇴를 오백년씩 다섯 단계로 나눈다. ① 첫 오백년은 해탈견고(解脫堅固)시대로 깨달음을 얻는 자가 많은 시기이다. ② 둘째 오백년은 선정견고(禪定堅固)시대로 선정을 닦는 자가 많은 시기이다. ③ 셋째 오백년은 독송다문견고(讀訟多聞堅固)시대로 불법을 읽고 배우는 자가 많은 시기이다. ④ 넷째 오백년은 탑사견고(塔寺堅固)시대로 탑과 절을 짓는 자가 많은 시기이다. ⑤ 다섯째 오백년은 투쟁견고(鬪爭堅固)시대로 서로 자기의 주장을 고집하고 다투는 자가 많은 시기이다. 둘째 '후오백세'는 부처님 입멸후 정법(正法)이 5백년 계속된 후(이 시기를 정법시대라 함) 정법이 쇠퇴하여 모양만 정법과 비슷한 시기가 도래하는데, 이를 상법(像法)시대라 한다. 경문의 후오백세는 상법시대를 말한다. 왜냐하면 《금강경》이 찬술되는 시기가 상법시대이기 때문이다. 다섯단계의 후오백세로 보면 경문의 후오백세는 선정견고시대라고 보여진다. 왜냐하면 해탈견고시대는 정법시대이기 때문이다.

(2) "그 이유(믿는 사람이 있는 이유)"는 이런 상법시대에도 계를 지키고(持戒) 복을 닦으면(修福)《금강경》의 말씀에 믿는 마음을 내고 진실로 여긴다. "복을 닦는다."는 것은 선정을 닦는다는 의미이다. 선정은 '지혜(智慧)'라는 복을 내기 때문에 "복을 닦는다."라고 한 것이다. 이 부분의 경문을 자세히 보면 계(戒), 정(定), 혜(慧) 삼학의 구조이다. 계를 지키고(戒), 복을 닦으면(定), 지혜가 생겨 "경전의 말씀을 믿고 진실한 것임을 안다(慧)는 것이다.[48] 그리고 믿는

---

48) 보리유지가 번역한 것을 보면 "계를 지니고, 복덕을 닦아 지혜가 있는 자는 이

사람은 계를 지키고 복을 닦는 선근(善根)을 얼마동안 닦은 것일까? 이런 사람은 한 부처님이나 두 부처님이나 셋, 넷, 다섯 부처님에게 선근을 심은 것이 아니라 이미 한량없는 부처님께 온갖 선근을 심은 것이다. 그러한 선근을 심은 결과로 이 경문의 말씀을 듣고 한 순간에 깨끗한 믿음을 내는 것이다.

경문의 "여래는 이 모든 중생이 이와 같은 한량없는 복덕을 받는 것을 다 알고 다 본다."라는 것은 바른 믿음의 이유를 부연해서 밝히며, 부처님의 말씀을 더욱 믿게 하려는 것이다. 바른 믿음을 내는 사람은 과거 오랜 생에 걸쳐 계를 지키고 선정을 닦았기 때문에 이 경전의 말씀이 진실이라고 이해할 수 있는 사람이라는 것이다. "다 안다(悉知)"고 함으로써 눈앞에 보이는 것뿐만 아님을 밝히고, "다 본다(悉見)"고 함으로써 그저 막연한 짐작이 아니라는 것이다. 다시 말하면 추론으로 아는 것이 아니고, 육안으로 보는 것만도 아니라, 지혜로 알 뿐 아니라 직접 보아서 알며, 틀림없는 사실이라는 것이다.

2. 이유에 대하여 실질적인 근거를 밝히는 부분

(何以故 是諸衆生~若取非法相 卽着我人衆生壽者)

① "이 모든 중생은 아상, 인상, 중생상, 수자상이 없고"

이 부분에 대한 대부분의 주석은 아공(我空)을 통달한 것이라고 한다. 먼저 중생이 번뇌를 일으키는 원인에 대해 공부하기로 한다.

수다라의 말씀을 진실이라고 능히 믿으리(有持戒修福德智慧者 於此修多羅章句 能生信心 以此爲實)."라고 되어 있다.

[아집(我執)과 법집(法執)]

중생이 일으키는 번뇌의 원인은 아집(我執)과 법집(法執)이다. 아집(我執)은 제법의 용(用)에 미혹된 것을 말한다. 이것은 존재의 구성요소의 작용에 미혹한 마음이다. 예를 들면 "내가 본다"라고 할 때, 눈이 사물을 본다고 여긴다(눈의 작용은 사물의 형상을 인식하는 것이다). 그리고 눈이라는 색법(色法)은 "나"를 구성하는 요소이기 때문에 내가 본다고 생각하고, 육체 혹은 시각이라는 법의 작용에 "나(我)"라는 언어를 부여하여 자아라는 존재를 설정해서 그것에 집착한다. 이것이 아집(我執)이다. 이 아집이 생사윤회에서 벗어나지 못하게 한다. 생사윤회에서 벗어나지 못하게 장애하는 아집의 기능을 '번뇌장(煩惱障)'이라 한다. 그리고 아집(我執)은 보다 근원적인 법집(法執)에서 생긴다.

법집(法執)은 제법의 체(體)에 미혹된 것을 말한다. 제법의 본체가 자성(自性)으로서 존재한다고 여기는 것이 법집이다. 이 법집이 지혜를 증득하지 못하게 한다. 그래서 지혜의 증득에 장애가 되게 하는 법집의 기능을 '소지장(所知障)'이라 한다. 그루터기를 예로 들어본다. 인도에서는 나무가 적어 땔감으로 나무를 자를 때 잎사귀나 줄기만 자르고 밑 부분은 남겨 놓는데, 남겨놓은 밑 부분이 그루터기다. 그 남겨진 밑 부분을 캄캄한 어둠 속에서 사람이라고 착각하여 놀라는 경우가 종종 생긴다고 한다. 여기서 "그루터기라고 알지 못하는 마음"과 "사람이라고 생각하는 마음"이라는 두 가지 마음이 있다. 그루터기라고 알지 못하는 마음이 체(體)에 미혹된 "법집"이고, 사람이라고 생각하는 마음이 용(用)에 미혹된 "아집"이다. 그리고 이 아집과 법집, 두 마음이 존재하여 별개로 있는 것이 아니다. 단지 사람이라고 생각하는 마음은 작용에 미혹된 것이고, 그루터기라고 알지 못하는 마음은 체에 미혹되어 있다는 두 가지 존재방식을 하고 있는데 불과한 것이다.

번뇌장 ⇨ 아집에서 일어남 ⇨ 제법의 용(用)에 미혹
　　　　아집은 법집에서 일어남
소지장 ⇨ 법집에서 일어남 ⇨ 제법의 체(體)에 미혹

　이미 위에서 공부한 바와 같이 사상(四相)은 상주실재하는 법체를 인정하는 것이라 하였다. 따라서 사상은 따지고 보면 법집에 가까운 개념이라 할 수 있다. 그러나 이 경문에 이어 "법이라는 상이 없으며~"라는 문장이 나오고 이 문장은 '법공(法空)'을 의미하므로[49] 위 본문은 아공을 통달한 것으로 해석되는 것이다.

　② "법이라는 상이 없으며, 법이 아닌 것이라는 상도 없기 때문이다."

　이 부분에 대한 주석은 '법공(法空)'을 통달한 것으로 보는 것이 통례이다. "법이라는 상(法相)"은 위에서 설명한 법집을 말한다. 문제는 "법이 아닌 것이라는 상(非法相)"이다. 이 비법상은 악취공(惡取空)을 말한다. 악취공이란 공(空)을 잘못 이해하여 전무(全無)에 빠진 사견(邪見)을 말한다. 쉽게 말하자면 허무주의에 빠진 것이다. "법이라는 상이 없으며"가 법에는 실재하는 실체가 없음을 아는 것(法空)을 말하는데, 이렇게 보면 "그러면, 그러한 실체가 없으면 모든 존재는 없지 않는가?"라는 생각을 낼 염려가 있다. 즉 악취공에 빠질 염려가 있다. 그러한 악취공을 부셔야만 진정한 공(空)을 통달한 것이라 할 수 있기 때문에 "법이 아닌 것이라는 상도 없기 때문

---

49) 이 문장은 법공(法空)을 통달한 것을 의미한다는 주석이 통례로 되어 있다.

이다."라 한 것이다. 따라서 "법이 아닌 것이라는 상도 없기 때문이다." 이 부분은 전무(全無)를 부정하는 '묘유(妙有)'를 표현한 것이다. 이렇게 보면 "법이라는 상이 없으며, 법이 아닌 것이라는 상도 없기 때문이다."라는 이 경문은 '진공묘유(眞空妙有)', '중도(中道)'를 표현한 것이다.

③ "왜냐하면 이 모든 중생이 만약 마음에 상을 취하면 바로 아, 인, 중생, 수자에 집착하는 것이기 때문이며."

이 부분은 마음에 상을 취하면 사상(四相)이 생기지 않는다는 것은 불가능함을 말한다. 만약 마음에 어떤 상을 취하면 제법의 실상을 통달하지 못하는 것은 당연하고, 그러면 사상에 떨어지게 된다.

④ "왜냐하면 만약 법이라는 상을 취하여도 바로 아, 인, 중생, 수자에 집착하는 것이다."

이 부분은 법집에 빠져있는 부파불교의 '법체항유(法體恒有)'를 비판한 것이다. 법이라는 상을 취하는 것이 법집이다. 부파불교는 아공을 통달하여서 사상(四相)에서 벗어나고 또 실재하는 법의 실체를 인정한다. 그러나 대승반야공사상에서는 실재하는 법의 실체를 부정할 뿐만 아니라 법집에 빠진 이상 사상(四相)에서 벗어나지 못한다고 한다.

⑤ "왜냐하면 만약 법이 아닌 것이라는 상을 취하여도 바로 아, 인, 중생, 수자에 집착하는 것이다."

이 부분은 악취공에 빠진 자들에 대한 비판이다.

이상의 논의를 종합해 보면 법이라는 상이든, 법이 아닌 것이라는 상이든, 만약 어떠한 상을 취하면 제법의 실상을 통달하지 못하고 무상정등각(아뇩다라삼먁삼보리)을 이루기는커녕 사상(四相)에 빠져 삿된 길로 가게 된다는 것이다.

3. 결론을 내어 가르침을 설하는 부분
 (是故不應取法 ~ 法尙應捨何況非法)

이리하여 부처님께서는 부처님의 가르침에 집착하지 말고 그 가르침 본래의 뜻, 즉 진공묘유(중도)의 실상을 통찰하라고 한다. 그래서 "법을 취하여도 안 되며, 법이 아닌 것을 취하여도 안 된다. 부처님의 가르침인 법도 버려야 하거늘 하물며 법이 아닌 것은 말할 필요가 있겠는가?"라고 가르친다. 그리고 부처님의 가르침인 법도 버려야 하는 것을 뗏목의 비유로 설명하고 있다.

3

무 상 운 하 득 설 의
無相云何得說疑

(상이 없다면 어떻게 법을 얻고 어떻게 설할 수 있는가? 라는 의문)

'여리실견분 제오'에서 신상(身相)으로 여래를 볼 수 없고, '아뇩다라삼먁삼보리'라고 하는 별개의 법이 없다, 그러면 부처님은 어떻게 법을 얻어 부처가 되셨고, 또 어떻게 법을 설하는가? 라는 의문이 생긴다. 여기에 대하여 부처님은 두 단계로 답한다. 첫 번째는 "無得無說分(무득무설분) 제7"에서 "정해진 법이 없다는 것을 이름하여 아뇩다라삼먁삼보리라 하며, 또한 정해진 법이 없다는 것을 여래서 설한다."라 하고, 두 번째는 "依法出生分(의법출생분) 제8"에서 "제일의제로서 정해진 법이 있는 것이 아니지만, 그렇다고 제일의제로서의 법이 허무한 것이 아니기 때문에 세속제로서 법이 없는 것이 아니며, 그 공덕은 매우 수승하다."고 한다.

무 득 무 설 분   제 칠
無得無說分 第七(얻을 것도 없고, 설할 것도 없다)

須菩提 於意云何 如來得阿耨多羅三藐三菩提耶 如來
수보리 어의운하 여래득아뇩다라삼먁삼보리야 여래

有所說法耶 須菩提言 如我解佛所說義 無有定法名阿
유소설법야 수보리언 여아해불소설의 무유정법명아

耨多羅三藐三菩提 亦無有定法如來可說 何以故 如來
녹 다 라 삼 먁 삼 보 리 역 무 유 정 법 여 래 가 설 하 이 고 여 래

所說法皆不可取不可說 非法非非法所以者何 一切賢聖
소 설 법 개 불 가 취 불 가 설 비 법 비 비 법 소 이 자 하 일 체 현 성

皆以無爲法而有差別
개 이 무 위 법 이 유 차 별

"수보리야 너는 어떻게 생각하느냐? 여래가 아뇩다라삼먁삼보리를 얻었느냐? 여래가 설한 바의 법이 있느냐?" 수보리가 대답하였다. "제가 부처님께서 설한 뜻을 이해하기로는 정해진 법이 없다는 것을 이름하여 아뇩다라삼먁삼보리라하며, 또한 정해진 법이 없다는 것을 여래가 설하십니다[50]. 왜냐하면 여래께서 설하신 법은 모두 취할 수도 없고, 말할 수도 없으며, 법도 아니고, 법이 아닌 것도 아니기 때문입니다. 왜냐하면 일체현성은 모두 무위법으로써 차별이 있기 때문입니다."

---

50) 이 부분에 대한 번역은 거꾸로 올라오는 번역이 아니라 위에서 밑으로 번역하였다. 그러면 이해하기가 쉽다. 이 부분에 대한 다른 번역을 보면 "제가 부처님이 말씀하신 뜻을 알기로는 아뇩다라삼먁삼보리라고 이름할 만한 일정한 법이 없으며, 여래께서 말씀하셨다고 할 만한 일정한 법도 없습니다."(월운 스님), "제가 부처님께서 말씀하신 뜻을 이해하기로는 가장 높고 바른 깨달음이라 할 만한 정해진 법이 없고, 또한 여래께서 설한 단정적인 법도 없습니다."(조계종 표준해석본), "제가 붓다께서 말씀하신 뜻을 이해하기로는 아뇩다라삼먁삼보리라고 이름할 정해진 법은 없으며, 또한 여래께서 설하신 정해진 법도 없습니다."(김윤수) 범어본 번역은 "제가 세존의 설하신 뜻을 깊이 아는 바로는 여래가 "이것이" 무상정등각이다'라고 철저히 깨달았다 할 그 어떤 법도 없으며 여래는 그러한 어떤 법을 설하시지도 않았습니다."(각묵 스님), "세존이시여 제가 세존께서 말씀하신 뜻을 이해하기로는, 여래께서 위없이 바르고 원만한 깨달음이라고 분명하게 깨달아 얻은 어떠한 법도 없으며 또한 여래께서 설하신 어떠한 다른 법도 없습니다."(전재성)

해설 이 경문은 위 "여리실견분 제오"에서의 의문을 풀어주기 위해 부처님께서 수보리에게 도리어 질문을 통해서 풀어주는데, 수보리가 대답함으로써 의문이 풀리는 구조로 되어 있다. 부처님께서 "여래가 아뇩다라삼먁삼보리를 얻었는가? 그리고 얻은 아뇩다라삼먁삼보리를 설한 법이 있는가?"라고 묻자 수보리가 "정해진 법이 없는 것을 아뇩다라삼먁삼보리라 하고, 그 정해진 법이 없음을 여래께서 설하신다."라고 대답한다. 그리고 그 이유까지 대답한다. "① 왜냐하면 여래께서 설하신 법은 취할 수도 없고, 말할 수도 없으며, 법도 아니고, 법이 아닌 것도 아니기 때문입니다(정해진 법이 없기 때문에). ② 왜냐하면 일체현성은 모두 무위법으로써 차별이 있기 때문입니다."

'아뇩다라삼먁삼보리'는 "anuttarā samyak sambodhih"의 음사이다. 'anuttarā'는 무상(無上)으로, 'samyak'는 바른, 완전한으로, 'sambodhih'는 깨달음이란 뜻으로 "위 없는 완전한 깨달음"이란 의미이다. 보통 무상정등정각(無上正等正覺), 무상정변지(無上正遍知), 무상정변도(無上正遍道) 등으로 번역되고 있다. 혜능대사는 아뇩다라삼먁삼보리에 대해 다음과 같이 풀이하고 있다.

① 아자(阿者)는 심무망념(心無妄念)
② 뇩다라자(耨多羅者)는 심무교만(心無驕慢)
③ 삼자(三者)는 심상재정정(心常在正定)
④ 먁자(藐者)는 심상재정혜(心常在正慧)
⑤ 삼보리자(三菩提者)는 심상공적(心常空寂)이니 일념(一念)에 범심(凡心)이 돈제(頓除)하면 즉견불성야(卽見佛性也)하리라 하였다.

① 심무망념(心無妄念)은 마음에 진실하지 않는 망령된 생각이 없는 것을 말한다. 이것은 일체 만물이 변하지 않는 고정된 실체가 없는 것을 알아서 탐심(貪心)과 진심(瞋心)을 내지 않는 것을 말한다.

② 심무교만(心無驕慢)의 교만은 재보(財寶)와 학문과 족성(族姓)이 있음을 믿고, 일체 사람들을 경시하거나, 비록 인의예지신은 행하나 자신은 뜻이 높다고 자부하여 널리 공경하지 않고, 나는 인의예지신을 알고 행한다 말하며, 공경에 부합하지 못하거나, 또는 깨닫지 못했으면서도 깨달은 체 하는 것을 말한다. 유식학(唯識學)에서 말하기를 말나식에 네 가지 번뇌가 있는데, 아치(我癡), 아견(我見), 아만(我慢), 아애(我愛)이다. 아치는 지혜(智慧)에 어두운 것을 말하고, 아견은 아치의 번뇌가 일어난 후에 바로 나타난다. 이 아견에 의해 자기중심적으로 생각하는 이기심이 마음속에 뿌리 깊게 박힌다. 아만은 아치의 번뇌에서 생긴 아견에서 더욱 객관화된 번뇌인데, 오만하고 교만하고 남을 경시하며 스스로 높다고 여기는 마음이다. 아애의 번뇌는 마음속 깊이 집착한 자아(自我)에 대하여 참으로 소중하다고 애착하는 정신작용을 뜻한다. 이 아애에 의하여 탐심과 애착심이 야기되는 것이다.

③ 심상재정정(心常在正定)은 마음이 항상 바른 정(定)에 있다는 것이다. 정(定)이란 삼매(三昧)를 말한다. 삼매는 보통 마음이 조용히 통일되어 안락하게 되는 상태나, 어떤 것에 마음을 집중시킴으로써 마음이 안정된 상태에 들어가는 것을 말한다. 또 다른 말로 선정(禪定)이라고도 한다. 대지도론에 『일체 선정(禪定)은 역시 정(定)이라고도 하고 삼매(三昧)라고도 한다(一切禪定 亦名定 亦名三昧).』라고 하고 있다. 여기서 삼매는 무념(無念)을 말하는데, 무념은 일체 모든 번뇌를 소멸한 누진통(漏盡通)을 말하기 때문에 외도의 삼

매나 색계(色界) 사선(四禪), 무색계(無色界)의 사무색정(四無色定)과는 구별된다.

④ 심상재정혜(心常在正慧)란 마음이 항상 바른 지혜(智慧)에 있다는 것이다. 바른 지혜는 진리를 깨달은 것을 말하는 바, 이것은 앞의 바른 정(定)을 바탕으로 하여 나온다. 이 진리는 연기(緣起), 무자성(無自性), 공(空)을 깨닫는 것이다.

⑤ 심상공적(心常空寂)은 앞의 심상재정정과 심상재정혜 두 가지를 항상 구족해 있다는 것이다. 즉 공(空)은 혜(慧)이며, 적(寂)은 정(定)이다. 마치 새의 양 날개와 같기 때문에 어느 한 가지라도 갖추지 못하면 진정한 아뇩다라삼막삼보리가 이루어 지지 않는다. 또 혜능대사는 일념(一念)에 범부의 마음이 모두 제거하면, 즉시 불성(佛性)을 보는 것이라 하였는데, 그 일념이란 한 순간, 한 번의 마음이 아니라 마음이 항상 정(定)에 있어서 한 티끌의 번뇌도 일어나지 않아 무념(無念)에 이르는 상태를 말한다.

그 무념의 상태에서 일체 만물의 실체를 관(觀)하면 진리를 체득하게 되는 것이니, 이것이 지혜(智慧)이다. 그리하여 무념의 지혜를 체득하면 범부 중생의 마음이 모두 제거되어 없고, 오로지 불성(佛性)만 드러나게 된다. 이런 이치에서 혜능대사는 즉시 불성(佛性)을 보는 것이라 하였는데, 눈으로 보든 마음으로 보든 나의 불성을 보는 것이 아니다. 실제는 나의 불성(佛性)이 드러나는 것이지 결코 "보는 것이다"라고 해서는 안 된다. 우리는 이 "본다"는 말에 속고 있다. 왜냐하면 불성(佛性)이라는 것은 형질(形質)이 없고, 안과 밖이 없기 때문에 볼 수 없고, 만질 수 없고, 냄새 맡을 수 없기 때문이다.

이렇듯 아뇩다라삼막삼보리는 정해진 법이 아니기 때문에 형질이 없고, 안과 밖이 없기 때문에 볼 수 없고, 만질 수 없고, 냄새 맡을 수 없다. 그것은 무형의 보편적 진리(佛性)이기 때문에 무어라 정해진 법이라 할 수 없다. 그래서 수보리가 "정해진 법이 없는 것을 이름하여 아뇩다라삼먁삼보리."라고 대답한 것이다. 이 말을 뒤집으면 곧 아뇩다라삼먁삼보리라는 별개의 법이 있어 증득할 대상도 아니라는 것이다. 이와 같아서 여래가 아뇩다라삼먁삼보리라는 법을 설했더라도 그 법이 정해진 것이 아니다. 그래서 수보리가 "여래께서 정해진 법이 없다는 것을 설하십니다."라 답한 것이다.

 다음 수보리는 자신의 대답에 대하여 이유를 밝힌다. ① "왜냐하면 여래께서 설하신 법(정해진 법이 없음의 가르침)은 취할 수도 없고, 말할 수도 없으며, 법도 아니고, 법이 아닌 것도 아니기 때문입니다." "취할 수도 없고,"는 여래가 물은 "아뇩다라삼먁삼보리를 얻었는가?"에 대한 답이다. 이 의미는 위에서 설명했듯이 아뇩다라삼먁삼보리라는 별개의 법이 있는 것이 아니기 때문에 증득할 대상이 아니다. 그래서 "취할 수 없다."고 답했고, 마찬가지로 언설로 표현할 수 있는 것이 아니기 때문에 "말할 수도 없으며"라 답한 것이다.[51]

 "법도 아니고, 법이 아닌 것도 아니기 때문입니다." 이 부분은 "정신희유분 제육"에서 "무법상역무비법상(無法相亦無非法相)"을 설명한 것과 동일한 구도이다. 그리고 각주 '51'처럼 "법도 아니고"

---

51) 《대승기신론》에서 진여(眞如, 아뇩다라삼먁삼보리)를 이언진여(離言眞如)와 의언진여(依言眞如)로 나누어 설명하고 있다. '이언진여'란 "일체제법의 본체 또는 실성이며, 여상(如相)이어서 변하지 않으며, 생기는 것도 아니고, 없어지는 것도 아니기 때문에 허명한 것도 아니며, 모든 상(相)을 떠나 있기 때문에 무어라 말할 수 있는 것이 아니다"라 하고, '의언진여'란 진여가 모든 상을 떠나 있어 무어라 말할 수 없더라도, 언설에 의하지 않고는 중생들에게 달리 나타낼 수 없다. 언어의 불완전성을 인정하고서 언어로 나타낸 경우의 진여를 말한다. 그리하여 언설로 진여를 분별하면 두 가지가 있는데, 여실공(如實空)과 여실불공(如實不空)이다. 여실공이 진공(眞空)을, 여실불공이 묘유(妙有)를 나타낸다.

는 여실공(如實空) 즉 진공(眞空)을, "법이 아닌 것도 아니기"는 여실불공(如實不空) 즉 전무(全無)가 아닌 묘유(妙有)를 말한다. 따라서 이 경문이 의미하는 바는 아뇩다라삼먁보리가 진공묘유(眞空妙有)라는 것이다.

② "왜냐하면 일체현성은 모두 무위법으로써 차별이 있기 때문입니다." 이 부분은 위의 "왜냐하면 여래께서 설하신 법은 ~ 법이 아닌 것도 아니기 때문입니다."에 대하여 다시 이유를 밝힌 것이다. 그리고 이 부분에 대한 전통적인 주석을 보면 『"무위의 법"은 평등한 진리이거늘, 이에 이른 성인이나, 이르는 도중인 현인이나, 이르지 못한 범부들의 정도에 따라 성인(聖人), 현인(賢人), 범부(凡夫)의 차별이 생겼다는 것이다. ~ 무위의 법은 하나인데 성인이나 현인들 자신의 지혜의 수준에 따라 차별이 생겼을 뿐이지 결코 진리 자체가 누구에는 잡힐 수 있다거나 누구에게는 잡힐 수 없다거나에 속하는 문제는 결코 아니다.』(월운스님, 금강경 강화)라 하고, 『성인들은 모두 법계의 실상에 어긋나는 유위를 형성하여 그에 이끌리지 않고, 무위법으로써 실상을 통찰하려는 점에서는 동일하고, 그 차별되는 명칭에 상응하는 법이 실제로 있는 것이 아니다. 아뇩다라삼먁삼보리라고 이름할 정해진 법도 없는 터에 수다원향 내지 아라한과라고 이름할 정해진 법이 실제로 있으랴, 수행에 따라 무위를 직관할 수 있는 정도라는 세간의 이해에 따라 차별되는 명칭으로 지위를 시설한 것에 지나지 않을 뿐이다.』(김윤수, 반야심경 · 금강경 읽기)라 하고 있다. 요약하면 무위법 자체는 성인, 현인, 범부에 따라 있는 것이 아니지만 무위법을 깨닫는 수준이 다르기 때문에 성인, 현인, 범부 등의 차별이 생긴다는 것이다. 여기에 대하여 지혜로 보아 '무위법'은 '무분별지(無分別智)', '이유차별(而有差別)'이 '무분별후득지(無分別後得智)'임을 위에서(p.70) 이미 말하였다.

현인과 성인은 수행의 계위에 따라 구분한 것이다. 수행의 계위는 10신(十信), 10주(十住), 10행(十行), 10회향(十廻向), 10지(十地), 등각(等覺), 묘각(妙覺)으로 총 52단계이다. 이 중 10주, 10행, 10회향을 3현(삼현 : 현인의 단계)이라하고 10지를 성인이라 한다. 묘각은 부처의 지위이다.

의 법 출 생 분 제 팔
依法出生分 第八(법에 의하여 나타남)

須菩提 於意云何 若人滿三千大千世界 七寶以用布施
수 보 리 어 의 운 하 약 인 만 삼 천 대 천 세 계 칠 보 이 용 보 시

是人所得福德寧爲多不 須菩提言 甚多世尊 何以故 是
시 인 소 득 복 덕 영 위 다 불 수 보 리 언 심 다 세 존 하 이 고   시

福德卽非福德性 是故如來說福德多 若復有人於此經中
복 덕 즉 비 복 덕 성 시 고 여 래 설 복 덕 다 약 부 유 인 어 차 경 중

受持乃至四句偈等爲他人說 其福勝彼 何以故 須菩提
수 지 내 지 사 구 게 등 위 타 인 설 기 복 승 피 하 이 고 수 보 리

一切諸佛及諸佛阿耨多羅三藐三菩提法皆從此經出 須
일 체 제 불 급 제 불 아 뇩 다 라 삼 먁 삼 보 리 법 개 종 차 경 출 수

菩提 所謂佛法者卽非佛法
보 리 소 위 불 법 자 즉 비 불 법

"수보리야 너는 어떻게 생각하느냐? 만약 사람이 삼천대천세계에 가득한 칠보로 보시하면 이 사람이 받을 복덕이 많겠는가?" 수보리가 대답하였다. "매우 많습니다. 세존이시여! 왜냐하면 이 복

덕은 (실로) 복덕의 성품이 아닙니다. 그래서 여래께서 복덕이 많다고 하시기 때문입니다." "만약 다시 어떤 사람이 이 경중에 사구게 만이라도 받아 지니고 남에게 말해준다면 그 복은 칠보로 보시한 복덕보다 더 수승하다. 왜냐하면 수보리야 일체 부처님과 부처님의 아뇩다라삼먁삼보리법이 모두 이 경에서 나왔기 때문이니라. 수보리야. 소위 불법이란 (실로) 불법이 아니니라."

해설 이 부분은 제일의제로서 아뇩다라삼먁삼보리라는 정해진 법이 있는 것이 아니라면, 법을 허무한 것으로 여길 염려가 있어, 세속제로서 법이 없는 것이 아니며, 그 공덕은 매우 수승하다는 것을 밝힌 대목이다. 그 수승한 공덕을 삼천대천세계에 가득한 칠보로 보시한 것에 비교하여 가르치고 있다.

먼저 부처님께서 수보리에게 삼천대천세계[52]에 가득한 칠보[53]로 보시한 복덕이 얼마이겠는가? 하고 묻는다. 수보리가 "복덕이 매우 많다."고 대답한다. 이 대답은 세속제로서 복덕이 많다는 뜻이다. 또 수보리는 "복덕은 실로 복덕의 성품이 아닙니다."라 하여 승의제(제일의제)로서는 복덕의 체가 공성(空性)이라는 것을 밝혀, 보시

---

52) 불교에서의 우주의 구조는 수미산을 중심으로 구성된다. 수미산 밑으로 금륜(金輪), 수륜(水輪), 풍륜(風輪)이 있다. 수미산 주위에는 수미산을 포함하여 9산 8해(이를 향수해라 한다)가 있다. 수미산 중턱에 사천왕천이 있고, 수미산 정상에는 제석천이 있다. 제석천 위로 야마천, 도솔천, 자재천, 타화자재천이 있다(욕계 6천). 다시 타화자재천위로 색계 18천이 있고, 색계 18천 위로 무색계 4처가 있다. 이것이 기본적이 구조인데, 이것이 1,000개 모여 소천세계를 이루고, 소천세계가 1,000개 모여 중천세계를 이루고, 중천세계 1,000개가 모여 대천세계를 이룬다. 그래서 삼천대천세계라 한다.

53) 칠보는 ①금, 은, 유리, 파려(수정), 차거(산호), 적주(赤珠), 마노 등 7가지 보석을 말하는 경우, ②금, 은, 유리, 호박, 진주, 자거, 마노 등 7가지 보석을 말하는 경우가 있다.

의 복덕에 대한 집착을 없애고 있다(無住相). 이것을 수보리는 "여래께서 복덕이 많다고 하시기 때문입니다."라고 대답하고 있다.

다음은 법의 가르침이 결코 공허한 것이 아니라, 그 복덕의 수승함을 칠보의 보시와 비교하여 밝힌다. "만약 다시 어떤 사람이 이 경중 사구게만이라도 받아 지니고 남에게 말해준다면 그 복은 칠보로 보시한 복덕보다 수승하다."라 하고 있다. "사구게만이라도"라는 표현은 《금강경》 전부를 말하는 것이 아니라 그 중 한 개의 사구게를 말한다. 따라서 이 경전 전부를 남에게 말해 준다면 그 복덕은 한량없을 것이다. 다음은 "왜냐하면 수보리야 일체부처님과 부처님의 아뇩다라삼먁삼보리법이 모두 이 경에서 나왔기 때문이다."라 하여 복덕이 수승한 이유를 밝히고 있다. 그 이유는 보시는 아뇩다라삼먁삼보리로 나아가는 것이 아니지만, 이 경전은 보리로 나아가게 하는 것이기 때문에 그 복덕은 비교할 수 없을 정도로 수승하다는 것이다. 이 경전이 보리로 나아가게 하기 때문에 모든 부처님의 법이 이 경에서 나왔다고 하는 것이다. 미륵게 제16송은 이것을 잘 표현하고 있다.

受持法及說(수지법급설) 법을 수지하고 (남에게) 설해 주는 것은
不空於福德(불공어복덕) 복덕이 헛되지 않으니
福不趣菩提(복불취보리) (보시한) 복덕은 보리로 나아가지 못하나
二能趣菩提(이능취보리) 저 둘[54]은 보리로 나아가네.

이렇게 경전의 수지와 남에게 설하는 복덕의 수승함을 가르치고는 다시 복덕에 집착하는 것을 염려하여 자취를 쓸어버린다. 이것

---

54) '둘'이란 수지와 설을 말한다.

을 불적(拂跡)[55]이라 하였다. "수보리야 소위 불법(佛法)이란 (실로) 불법이 아니다."라 하고 있다. "소위 불법(佛法)이란" 이 부분은 불법(佛法)이 세속제로서 있음을 말하고, "(실로) 불법(佛法)이 아니다."하는 이 부분은 제일의제(승의제)로서는 불법(佛法)의 체도 공(空)이라는 것이다.

---

55) 위 p.126 참조.

4
성 문 득 과 시 취 의
聲聞得果是取疑
(성문이 과를 얻는 것은 취하는 것이 아닌가? 라는 의문)

"여래가 말한 법은 취할 수도 없고, 말할 수도 없으며, 설한 법도 없다.(無得無說分)"고 하였다. 그러면 성문(聲聞:四果)은 오랜 수행 끝에 네 가지 과위(四果)를 얻었는데, 이것은 취하지도 못하고, 말할 수도 없으며, 설한 법도 없다는 것에 모순되는 것이 아닌가? 하는 의문이 생긴다는 것이다. 이에 대하여 앞 "無法無說分(무법무설분) 第七"에서 "일체현성은 모두 무위법으로써 차별이 있기 때문입니다."라고 하여 무위법 자체는 현성에 따라 있는 것이 아니지만 무위법을 깨닫는 수준이 다르기 때문에 차별이 있다고 하여 총괄적으로 밝혔다. 여기서는 성문의 네 가지 과위에 대해 개별적으로 하나씩 밝히는 방식으로 전개하고 있다.

일 상 무 상 분   제 구
一相無相分 第九(오직 하나의 상은 무상이다)

須菩提 於意云何 須陀洹能作是念 我得須陀洹果不 須
수 보 리   어 의 운 하   수 다 원 능 작 시 념   아 득 수 다 원 과 부   수

菩提言 不也世尊 何以故 須陀洹名爲入流而無所入不
보리언 불야세존 하이고 수다원명위입류이무소입불

入色聲香味觸法 是名須陀洹 須菩提 於意云何 斯陀含
입색성향미촉법 시명수다원 수보리 어의운하 사다함

能作是念 我得斯陀含果不 須菩提言 不也世尊 何以故
능작시념 아득사다함과부 수보리언 불야세존 하이고

斯陀含名一往來 而實無往來 是名斯陀含 須菩提 於意
사다함명일왕래 이실무왕래 시명사다함 수보리 어의

云何阿那含能作是念 我得阿那含果不 須菩提言 不也
운하아나함능작시념 아득아나함과부 수보리언 불야

世尊 何以故 阿那含名爲不來而實無不來 是故名阿那
세존 하이고 아나함명위불래이실무불래 시고명아나

含 須菩提 於意云何 阿羅漢能作是念 我得阿羅漢道不
함 수보리 어의운하 아라한능작시념 아득아라한도부

須菩提言 不也世尊 何以故 實無有法名阿羅漢 世尊
수보리언 불야세존 하이고 실무유법명아라한 세존

若阿羅漢作是念我得阿羅漢道 卽爲着我人衆生壽者 世
약아라한작시념아득아라한도 즉위착아인중생수자 세

尊 佛說我得無諍三昧人中最爲第一 是第一離欲阿羅漢
존 불설아득무쟁 삼매인중최위제일 시제일이욕아라한

我不作是念 我是離欲阿羅漢 世尊 我若作是念我得阿
아부작시념 아시이욕아라한 세존 아약작시념아득아

羅漢道 世尊則不說須菩提是樂阿蘭那行者 以須菩提實
란한도 세존즉불설수보리시요아란나행자 이수보리실

無所行 而名須菩提是樂阿蘭那行
무소행 이명수보리시요아란나행

"수보리야 너는 어떻게 생각하느냐? 수다원이 나는 수다원과를 얻었다고 생각하겠느냐?" 수보리가 대답하였다. "그렇지 않습니다. 세존이시여! 왜냐하면 수다원을 입류(흐름에 듦)라 부르지만 들어가는 바가 없으니, 색성향미촉법에 들어가지 않는 것을 이름하여 수다원이라 합니다." "수보리야 너는 어떻게 생각하느냐? 사다함이 나는 사다함과를 얻었다고 생각하느냐?" 수보리가 대답하였다. "그렇지 않습니다. 세존이시여! 왜냐하면 사다함을 일왕래(한 번만 가고 옴)라고 부르지만 실로 가고 옴이 없는 것을 이름하여 사다함이라 합니다." "수보리야 너는 어떻게 생각하느냐? 아나함이 나는 아나함과를 얻었다고 생각하느냐?" 수보리가 대답했다. "그렇지 않습니다. 세존이시여! 왜냐하면 아나함을 불래(돌아오지 않음)라고 부르지만 실로 오지 아니함이 없는 것을 이름하여 아나함이라 합니다." "수보리야 너는 어떻게 생각하느냐? 아라한이 나는 아라한도를 얻었다고 생각하느냐?" 수보리가 대답했다. "그렇지 않습니다. 세존이시여! 왜냐하면 실로 법이 없는 것(법이 없는 것을 아는 것)을 이름하여 아라한이라 합니다[56]. 세존이시여! 만약 아라한이 나는 아라한도를 얻었다고 생각하면 곧 아, 인, 중생, 수자에 집착하는 것입니다. 세존이시여! 부처님께서 저를 무쟁삼매를 얻은 사람 중에서 최고이고 제일이라 하였는데, 이를 이욕아라한이라 합니다. (그러나) 저는 이욕아라한이라 생각하지 않습니다. 세존이시여! 제가 만약 아라한도를 얻었다고 생각하면 세존께서는 수보리는 아란

---

56) 각주 50)에서와 같이 이 부분도 마찬가지이다. "그렇지 않습니다. 세존이시여! 무슨 까닭인가 하오면 실로 아무것도 아라한이라 할 법이 없기 때문입니다."(월운 스님), "아닙니다. 세존이시여! 왜냐하면 실제 아라한이라 할 만한 법이 없기 때문입니다."(조계종 표준 해석본), "그렇지 않습니다. 세존이시여! 왜냐하면 실로 아라한이라고 부를 법이 있는 것이 아니기 때문입니다."(김윤수)

나행을 좋아하는 사람이라고 말하지 않았을 것입니다. 수보리가 실로 그렇게 하지 않았으므로 수보리는 아란나행을 좋아한다고 하였습니다."

해설 성문이 과를 얻는 것은 취하는 것이 아닌가?에 대하여 성문의 네 가지 과위에 대해 개별적으로 밝히고 있다. 본론으로 들어가기 전에 삼승(三乘), 16심(心), 번뇌(煩惱) 등을 먼저 공부하기로 한다.

[삼승(三乘)]

삼승(三乘)은 성문(聲聞), 연각(緣覺), 보살(菩薩)을 말하는 것으로, 깨달음에 이르는 3가지 실천법을 말한다. ① 성문은 부처님의 음성을 직접 들은 제자라는 뜻으로, 부처님 재세시(在世時)의 제자들이다. 그러나 넓은 의미로는 부처님 입멸 후 경전을 통해 교법을 배우고 따르는 무리들도 포함한다. 성문은 고(苦), 집(集), 멸(滅), 도(道)의 4성제를 수행의 과정을 삼는다. ② 연각은 세상에 불법(佛法)이 존재하든 하지 않던, 부처님이 세상에 계시든 계시지 않던, 관계없이 태어나서 사물이 생멸변화하는 것을 보고 연기(緣起)를 깨닫는데, 그 깨달은 내용이 불교와 똑같아진 부류를 말한다. 연각은 12인연(12연기)을 수행과정으로 삼는다. 성문이나 연각은 선한 원인으로 즐거운 과보를 받는 것을 자기 본위의 수행으로 삼으므로 소승(小乘)이라고 한다. ③ 보살은 태어나는 시기에 관계없이 자신보다 남을 먼저 제도하려는 서원을 가지고 육바라밀을 수행하는 부류를 말하며, 남을 먼저 제도하기 때문에 대승(大乘)이라 한다.

[16심(心)]

16심은 16종의 마음을 말하며, 욕계(欲界), 색계(色界), 무색계(無色界)를 통하여 고(苦), 집(集), 멸(滅), 도(道)의 사성제(四聖諦)를 닦아 나아가는 마음의 수효를 말한다. 욕계에서 4제를 닦고, 상계(上界)인 색계와 무색계를 합해서 또 다른 4제를 닦아서, 모두 여덟이 된다. 욕계에는 제마다 '법(法)'자를 붙이고, 상계(색계와 무색계)는 '류(類)'자를 붙이는데, 류는 준한다라는 뜻으로 욕계에서 준하여 닦아 나아간다는 뜻이어서 몸이 욕계에 있으면서 닦기 때문이다. 그리고 각 4제마다 다시 지(智)와 인(忍)이 있어 모두 16이 된다. 지(智)는 완전히 성취되었다는 의미이며, 인(忍)은 내심(內心)으로 확인한다는 의미이다. 이를 도표로 나타내면 다음과 같다.

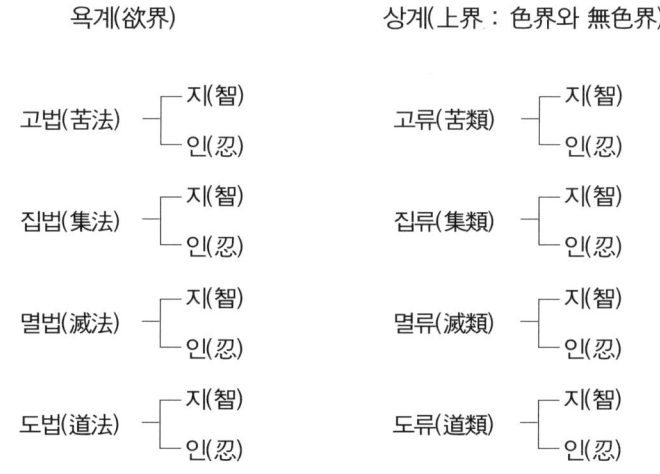

[번뇌(煩惱)]

중생이 의식적이든 무의식적이든 행하는 행위를 불교용어로 업(業)이라 한다. 또 이 업은 신(身), 어(語), 의(意) 세 가지 형태로 짓는다. 그런데 무엇이 업을 짓는가? 그것은 마음 가운데 일체의 번뇌에 의한 것인데, 이 번뇌는 유정(有情)을 미혹하게 하므로 혹(惑)이라고도 한다. 혹은 다시 견혹(見惑, 견도혹이라고도 함), 수혹(修惑, 수도혹이라고도 함)으로 나누어진다.

1. 견혹(見惑)

견혹은 도(道 : 진리)를 보지 못하게 하는 혹을 말하며, 후천적 악습이라 한다. 견혹에 속하는 혹의 종류는 크게 탐(貪), 진(瞋), 치(癡), 만(慢), 의(疑), 악견(惡見)의 여섯 종류이다.

1) 탐(貪)은 사물(事物)에 대하여 구(求)하고, 애착하는 탐욕심을 말한다.
2) 진(瞋)은 성내는 마음이다.
3) 치(癡)는 일체의 사리(事理) 즉 진리에 대하여 지혜(智慧)가 없는 것을 말한다. 사실 이 치(癡)로 인하여 일체 번뇌가 일어나는 것이다.
4) 만(慢)은 타인에 대하여 자신을 높이고 내세우는 아만심이다.
5) 의(疑)는 진리(眞理)를 믿지 아니하고 부정하는 망설이는 마음이다.
6) 악견(惡見)은 다시 다섯 가지로 나누는데, 신견(身見), 변견(邊見), 사견(邪見), 견취견(見取見), 계금취견(戒禁取見)이다. 이 다섯 가지와 탐, 진, 치, 만, 의 다섯 가지를 합하여 십혹(十惑)이라 한다.

① 신견(身見)은 오온(五蘊 : 색, 수, 상, 행, 식)이 화합하여 있는 이

몸이 실체가 없는데도 불과하고 이 몸을 실아(實我)로 오인하여 집착하는 견해를 말한다.

② 변견(邊見)은 이 몸은 죽음과 동시에 몸과 마음이 끊어져 없어지고 아무것도 남는 것이 없다는 단견(斷見)과 이와 반대로 죽은 후에도 몸은 없지만 실아(實我)가 상주(常住)한다는 상견(常見)에 떨어지는 견해를 말한다. 즉 단견이나 상견에 치우쳐 한쪽에 떨어지는 견해를 말한다.

③ 사견(邪見)은 연기의 도리를 전혀 무시하여 믿지 않는 것을 말한다.

④ 견취견(見取見)은 견견(見見)이라고도 하며, 저열하고 잘못된 견해에 집착하여 이런 것을 뛰어난 진실의 견해라고 생각하는 것을 말한다.

⑤ 계금취견(戒禁取見)은 불교 이외의 파(派)에서 세운 계(戒)와 불교 이외의 파에서 세운 서약(禁)에 대해 집착하는 견해를 말한다. 즉 틀린 계율(戒律)이나 금제(禁制)를 올바른 것이라 하여 집착하는 것이다. 이 집착이 잘못된 수행방법을 옳은 것으로 고집하게 한다.

위의 탐, 진, 치, 만, 의는 한량없는 겁(劫)동안 이루어진 것이어서 이를 끊기가 매우 어려운 번뇌라 하여 오둔사(五鈍使)[57]라 하고, 그 한량없는 겁(劫)동안 이루어진 번뇌는 사상(事相)에 미혹되었기 때문에 미사(迷事)의 혹(惑) 또는 구생기(俱生起)의 혹(惑)이라고도 한다. 이는 선천적(先天的)으로 출생할 때부터 본래 갖추어진 번뇌이므로 이를 끊기가 매우 어렵다. 그리고 이 번뇌는 그 자체가 악(惡)인

---

57) 사(使)라고 한 것은 번뇌가 우리를 삼계안에서 부려먹는다고 사(使)자를 쓴다.

줄 충분히 알고 있지만 그것을 끊지 못하는 이유는 한량없는 겁(劫) 동안 거듭된 습(習)에 의한 것이기 때문에 사상(事相)을 당하면 잘 끊어지지 않는다. 마치 음주(飮酒)와 흡연(吸煙)이 건강에 백해무익(百害無益)한 것임을 누구나 알면서도 그것을 능히 끊지 못하는 것은 음주와 흡연에 중독(習)되어 있기 때문인 것과 같은 것이다.

악견(惡見)의 오견(五見)은 그 성질이 오둔사(五鈍使) 만큼 강한 것이 아니기 때문에 끊기가 오둔사보다 쉽다. 그래서 이를 오리사(五利使)라 하며, 이 오리사는 진리(眞理)에 미혹되어서 일어나는 번뇌이므로 미리(迷理)의 혹(惑)이라 하며, 분별기(分別起)의 혹(惑)이라고도 한다. 이 번뇌는 후천적(後天的)으로써 이 세상에 출생한 후에 삿된 가르침과 삿된 사상에 유혹되어서 발생하는 사상적 번뇌이기 때문에 올바른 사상과 올바른 가르침을 받으면 이 번뇌는 쉽게 끊어진다.

위 10가지 번뇌가 삼계에 두루 퍼져 4성제를 닦지 못하게 막고 있는데, 상하계의 4제마다 속해 있는 번뇌의 수를 모두 합치면 88종이 된다. 먼저 욕계의 경우 고제(苦諦)에 10가지 번뇌가 있고, 집제에 신견, 변견, 계금취견이 제외되어 7이고, 멸제도 집제와 같아 7이다[58]. 도제에는 신견과 변견이 제외되어 8이다[59]. 이리하여 욕계에는 32종의 견혹이 있게 된다.

다음 색계와 무색계의 상계는 욕계와 같으나 10사 중에서 진(瞋)

---

58) 집제와 멸제에서 신견, 변견, 계금취견이 제외되는 것은 집제는 괴로움의 원인을 말하는 것이기 때문에 이미 닦은 고제에서 '이 몸이 괴로움의 집합'임을 확실히 알았으므로 이 몸이 있다는 신견, 이 몸이 죽은 뒤에 실아가 있느냐 없느냐 하는 변견, 잘못된 수행방법으로 괴로움을 면하려는 계금취견은 더 이상 제거할 필요가 없기 때문이다.
59) 도제에서 다시 계금취견을 넣는 이유는 도제는 도를 실천하는 과정이기 때문에 여기서 간혹 잘못된 방법을 옳은 방법으로 착각할 수도 있기 때문에 넣는다.

은 제외된다. 왜냐하면 천상계는 즐거움만 있기 때문에 성낼 이유가 없기 때문이다. 이렇게 하여 계산해 보면 고제에 9, 집제와 멸제에 각각 6, 도제에 7이 되어 모두 28이 되며, 색계와 무색계 두 곳을 합하면 56이 된다. 이 56과 위 욕계 32를 합하면 88이 되니 번뇌의 수는 88사(使)이다. 이것을 《구사론》에서 다음과 같이 게송으로 읊고 있다.

苦下具一切(고하구일체) 고제 밑에는 일체를 갖추고
集滅除三見(집멸제삼견) 집제와 멸제는 삼견이 제외되고
道除於二見(도제어이견) 도제에는 이견을 제외하고
上界不行瞋(상계불행진) 상계에는 진에를 행하지 않는다.

그리고 88사의 번뇌를 모두 끊으면 수다원이 된다. 이렇게 보면 수다원이 되기가 얼마나 어려운가를 알 수 있다.

2. 수혹(修惑)

수혹(또는 수도혹)은 견도혹을 끊었으나 아직도 미세한 감정이나 의식의 미세한 작동이 일어나 도를 닦지 못하게 하는 번뇌를 말한다. 이 수혹을 사혹(思惑)이라고도 하는데, 욕계의 탐, 진, 치, 만과 상계(색계와 무색계)에 각각 탐, 치, 만이 있어 모두 10종의 번뇌가 있다. 앞에서 16종의 마음으로 88종의 견혹을 끊어서 수다원이 된다고 하였다. 그런데 수혹을 끊는 위(位)는 사다함이다. 그러나 수혹은 너무 미세하여 삼계를 9지(九地)로 나누어 끊는데 욕계가 1지, 색계 4천에 4지, 무색계 4천에 4지이다.

욕계　　　⇨ 五趣雜居地(오취잡거지) : 5취 중생이 뒤섞여 사는
　　　　　　　　　　　　　　　　　　　　곳

　　　색계　초선천 ⇨ 離生喜樂地(이생희락지) : 5취의 생사를 여의어 기
　　　　　　　　　　　　　　　　　　　　쁜 곳

　　　　　　이선천 ⇨ 定生喜樂地(정생희락지) : 선정(禪定)이 생기기 시
　　　　　　　　　　　　　　　　　　　　작하여 기쁜 곳

　　　　　　삼선천 ⇨ 離喜妙樂地(이희묘락지) : 이제까지 얻은 들뜬 기
　　　　　　　　　　　　　　　　　　　　쁨을 떠나 진정한 기쁨
　　　　　　　　　　　　　　　　　　　　이 생긴 곳

　　　　　　사선천 ⇨ 捨念淸淨地(사념청정지) : 4선천은 즐겁다는 생각
　　　　　　　　　　　　　　　　　　　　마저 떠난 곳

　　　무색계 공처천은 공처지, 식처천은 식처지, 무소유처천은 무소유처
　　　　　　지, 비상비비상처천은 비상비 비상처지

　이들 9지(地) 중 첫 번째 욕계의 오취잡거지에 속하는 4가지 번뇌(탐, 진, 치, 만)를 묶어서 다시 9품으로 나누어 점차 끊는다. 이것을 욕계의 9품수혹(九品修惑) 또는 9품사혹(九品思惑)이라 한다. 88사를 끊은 수다원은 9품수혹 중 6품까지를 6생에 걸쳐 끊어 사다함이 되고, 사다함은 나머지 3품을 한 생에 끊고(그래서 사다함을 일왕래라 함)나서, 아나함이 되어 다시는 인간으로 태어나지 않는다. 그래서 아나함을 불래(不來)라 한다. 욕계의 9품수혹은 상상품, 상중품, 상하품, 중상품, 중중품, 중하품, 하상품, 하중품, 하하품이며, 상상품부터 끊어 나간다. 상상품을 끊기 위해 2번 태어나고(二生), 상중품 상하품 중상품을 각각 끊는데 각각 한 번의 생애가 걸린다. 중중품과 중하품을 합쳐서 한 생에 끊는다. 이리하여 6생을 걸쳐 9품 중 6품을 끊어 사다함이 된다. 나머지 하상품, 하중품, 하하품을

끊기 위해 다시 한 번 태어나서 이들 3품을 끊고는 아나함이 된다. 아나함이 되면 다시는 인간으로 태어나지 않는다. 이상의 욕계 9품 수혹(九品修惑)을 도표 나타내면 다음과 같다.

[욕계9품 수혹]

[사과(四果)]

1. 수다원(須陀洹)

'수다원(須陀洹)'은 산스크리트어 'srota-āpanna'의 음역이며, 입류(入流), 역류(逆流), 예류(豫流) 등으로 번역되고 있다. 위에서 살펴본 바와 같이 16심으로 88사의 견혹을 끊은 사람이다[60]. 수다원

---

60) 또 수다원을 오하분결(五下分結, 욕계에 결박시키는 다섯 가지 번뇌 : 貪, 瞋, 有身見, 戒禁取見, 疑) 중 견혹인 유신견, 계금취견, 회의적인 의심의 세 가지 번뇌를 완전히 소멸된 지위를 말하기도 한다.

의 단계에 이르면 다시는 악취(惡趣)에 떨어지지 않고 퇴전하지도 않으며 바른 깨달음으로 향하여 나아간다. 그리고 천상과 인간을 일곱 번 왕래[61]한다.

경문을 살펴보면, 부처님께서 수보리에게 수다원이 수다원과를 성취하였다고 하는 상(相)이 있는가?를 물은 것이다. 수보리의 대답은 당연히 수다원과를 성취하였다고 하는 상이 없다고 답한다. 그 이유는 수다원의 경지는 견도위(見道位)로서 성도(聖道)에 들어갔는데, 만약 성취하였다는 상이 있으면 그것은 수다원이 아니기 때문이다. 왜 그러한 상이 없는가 하면 위에서 보았듯이 88사의 견혹이 끊어지기 때문이다. 특히 신견(身見, 유신견)이 끊어지기 때문에 수다원이라는 존재의 상이 생기지 않는다. 그리고 수다원에게 성취의 상이 없는데, 하물며 그 위의 계위인 나머지 3성(사다함, 아나함, 아라한)을 말할 필요가 없을 것이다. 경문에서 "색성향미촉법에 들어가지 않는 것"에서 '들어간다(入)'는 '~에 집착한다'는 의미이다. 수다원은 견혹을 끊은 성인이기에 당연히 육경(六境)인 색성향미촉법에 집착하지 않는다. 이 말은 색성향미촉법의 육경에 실재하는 법체가 있는 것이 아니라는 것을 안다는 의미이다. 그렇기 때문에 "육경(색성향미촉법)에 들어가지 않는다."고 하였고, 육경에 실재하는 법체가 없다(이를 '空性'이라 하였다)는 것을 안 성인을 수다원이라 한다는 것이다.

---

61) 천상과 인간의 일곱 번 왕래에 대하여, ①천상과 인간의 왕복이 7번, 즉 총 14회의 윤회를 말한다는 설과 ②천상 3회와 인간 4회를 합쳐 일곱 번이라는 설이 있지만, 위에서 본 바와 같이 6생에 걸쳐 욕계 9품 중 6품을 끊고 다시 한 번 태어나 사다함이 된다. 그래서 6품을 끊는 6생과 다시 한번 태어나는 것을 합하면 7생이 되니 7번 왕래하는 셈이다.

이처럼 수다원은 6경에 실재하는 법체가 없다는 것을 안 성인이 지만, 과연 아무것도 증득한 것이 없는가? 즉 전무(全無)인가? 그렇지 않다. 육경이라는 법에 대하여 존재론적 사고를 하지 않고, 또 그에 대한 집착을 하지 않는다는 것이지, 그러한 경지를 증득하는 것 자체는 있는 것이다. 따라서 세속제로 보면 공허한 것이 아니다. 비유하자면 "아침 동쪽 하늘에 해가 뜬다."는 사실을 아는 것이 증득이다. 그런데 동쪽 하늘에 해가 뜬다는 것에 대하여 이 책을 읽고 있는 독자는 집착하고 있는가? 집착하지 않을 것이다. 그러한 사실만 알 뿐, 어떠한 집착도 없다. 이와 같이 6경에 대하여 집착이 없는 사람을 수다원이라고 경문에서 설하고 있다.

2. 사다함(斯陀含)

'사다함'은 산스크리트어 "sakrd-āgāmin"의 음역이다. 사다함은 수다원이 욕계9품수혹 중 6품을 끊고 증득하는 계위이다. 또 오하분결(五下分結) 중 탐(貪)과 진(瞋), 두 가지 수혹(修惑)이 부분적으로 제거된 성자를 말하기도 한다. 부분적으로 제거되었다는 것은 욕계 9품수혹 중 6품이 제거되었고 3품이 남아 있기 때문이다. 사다함은 이 나머지 3품을 끊기 위해 다시 한 번 태어나야한다. 그래서 일왕래(一往來)라 한다.

경문을 살펴보면 위 수다원의 구조와 같다. 수보리에게 사다함과를 성취하였다는 상이 있는가? 라고 묻고, 수보리의 대답은 당연히 없다고 한다. 그 이유는 "실로 가고 옴이 없다"고 한다. "실로 가고 옴이 없다"에서 "가고 옴"이란 사다함이 나머지 3품을 끊기 위해 천상계에 갔다가 다시 인간으로 오는 것을 말한다. 쉽게 이해하자면 죽었다가 다시 인간으로 태어나는 것을 말한다. 그런데 이 죽었다가 다시 태어나는 이것이 실재하는 것이 아니라는 것이다. 엄밀히 말하자면 수혹에 의해 오고 감이지, 수혹이 없으면 오고 감이 없으니 실재하는 것이 아니다. 그래서 경문은 "실로 오고 감이 없다"고 하였다.

3. 아나함(阿那含)

'아나함'은 산스크리트어 "anāgāmin"의 음역이다. 위에서 본 바와 같이 아나함은 사다함이 욕계의 나머지 3품을 끊은 후에 증득하는 성자이다. 따라서 아나함은 다시 욕계인 인간세계에 오지 않는다. 그래서 불래(不來)라 한다.

경문을 살펴보면 이것도 위의 수다원과 사다함의 구조와 같다. 여기서도 아나함과를 성취하였다는 상이 없다고 하고, 그 이유는 "실로 오지 아니함"을 들고 있다. 이미 유신견이 끊어졌는데, 오고 감이 없는 것은 당연하다.

4. 아라한(阿羅漢)

'아라한'은 산스크리트어 "arhat"의 음역이다. 간단하게 설명하면 아라한은 오하분결뿐 아니라 오상분결(五上分結)까지 끊은 성문 최고의 성자이다. 오상분결은 색계와 무색계에 중생을 결박시키는 다섯 가지 번뇌를 말한다. 다섯 가지는 색탐(色貪), 무색탐(無色貪), 도거(掉擧), 만(慢), 무명(無明)을 말한다.

이 오상분결을 끊으면 모든 번뇌를 소멸하여 누진통(漏盡通)을 얻고 더 이상 생사윤회는 없다. 이리하여 스스로 그것을 확증하게 되는데, 이것이 해탈지견(解脫智見)이다. 아라한 더 이상 배울 것이 없다하여 무학(無學)이라 하며, 중생들에게 가르침을 베푸는 일만 남게 된다. 그리하여 마땅히 공양을 받아야 할 분이라 하여 응공(應

供)이라 부른다. 이 아라한에 대하여 좀 더 자세히 살펴본다.

아라한이 끊을 번뇌는 상계(색계와 무색계)의 수도혹 탐(貪), 치(痴), 만(慢)이다. 아나함이 5나함천(五那舍天)의 첫 천상(天上) 무번천(無煩天)에 태어나 상계(색계와 무색계) 8지(地)의 수도혹이 남았음을 알아차린다. 그런데 끊어야 할 수도혹이 너무 미세하여 상계 8지를 다시 각각 9품으로 나누어 끊는다. 이리하여 모두 72품이 되는데, 71품까지 끊은 지위를 아라한향(阿羅漢向)이라 한다. 수도혹은 색계에 끊는데, 색계의 구조를 알아야 한다. 색계는 모두 18천으로 되어 있고, 다시 선정의 깊이에 따라 네 그룹으로 나눈다.

[색계(色界) 18천]

제4선(第四禪)	┌ 선견천(善見天), 선현천(善現天), 색구경천(色究竟天) ├ 무상천(無想天), 무번천(無煩天), 무열천(無熱天) └ 무운천(無雲天), 복생천(福生天), 광과천(廣果天)
제3선(第三禪) —	소정천(少淨天), 무량정천(無量淨天), 변정천(遍淨天)
제2선(第二禪) —	소광천(少光天), 무량광천(無量光天), 광음천(光音天)
제1선(第一禪) —	범중천(梵衆天), 범보천(梵輔天), 대범천(大梵天)

위 제4선의 무운천, 복생천, 광과천, 무상천 등 4천은 근본천(根本天)이라 하여 위 수혹에서 말한 사념청정지(捨念淸淨地)이고, 무번천, 무열천, 선견천, 선현천, 색구경천 등 5천이 이른바 아나함이 태어나는 5나함천이다. 아나함이 수혹을 끊는 순서를 보면, ① 욕계의 9품수혹을 다 끊은 아나함이 무번천에 태어나서 자신이 끊어야 할 초선천(제1선)의 9품수혹이 아직 있는 것을 보고, 내려다보면서 초선천(제1선)의 수혹을 끊는다. ② 다시 무열천으로 올라가 제2

선천(제2선)의 수혹을 내려다보면서 끊는다. ③ 다시 선견천에 올라가 제3선천(제3선)의 수혹을 내려다보면서 끊는다. ④ 다시 선현천에 올라가 제4선천(제4선)의 수혹을 끊는다. 이리하여 색계수혹 36품을 다 끊는다.

다음 색구경천에 올라가서 무색계수혹 36품이 남아 있는 것을 보고는 올려다보고 끊는다. 무색계수혹 36품을 색구경천에서 올려다보고 끊는 이유는 무색계는 정신과 미혹만 있고 몸은 없다. 미혹은 몸이 없어도 존재할 수 있지만, 미혹을 끊기 위해서는 몸과 마음이 있어야 하기 때문이다. 그래서 몸의 마지막 세계인 색구경천에서 올려다보고 무색계수혹 36품을 끊는 것이다.

경문을 살펴보면 이것도 위의 구조와 같다. 아라한도를 성취한 상이 없다고 하며, 그 이유로 실로 법이 없는 것(실로 법이 없는 것을 아는 것)을 이름하여 아라한이라 할 뿐이다. "실로 법이 없는 것"이란 일체제법에 실재하는 법체가 없다는 것이다. 즉 일체제법의 법체는 공성(空性)이기 때문에 실제로 항유(恒有)하는 법체는 없다. 이것을 알면 법에 대하여 실재한다는 상(相)이 없다. 이 내용을 경문에서 '實無有法(실무유법)'이라 하였고, 이것을 깨달은 사람을 이름하여 '아라한'이라하는데, 경문에서 '名阿羅漢(명아라한)'이라 하였다. 아라한은 법상이 없기 때문에 아란한도를 증득했다는 상이 없다. 또 당연히 사상(四相 : 아상, 인상, 중생상, 수자상)이 없다. 수다원도 사상이 없는데 아라한은 말할 필요가 없다. 위에서 보았듯이 아라한은 견혹과 수혹을 모두 끊은 성자이기 때문이다.

마지막으로 수보리는 자신을 예를 들어 무상(無相)을 말하고 있다. 부처님께서 수보리를 무쟁삼매를 얻은 사람 중에서 제일이라

한다. '무쟁삼매(無諍三昧)'[62]는 다툼이 없는 삼매, 공(空)에 머무는 경지를 말한다. 수보리는 이 삼매를 완벽하게 증득하였다. 그래서 수보리를 해공제일(解空第一)이라 부른다.

이욕아라한(離欲阿羅漢)은 탐욕을 끊은 아라한이라는 의미이다. 수보리가 자신이 "무쟁삼매를 얻었다." "나는 이욕아라한이다."라는 상이 없다고 한다. 그 이유는 부처님께서 "수보리는 아란나행을 좋아하는 사람이라고 말하지 않았을 것"이라는 것이다. '아란나(阿蘭那)'는 산스크리트어 "aranya"의 음역으로 마을에서 멀지도 않고, 가깝지도 않는 조용한 곳으로 수행에 적절한 삼림을 말한다. 이 아란나에서 고요히 명상을 하는 수행을 '아란나행'이라 한다. 경문에서 "수보리가 실로 그렇게(아란나행) 하지 않았다"는 것은 실로 아란나행을 행한다는 생각을 내지 않는다는 의미이다. 그래서 부처님께서 수보리는 아란나행을 좋아한다고 말씀하셨다.

---

62) 《맛지마니까야》 '무쟁에 대한 분별경(Aranavibhaṅgasutta)에 '무쟁(無諍)'에 대하여 부처님께서 설하고 있다. 『그때 세존께서 "비구들이여"라고 부르셨다. 비구들은 세존께 "세존이시여"라고 대답했다. 그러자 세존께서는 이와 같이 말씀하셨다. "비구들이여 무쟁에 대한 분별을 설하겠다. 잘듣고 마음에 새겨라. 나는 그대들에게 설하겠다. "세존이시여 그렇게 하겠습니다." "비구들이여, 저속하고 거칠고 천박하고 무익한 감각적 쾌락에 대한 욕망을 추구하지 말라. 또한 고통스럽고 천박하고 무익한 스스로를 괴롭히는 고행을 추구하지도 말라. 이러한 양 극단을 떠나서 여래는 중도를 바르고 원만하게 깨달았다. 그것은 눈을 생기게 하고 앎을 생기게 하고 고요함, 탁월한 앎, 바른 깨달음, 열반으로 이끈다. 칭찬해야 할 것을 알아야 하고, 비난해야 할 것을 알아야 하며, 칭찬해야 할 것과 비난해야 할 것을 알고 나서 칭찬하지도 비난하지도 말고 오로지 가르침을 설해야 한다. 즐거움에 대한 정의를 알아야 하고, 즐거움에 대한 정의를 알고 나서 자신의 즐거움을 추구해야 한다. 비밀스런 말을 하지 말아야 하고, 공개적으로 날카로운 말을 하지 말아야 한다. 차분하게 말해야지 조급하게 말해서는 안 된다. 지방어를 고집하지 말아야 하고, 보편어를 침해해서는 안 된다. 이것이 무쟁에 대한 분별의 대강이다."』

5 釋迦燃燈取說疑
석가연등취설의

(석가모니부처님께서 연등부처님으로부터 법을 얻지 않았나? 라는 의문)

이 부분은 앞에서와 마찬가지로 무득무설분(無得無說分 第七)에서 "여래께서 설하신 법은 모두 취할 수도 없고, 말할 수도 없는" 것을 설하였는데, 즉 여래의 법이 붙잡아 얻을 수도 없고 말할 수도 없는 것이라면, 연등부처님은 석가모니부처님에게 법을 설하였고, 석가모니부처님은 법을 얻었는데 어떻게 얻을 수도 없고 설할 수도 없다고 하는가? 하는 의문이 생긴다는 것이다.

莊嚴淨土分 第十 (정토를 장엄한다)
장엄정토분 제십

佛告須菩提 於意云何 如來昔在燃燈佛所 於法有所得
불고수보리 어의운하 여래석재연등불소 어법유소득
不不也世尊 如來在燃燈佛所 於法實無所得
불불야세존 여래재연등불소 어법실무소득

부처님께서 말씀하셨다. "수보리야 너는 어떻게 생각하느냐? 여래가 과거 연등불 계신 곳에서 법을 얻었다고 하겠는가?" "그렇지 않습니다. 세존이시여! 여래께서는 연등불 계신 곳에서 실로 법을 얻은 바가 없습니다."

해설 연등불(燃燈佛, Dıpankara)은 과거 24불(佛) 가운데 첫 번째 부처님이라 하며, 정광여래(錠光如來)라고도 한다. 람마바띠 왕 수데바와 어머니 쑤메다 사이에 태어나 1,000년간 궁전에서 살고, 아내 파두마와 아들 우싸바칸다를 두었다. 키는 3~4미터라 한다. 그 후 코끼리를 타고 출가 한 후 10개월 만에 깨달음을 얻었다. 연등불은 많은 외도를 교화시켰고, 팔만사천의 아라한의 시중을 받았다. 10만년을 살고는 난다라마에서 열반에 들었다 한다. 석가모니 부처님은 전생에 수메다(선혜)라는 수행자였다. 수메다는 출가하여 히말라야에서 고행하고 있었다. 수메다가 하루는 람마시에 방문하였는데, 연등불께서 오신다고 하여 사람들이 연등불을 위해 길을 장식하고 있었다. 수메다는 연등부처님을 보고는 큰 환희심을 내고 미래에 부처가 되리라는 서원을 세웠다. 그리고는 수매이따(아쇼다라의 전신)라는 처녀에게서 500갈루빠하나(보통 은 500냥으로 번역하고 있다.)를 지불하고 꽃 다섯 송이를 샀다.[63] 수메다는 수매이따 처녀와 함께 그 꽃을 연등부처님이 지나갈 때 뿌렸다. 그런데 다른 사람들이 뿌린 꽃들과는 달리 그 꽃들은 땅에 떨어지지 않고 연등부처님의 머리 위를 화려하게 장식하였다. 이것을 본 수메다는 더욱 환희심을 내어 자신의 옷을 벗어 땅에 깔고 연등부처님의 발에 엎

---

63) 수매이따는 꽃 8송이를 가지고 있었는데, 5송이를 수메다(선혜)에게 팔고, 3송이는 연등불에게 공양하였다. 수매이따는 수메다에게 꽃 5송이를 파는 조건으로 세세생생 부부될 것을 내세웠다. 그러나 수메다는 지금은 안 된다고 하여 다음 생으로 미루는데, 이것이 인연이 되어 세세생생 부부가 된다. 그리고 최후의 부부로 수메다는 인도의 카필라국 왕자 고타마싯다르타로 태어나고, 수매이따는 아쇼다라라는 여인으로 태어나 결혼한다.

드려 자신의 머리카락으로 연등부처님의 발에 묻은 흙을 닦아주었다. 연등부처님이 수메다의 인연이 다 익은 것을 보고 91겁이 지난 뒤에 여래 십호를 갖춘 부처가 되니, 부처님의 이름은 석가모니라고 하는 수기를 준다. 이것이 연등불수기(燃燈佛授記)이다.

이 부분의 경문은 석가모니부처님께서 연등부처님에게 수기를 받은 사실을 들어 의문을 제기한 것이다. 이 의문을 풀기 위해 부처님은 수보리에게 "내가 연등불에게서 법을 얻었다고 생각하느냐?"라고 묻는다. 수보리는 이 뜻을 알아차리고 "그렇지 않습니다. 여래께서는 실로 법을 얻은 바가 없습니다."라고 한다. 연등불은 말로 설해 주었을 뿐이고, 수메다(석가모니부처의 전신)도 말을 들었을 뿐이다. 말은 유위법으로 실체가 없다. 다만 연등불의 말이 인연이 되어 수메다가 깨닫게 된 것 뿐이다. 수메다가 깨달은 것은 "實無定法(실무정법) : 실로 정해진 법이 없는 것" 즉 제법의 공성(空性)이다. 공성이라는 것은 주고받고, 취하고 버리고 하는 것이 아니다. 이렇기 때문에 실로 법을 얻은 것이 없다는 것이다.

6
엄 토 위 어 불 취 의
嚴土違於不取疑
(보살들이 정토를 장엄한다는 것은 얻음이 아닌가? 라는 의문)

　이 부분도 역시 "얻을 법도 없고, 설할 법도 없다.(無得無說分)"에 계속 이어지는 의문이다. 성문과 부처님께서 실로 법을 얻지 않았음을 아는데, 보살들이 6바라밀 등 수 많은 보살도를 하는 것은 불국토(佛土)를 만드는 것이다. 이것이 어찌 얻음이 아니라고 할 수 있겠는가?이다.

須菩提 於意云何 菩薩莊嚴佛土不 不也世尊 何以故
수보리 어의운하 보살장엄불토불 불야세존 하이고

莊嚴佛土者則非莊嚴 是名莊嚴 是故須菩提 諸菩薩摩
장엄불토자즉비장엄 시명장엄 시고수보리 제보살마

訶薩應如是生淸淨心 不應住色生心 不應住聲香味觸法
하살응여시생청정심 불응주색생심 불응주성향미촉법

生心 應無所住而生其心
생심 응무소주이생기심

　"수보리야 너의 어떻게 생각하느냐? 보살이 불국토를 장엄하느냐?" "그렇지 않습니다. 세존이시여! 왜냐하면 불국토를 장엄한다는 것은 실로 장엄하는 것이 아니라 이름하여 장엄이라 합니다."

"그러므로 수보리야 모든 보살마하살은 응당 이와 같이 청정한 마음을 내어야 하니, 응당 색에 머무는 마음을 내어서는 안 되며, 응당 성, 향, 미, 촉, 법에 머무는 마음을 내어서도 안 된다. 응당 머물지 않는 마음으로 마음을 내어야 한다."

해설 "실로 얻음이 없음(實無所得)"에 대한 가르침을 "一相無相分 제9"에서는 성문(聲聞)을 예를 들었고, 앞 분절에서는 부처님을 예로 들었다. 여기서는 보살(菩薩)을 예를 들어 가르침을 설한다. 먼저 정토(淨土)에 대하여 살펴본다.

[정토(淨土)]

1. 정토(淨土)의 의미

불교의 경론(經論)을 보면 '정토(淨土)'라는 글자가 자주 나오는데, 그 용법을 두 가지로 나누어 볼 수 있다고 한다.[64] 첫째, '정토(淨土)'의 '정(淨)'을 동사(動詞)로서 사용된 경우인데 이 경우의 정토는 "토(국토)를 깨끗이 한다."라는 의미이고, 둘째, '정(淨)'이 형용사(形容詞)로서 사용되는 경우인데, 이 경우는 "깨끗한 토(국토)"라는 의미이다. 먼저 불토(佛土)란 무엇인지 살펴보고, 위의 두 가지 의미를 살펴보기로 한다.

(1) 불토(佛土)의 의미

'토(土)'는 불교에서 국토(國土), 불토(佛土), 예토(穢土)라 하여

---

64) 쓰보이 순에이(坪井俊映) 저, 한보광 譯, 정토교개설, 홍법원, p.16.

불타(佛) 또는 미혹(迷惑)한 중생이 사는 세계를 말한다. 미혹한 중생이 사는 세계를 예토(穢土)라 하고, 불타가 거주하는 세계를 불토(佛土)라 부르며, 불국토(佛國土), 불국(佛國), 불계(佛界), 불찰(佛刹)이라고도 한다. 이 불토(佛土)에 두 가지 의미가 있다. ① '깨달음'을 얻은 부처님이 사는 청정한 세계라는 의미가 있고, ② 부처님이 미혹한 중생을 제도하기 위해 출현하는 미혹(迷惑)한 세계도 '불토'라고 부른다. 이것은 부처님이 제도하는 대상이라고 하는 세계라 말하는데, 이 세계는 오염된 세계이기 때문에 깨끗한 세계로 하기 위해 미(迷)한 중생이 사는 세계에 출현하시는 것이다. 따라서 이 경우에 불토(佛土)라고 부르지만 청정한 국토는 아닌 것이다.

이상으로 불토(佛土)에는 불타가 거주하는 청정한 국토의 의미와 미혹한 중생을 제도하기 위해 출현하는 세계 즉 오염된 세계의 의미가 있는데, 불토는 정예(淨穢 : 깨끗함과 더러움)를 가리지 않고 부처님(佛)이 머무는 세계를 말하고, 정토는 그 중의 청정한 세계를 말하는 것이다. 따라서 '토(土)'는 부처님과 중생이 머무는 세계를 의미하는 말이고, 정예(淨穢)를 포함하는 것이다.

(2) 국토(國土)를 맑게 한다는 의미

정토(淨土)의 정(淨)이 동사(動詞)로 사용되는 경우인데, "국토(國土)를 깨끗이 한다(맑힌다)"라는 것이다. 여기에도 두 가지 의미가 있다. ① 중생이 사는 세계를 맑게 하여 청정한 국토로 만드는 것이고, ② 중생이 사는 오염된 세계와는 다른 청정한 국토를 건설하여 그곳으로 중생을 인도하는 것이다.[65]

1) 첫 번째 의미는 대승보살의 활동을 말하는 것이다. 《방광반야

---

65) 위의 책, p.17.

경(放光般若經)》第八十二. 건립품(建立品)에,

    수보리가 부처님께 여쭈기를 세존이시여, 보살은 어떻게 불토(佛土)를 잘 맑힙니까? 부처님께서 말씀하시기를 초발의(初發心) 이래 응당 신(身), 구(口), 의(意)를 깨끗이 하고, 아울러 타인(他人)을 감화시켜 身, 口, 意를 깨끗이 하게 하며 …… 이런 까닭으로 보살은 모든 악(惡)을 버리고 스스로 육바라밀을 행하며, 또한 다른 사람에게 권해 육도(六度 : 육바라밀)를 행하게 하며, 이 공덕을 가지고 중생과 함께 불국(佛國)의 청정을 구한다.

    須菩提白佛言 世尊 菩薩云何能淨佛土 佛言 菩薩從初發意已來當淨身口意 幷化餘人淨身口意 …… 是故菩薩捨衆惡已 自行六波羅蜜 亦勸進人使行六度 持是功德 與衆生共求佛國淨

라고 하여 "불토(佛土)를 청정히 함"을 말하고 있다. 다시 말하면 여기서의 불토는 제도의 대상으로서 중생이 사는 국토인데, 그 국토를 어떻게 청정하게 합니까? 하는 수보리의 질문에 부처님께서 답변하고 있는 것이다.

    2) 두 번째는 보살이 오염된 세계와는 다른 곳에 청정한 세계를 만들려는 것이다. 《무량수경(無量壽經)》卷上에,

    때에 세자재왕여래(世自在王如來)는 법장비구에 말하기를 "네가 수행할 곳의 불국(佛國)을 장엄하는 청정한 행은 네 스스로 알리라" 비구(법장)가 부처님께 여쭈기를 "이 뜻은 깊어서 저희 경계(境界)에 맞지 않습니다. 오로지 원컨대 세존이시여, 널게 살피시어 제불여래(諸佛如來)의 정토(淨土)의 행(行)을 부연(敷演)하소서. 저희들이 이

를 듣고 마땅히 설하신 바와 같이 수행하여 소원을 원만히 이루고자 하나이다.

　　時世饒王佛[66] 告法藏比丘 汝所修行莊嚴佛土 汝自當知 比丘白佛 其義弘深 非我境界 唯願世尊 廣爲敷演諸佛如來淨土之行 我聞此已 當如說修行成滿所願

라 하고 있다. 여기서 "제불여래(諸佛如來)의 정토(淨土)의 행(行)", "불국(佛國)을 장엄하는 청정한 행(行)"이라는 것은 보살의 행인데, 현세(穢土)와는 다른 곳에서 정토(淨土)를 만들고자 하는 것으로 이것을 "정토(淨土)의 행(行)"이라고 말하고 있다.

이상으로 중생이 사는 세계를 맑게 하여 정토를 만드는 것이든, 다른 곳에서 정토를 만드는 것이든 모두 보살의 실천행을 말하는 것이며, 정(淨)을 동사(動詞)로 본 경우라 한다.[67]

(3) 청정(淸淨)한 국토(國土)의 의미

정토(淨土)의 정(淨)을 형용사로 사용한 경우로서, 말 그대로 "청정한 국토", "청정한 세계"인데, 미혹한 중생들이 사는 오염된 국토(穢土)에 상대되는 국토이다. 이것은 보살(菩薩)이 장구한 세월의 수행을 완성하고 드디어 성불(成佛)하여 만든 청정한 세계를 말한다. 이 세계는 더러움과 미(迷), 악(惡), 고(苦) 등이 없고, 오직 선(善), 낙(樂)등 청정함만 있기 때문에 불보살(佛菩薩)이 머무는 세계라고 한다. 이 정토는 보살이 수행의 완성으로 불과(佛果)를 이루어 나타나는 과보(果報)이기 때문에 보살로서 수행하는 바라밀행을 말

---

66) "世自在王如來"의 다른 명호이다.
67) 위의 책, p.20.

하는 것이 아니다. 대승불교에서는 많은 부처를 설하고 있다. 그리고 그 각 부처(佛)마다 그에 해당하는 정토가 있다고 한다. 가령 아미타경을 보면 동, 서, 남, 북, 상, 하의 육방에 각각 부처가 있고, 정토가 있음을 설하고 있는 것이다. 이처럼 대승불교는 시방(十方)에 많은 부처님이 계시고 각 정토가 있다고 하지만 한국, 중국, 일본에서 신앙되는 정토는 아미타불의 서방정토, 아촉불의 묘희세계(妙喜世界), 미륵보살(彌勒菩薩)의 도솔천(兜率天)인데, 특히 아미타불의 서방정토가 가장 많이 신앙되고 있다. 그래서 보통 정토하면 아미타불의 정토를 일컫는 말이 되었다.

2. 타방정토설(他方淨土說)

타방정토(他方淨土)는 이 세계로부터 멀리 떨어진 곳에 부처님이 계시는 정토가 있다고 생각하고 서방 또는 동방 등의 특정 방위에 정토가 있다는 것과 시방(十方)에 정토가 있다는 것이다. 아촉불의 동방묘희세계, 약사불(藥師佛)의 동방정유리세계, 미륵보살의 도솔천, 《수원시방왕생경(隨願十方往生經)》에서 설하는 시방정토, 그리고 너무 유명한 아미타불의 서방정토(극락세계)가 그것이다.

3. 유심정토설(唯心淨土說)

유심정토(唯心淨土)란 청정한 본심(本心)이 정토(淨土)라는 것이다. 유심정토를 말하는 것으로 대표적인 것이 선종(禪宗)이다. 유심정토를 말하는 경으로는 《유마경(維摩經)》에서 『마음이 청정하면 불토(佛土)가 청정하고, 隨其心淨 則佛土淨』라 하고, 유식사상에서는 유식소변(唯識所變)의 정토를 말하고 있다.

(1) 유마경(維摩經)의 유심정토(唯心淨土)

범부 중생은 마음이 오염되어 있기 때문에 이 세계를 부정(不淨)하다고 하지만, 부처(佛)의 지견으로 보면 이 세계는 청정한 정토라는 것이다. 《유마경》「第一 佛國品」에 유심정토(唯心淨土)를 설하고 있는데 다음과 같다.

> 보적아 마땅히 알지어다. 곧은 마음(直心)이 보살의 정토이니 보살이 성불할 때에 아첨 않는 중생이 그 나라에 와서 난다. 깊은 마음이 보살의 정토이니 보살이 성불할 때에 공덕을 구족한 중생이 그 나라에 와서 난다. …… 이러한 까닭으로 보적아! 만약 보살이 정토를 얻고자 하면 마땅히 그 마음을 청정히 하라. 그 마음이 청정함에 따라 불토(佛土)도 곧 청정해진다.
>
> 寶積當知 直心是菩薩淨土 菩薩成佛時 不諂衆生 來生其國 深心是菩薩淨土 菩薩成佛時 具足功德衆生 來生其國 …… 是故 寶積 若菩薩欲得淨土 當淨其心 隨其心淨 則佛土淨

라고 부처님은 설하였다. 그 때 사리불(舍利弗)은 이 가르침을 듣고 다음과 같은 의심을 내어 부처님께 물었다. "만약 보살이 그 마음을 청정히 하면 불토도 청정해진다고 하면, 우리 세존께서 옛날 보살로 계실 때, 그 마음이 부정(不淨)하지는 않았을 것인데, 이 불토가 청정하지 못한 것은 어떻게 된 것입니까? (若菩薩 心淨則佛土淨者 我世尊 本爲菩薩時 意豈不淨 而是佛土不淨若此)" 이 의심에 대하여 부처님께서는 다음과 같이 답하고 있다. "너는 어떻게 생각하느냐? 해와 달이 빛나고 있지만 맹인은 어찌 볼 수 없느냐." (사리불이) 대답하여 말하기를 "아니옵니다. 세존이시여, 이는 맹인의 허물이지 해와 달의 허물이 아니옵니다. 사리불아 중생의 죄과로 여래의 국토가 엄정함을 보지 못하는 것이지, 여래의 허물이 아닌 것이니라(於意云何 日月豈不淨耶 而盲者不見 對日不也 世尊 是盲者過 非日月咎 舍利弗 衆生罪過 不見如來國土嚴淨 非如來咎)." 이와 같이 설하고, 부처님께서 발을 들어 땅을 누르니 즉시 삼천대천세계는 여러 가지 백 천의 진기한 보배로 장엄하게 꾸며져 있는데, 비유하면 보장엄불의 무량공덕장엄한 국토와 같았고, 온갖 대중이 일찍이 보지 못하였음을 찬탄하고는 모두 스스로 보배 연꽃에 앉았음을 보았다. 이것을 본 사리불은 미증유(未曾有)한 감탄을 했다. 그리고 부처님은 사리불에게 대하여 "나의 불국토가 항상 청정함이 이와 같건만, 하열한 사람을 제도하기 위해 여러 가지 나쁘고 깨끗하지 못한 국토를 보이는 것이다(我佛國土淸淨若此 爲欲度斯下劣人故 示是衆惡不淨土)."라고 말씀하셨다.

이상으로 유마경에서 말하는 것을 요약하면 "인간의 심성(心性)은 본래 청정한 것이기 때문에 청정한 마음을 깨달으려면 자신의 마음을 깨끗이 하는 것, 그것이 정토라는 것이다."

(2) 유식설(唯識說)의 유식소변(唯識所變)

회감(懷感)[68]은 《석정토군의론(釋淨土群疑論)》에서 유식소변(唯識所變)의 정토(정토)를 말하고 있다. 『여래소변(如來所變)의 토(土)는 불심(佛心)이 무루(無漏)되면 국토(國土)도 또한 무루(無漏)이다. 범부의 마음은 아직 무루를 얻지 못한다. 저 여래의 무루토(無漏土)

---

68) 중국 당나라 때 정토종 선도(善導)의 제자, 장안 천복사에 있으면서 널리 경전을 연구하여 교리에 정통함. 뒤에 잠깐 동안의 염불로 극락정토에 왕생한다는 것을 의심하여 선도를 찾아가 그 의심을 해결하였다고 함. 그 때부터 정토문의 사람이 되어 일생을 염불로 보냄. 저서로는 《석정토군의론(釋淨土群疑論)》 7권이 있음.

위에서 자심(自心)을 변현(變現)하여 유루토(有漏土)를 만들고, 더구나 그 중에 난다. 만약 여래의 본토(本土)에 대해 요약해 말하면, 즉 무루토에 난다고 말할 수 있다. 혹은 자심소변(自心所變)의 토에 대해 요약해서 더구나 수용(受容)하는 것을 말한다면 또 설한 유루토에 난다고 말할 수 있다. 유루(有漏)라고 말해도 여래의 무루토에 의탁해 변현하는 까닭에 궁극에는 불(佛)의 국토와 같다. 또 많은 악의 허물도 없다.」[69] 라고 하는데, 유식소변의 도리에 의해 "정토(淨土)로서 불(佛)"과 "범부의 식(識)의 소변(所變)"이라는 것이다. 즉 불(佛)의 측면에서 보면 여래의 무루심의 소변(所變)에서 무루의 정토이지만, 범부의 측면에서 보면 범부는 유루심 소변의 유루의 정토라는 것이다. 그리고 아미타불(阿彌陀佛)에 대해서 자심소변(自心所變)의 영상상분(影像相分)이라고 다음과 같이 《석정토군의론》에서 말하고 있다.

응당 이 마음을 작용하여 저 부처님(아미타불)을 관(觀)할 때, 아미타불은 본성의 상(相)이다. 중생이 저 여래를 마음에 반연하여 관(觀)할 때, 마음 밖에서 부처님의 참된 모습(眞相)을 볼 수 없다. 응당 마음의 변작(變作)인 영상(影像)의 상(相)임을 관하라. 이 영상의 상을 이름하여 상분(相分)이라 한다. 능히 관하는 마음이 견분(見分)이다. 견분과 상분 모두 자증분(自證分)을 떠나 있지 않다. 견분의 힘이 능히 상분을 나타내기 때문에 이 마음이 부처를 짓는다(是心作佛)고 말한다. 이 상분은 즉 자증분의 마음이며 별도로 체가 없기 때문에 이 마음이 부처(是心是佛)라고 말한다.
當用此心觀彼佛時 阿彌陀佛爲本性相 衆生觀心緣彼如來 不能心

---

69) 쓰보이 순에이 著, 정토교개론, 홍법원, p.38.

外見佛眞相 當觀心變作影像相 是影像相名曰相分 能觀之心是於見分 見相兩分皆不離於自證分 見分之力能現相分 故名是心作佛也 此相分卽是自證分心 無別有體 故名是心是佛

부처(佛)는 자증분(自證分)의 소변(所變)인데 이것이 상분(相分)이다.[70] 이 상분(影像相分)을 견분(見分)이 나타내는데, 이것을 관불(觀佛)이라 한다. 따라서 부처도 정토도 모두 마음밖에 있지 않으니, 유심(唯心)의 소변(所變)이라는 것이다.

(3) 선종(禪宗)의 유심정토(唯心淨土)

우리나라 조계종은 선종이다. 그 종지(宗旨)가 "직지인심 견성성불(直指人心 見性成佛)"인데, 즉 "사람의 마음을 바로 가리켜 성품을 보아 성불한다."이다. 이와 같은 종지에서 나타나는 바와 같이 선종은 "사람의 본마음이 부처"라는 것이다. 선종은 중국에서 교종에 대하여 일어난 신흥종단으로 달마대사가 초조(初祖)이고 그 밑에 여섯 번째 조사인 혜능대사(慧能大師)라는 큰 인물이 나온다. 그 혜능대사가 설법한 것을 모아 엮은 책이 《육조단경(六祖檀經)》이다. 《육조단경》「제8 석공덕정토(釋功德淨土)」에서 다음과 같이 언급하고 있다.

> 위사군이 예배하고 또 물었다. "제자가 보니 스님과 도사들과 속인

---

70) 유식(唯識)에서 마음의 식(識)을 여덟 가지 식(識)으로 구분하고 있다. 안식(眼識), 이식(耳識), 비식(鼻識), 설식(舌識), 신식(身識), 의식(意識), 말나식(末那識), 아뢰야식(阿賴耶識)이다. 여덟 번째 아뢰야식을 다시 세 가지로 구분하는데, 자증분(自證分), 견분(見分), 상분(相分)이다. 여기에 증자증분(證自證分)을 더하여 아뢰야식의 사분(四分)이라하기도 한다. 자세한 것은 아뢰야연기를 논할 때 설명하기로 한다.

들이 항상 아미타불을 생각하면서 서쪽나라에 가서 나기를 바랍니다. 청컨대 대사께서 말씀해 주십시오. 저기에 날 수 있습니까? 바라건대 의심을 풀어 주소서." 대사께서 말씀하셨다. "사군은 들을지니 혜능이 말하여 주리라. 세존께서 사위국에 계시면서 서방정토로 인도하여 교화하는 말씀을 하셨느니라. 경에 분명히 말씀하기를 「여기서 멀지 않다」고 하였나니, 다만 낮은 근기의 사람을 위하여 멀다하고, 가깝다고 말하는 것은 다만 지혜가 높은 사람 때문이니라. 사람에게는 자연히 두 가지가 있으나 법은 그렇지 않나니 미혹함과 깨달음이 달라서 견해에 더디고 빠름이 있을 뿐이니라. 미혹한 사람은 염불하여 저 곳에 나려고 하지마는 깨달은 사람은 스스로 그 마음을 깨끗이 하느니라." 그러므로 부처님께서 「그 마음이 깨끗함을 따라서 부처의 땅(淨土)도 깨끗하다」고 말씀하셨느니라. 사군이여 동쪽 사람일지라도 다만 마음이 깨끗하면 죄가 없고, 서쪽 사람일지라도 마음이 깨끗하지 않으면 허물이 있느니라. 미혹한 사람은 가서 나기를 원하나 동방이든 서방이든 사람이 있는 곳으로는 다 한 가지이니라. 다만 마음에 깨끗하지 않음이 없으면 서방정토(西方淨土)가 여기서 멀지 않고, 마음에 깨끗하지 않은 생각이 일어나면 염불하여 왕생하고자 하여도 이르기 어려우니라."』라 하여 마음이 깨끗한 그것이 정토라고 한다.

영명사연수(永明寺延壽)는 그의 저서 《만선동귀집(萬善同歸集)》에서,

답하기를 오직 마음이 불토라는 것은 마음을 요달(了達)하면 반드시 난다. 《여래불사의경계경(如來不思議境界經)》에서 설하기를 「삼세일체 제불은 모두 가진 바 없이 오직 자심(自心) 의지하고, 보살이 만약 모든 부처와 일체법이 다 오직 마음의 사량(思量)임을 요지(了知)

하면 수순인(隨順忍)을 얻고, 혹은 초지에 들어가 몸을 버리고 속히 묘희세계(妙喜世界)에 나며, 혹은 극락정불토(極樂淨佛土) 중에 난다」고 설하고 있다. 따라서 식심(識心)을 알면 유심(唯心)의 정토(淨土)에 나고, 경계(境界)에 집착하면 마침내 반연하는 바의 경계 가운데 떨어진다.

  答唯心淨土者 了心方生 如來不思議境界經云 三世一切諸佛 皆無所有 唯依自心 菩薩若能了知諸佛及一切法 皆唯心量 得隨順忍 或入初地 捨身速生妙喜世界 或生極樂淨佛土中 故知識心方生 唯心淨土 着境秪墮所緣境中

라 하고 있다. 그리고 고려말(高麗末)에 활동한 나옹선사(懶翁禪師)의 게송을 보면 아미타불(阿彌陀佛)이 바로 자신의 마음이라는 것을 말하고 있다.

  아미타부처님 어디에 계신가? 마음 머리에 두고 끊기지 말고 잊지 말라. 생각이 다한 무념처에 이르면, 육문에서 자금색의 광명을 항상 놓으리라.
  阿彌陀佛在何方 着得心頭絕莫忘 念到念窮無念處 六門常放紫金光

아미타불은 전신(全身)에서 항상 자금색의 광명이 쏟아져 나온다. 즉 우리의 마음이 무념(無念)에 이르면, 우리의 전신(全身)에서 자금색 광명이 항상 쏟아져 나오니 바로 우리 자신이 아미타불이라는 것이다. 무념(無念)이라는 것은 마음에서 일어나는 모든 번뇌을 끊고 무명(無明)을 타파한 것을 말하는데, 청정한 본마음을 말하는 것이다. 따라서 청정한 본마음이 아미타불이라는 것이다.

이상으로 선종(禪宗)에서는 청정한 마음이 정토(淨土)이고, 서방 극락정토를 건설한 아미타불(阿彌陀佛)이라고 한다.

이제 경문을 살펴보기로 한다. 경문의 '불토(佛土)'는 위에서 살펴본 미혹한 중생을 제도하기 위해 부처가 출현하는 세계 즉 오염된 세계를 의미한다. 다음 경문에서 "보살이 불국토를 장엄"한다는 것에서 '장엄(莊嚴)'은 정토(淨土)의 정(淨)이 동사로 사용된 의미이다. 즉 "보살이 국토를 깨끗이 한다(맑게한다)"는 뜻이다. 그리고 이 때의 "불국토 장엄"은 중생이 사는 세계를 맑게 하여 청정한 국토를 만드는 것이니, 보살이 미혹한 중생을 제도하기 위해 오염된 세계를 깨끗이 한다는 의미이다. 그런데 여기서의 "불국토를 장엄한다"는 것은 외형적으로 청정하게 한다는 의미도 있지만 실은 중생들을 교화하여 깨달음으로 이끄는 것을 말한다.

이렇게 보면 보살이 청정한 불국토를 이루는 것은, 얻을 수 있는 법이 없다는 것에 어긋나는 것이 아닌가? 하는 의문이 있게 된다는 것이니, 수보리가 그렇지 않다고 답한다. 그 이유로 제일의제(승의제)와 세속제로 답한다. 첫째, 제일의제로서는 실제로 불국토를 장엄한다는 것이 없다. 이를 경문에서 '則非莊嚴(즉비장엄)'이라 하였다. 왜냐하면 보살이 불국토를 장엄하는 보살도를 행하지만 자기가 행하는 보살도에 어떠한 상(相)도 가지지 않는다는 의미이다. 그러한 상을 가지지 않는 이유는 불국토를 장엄한다는 것은 실재하는 실체가 없기 때문이다. 그런데 세간의 안목으로 보면 보살이 미혹한 중생들을 제도하는 보살도, 즉 불국토를 장엄하는 보살도를 행하는 것이 있다. 이것이 세속제로는 있기 때문에 전혀 허무한 것을 말하는 것도 아니다. 이것을 경문에서 '是名莊嚴(시명장엄)'이라 하였다.

위에서 살펴본 보살이 불국토를 장엄하는 보살도(중생들을 제도하는 보살도)를 행하면서 어떠한 상을 내지 않는다고 하는 것에 대하여 경문에서 예를 들고 있는데, "청정한 마음을 내어야 하니, ~ 성, 향, 미, 촉, 법에 머무는 마음을 내어서도 안 된다."라 하고 있다. 이것은 인간이 마음 작용을 일으키는 가장 기본적인 것이다. 이 기본적인 마음작용에 어떠한 상이 있으면 안 되기 때문이다. 그리고는 최종적으로 결론을 말하는데, 경문에서 "응당 머물지 않는 마음으로 마음을 내어야 한다(應無所住而生其心)."라 하고 있다. 즉 보살이 중생제도를 하면서 어떠한 경우에도 그에 대한 대가(果報)를 바라는 마음이 있어서는 안 된다. 또 그렇다고 하여 중생제도하는 마음을 내지 않는 것도 안 된다. 어떠한 대가를 바라는 마음 없이 중생제도하는 보살도를 행하라는 것이다. 이것이 불국토를 장엄하지만 실로 장엄하는 것이 아니라 장엄이라는 이름만 붙일 뿐이다.

7

수 득 보 신 유 취 의
受得報身有取疑

(보신을 이루는 것도 얻음이 아닌가? 라는 의문)

이 부분도 "얻은 법도 없고, 설한 법도 없다(無得無說分)."에 대하여 계속되는 의문이다. 석가모니부처님과 연등부처님은 응화신(應化身)이므로 얻은 법도 없고, 설한 법도 없다고 하더라도[71], 보신(報身)의 경우는 다르지 않는가? 하는 의문이 생긴다는 것이다. 이 의문에 대한 풀이가 "莊嚴淨土分(장엄정토분) 제10, 須菩提 譬如有人 身如須彌山王 於意云何 是身爲大不 須菩提言 甚大世尊 何以故 佛說非身是名大身"에서부터 "離相寂滅分(이상적멸분) 제14, ～ 如來說第一波羅蜜 (卽)[72]非第一波羅密 是名第一波羅密"까지이다.

이 구조[73]를 살펴보면, 먼저 이 의문에 대하여 간단하게 답한다(問答斷疑). 그리고는 비교하여 수승함을 드러내어 의문에 대하여 밝히고 있다(校量顯勝). 비교하여 수승함을 드러내는 부분은 다시 ① 재물보시(財物布施)와 비교하는 부분(外財校量)과 ② 신명보시(身命布施)와 비교하는 부분(內財校量)으로 나뉜다. 이 두 부분도 다

---

71) 응화신(應化身)에 대한 의문은 "장엄정토분 제10" "수보리야 너는 어떻게 생각하느냐? 여래가 과거 연등불 계신 곳에서 ～ 여래께서는 연등불 계신 곳에서 실로 법을 얻은 바가 없습니다."에서 밝혔다.
72) 《신수대장경》에는 '卽(즉)'이 없음.
73) 규봉종밀의 《금강반야경론찬요》에 따른 것임.

시 재물보시에 ① 수승함과 열등함을 가려내는 부분(校量勝劣), ② 수승한 이유를 풀이(釋勝所以)하는 다섯 부분으로 되어 있고, 신명보시에 대하여도 ① 수승함과 열등함을 가려내는 부분(校量勝劣), ② 수승한 이유를 풀이(釋勝所以)하는 다섯 부분으로 되어있다. 이것을 정리하면 다음과 같다.

一 문답단의(問答斷疑)

二 교량현승(校量顯勝)
1. 외재교량(外財校量 : 재물보시)
   1) 교량승열(校量勝劣 : 수승함과 열등함을 가려냄) ⇨ 무위복승분(無爲福勝分) 제11   [경문①]
   2) 석승소이(釋勝所以 : 수승한 이유를 풀이함) ⇨ 다섯 가지
      (1) 존처탄인승(尊處嘆人勝 : 경이 있는 곳과 사람 모두 수승함) ⇨ 존중정교분(尊重正敎分) 제12 ⇨   [경문②]
      (2) 약의변명승(約義辨名勝 : 경의 제목만도 수승함) ⇨ 여법수지분(如法受持分) 제13   [경문③]
      (3) 불무이설승(佛無異說勝 : 부처님은 딴 말씀이 없어 수승함) ⇨ 여법수지분 제13   [경문④]
      (4) 시복열진승(施福劣塵勝 : 보시복덕은 티끌만도 못하므로 수승함) ⇨ 위와 같음   [경문⑤]
      (5) 감과이상승(感果離相勝 : 받은 과위는 상과 달라서 수승함) ⇨ 위와 같음   [경문⑥]
2. 내재교량(內財校量 : 신명보시)
   1) 교량승열(校量勝劣 : 수승함과 열등함을 가려냄) ⇨ 여법수지분(如法受持分) 제13   [경문⑦]
   2) 석승소이(釋勝所以 : 수승한 이유를 풀이함)
      (1) 읍탄미문심법승(泣嘆未聞深法勝 : 처음 듣는 깊은 법) ⇨ 이상적멸분(離相寂滅分) 제14   [경문⑧]
      (2) 심정계실구덕승(心淨契實具德勝 : 진실에 계합함) ⇨ 위와 같음   [경문⑨]
      (3) 신해삼공동불승(信解三空同佛勝 : 삼공을 깨달음) ⇨ 위와 같음   [경문⑩]
      (4) 문시부동희유승(聞時不動希有勝 : 듣고 놀라지 않음) ⇨ 위와 같음   [경문⑪]
      (5) 대인청정제일승(大因淸淨第一勝 : 큰 인과가 청정함) ⇨ 위와 같음   [경문⑪]

一. 問答斷衣(문답단의)

須菩提 譬如有人身如須彌山王 於意云何 是身爲大不
수보리 비여유인신여수미산왕 어의운하 시신위대불

須菩提言 甚大世尊 何以故 佛說非身是名大身
수보리언 심대세존 하이고 불설비신시명대신

"수보리야. 비유하여 어떤 사람의 몸이 수미산왕만 하다면, 너는 어떻게 생각하느냐? 이 몸이 크지 않겠느냐?" 수보리가 대답하였다. "매우 큽니다. 세존이시여! 왜냐하면 부처님께서 몸이 아닌 것, 이것을 이름하여 큰 몸이라 하였기 때문입니다."

해설 먼저 수미산과 불신(佛身)에 대해 살펴본다.

1. 수미산(須彌山)

'수미산(須彌山, Sumeruh parvata)'은 4대주[74] 가운데 솟아 있는 산으로 묘고산(妙高山)이라고도 한다. 불교에서 말하는 우주의 구조는 이 수미산을 중심으로 전개된다. 산의 높이는 8만 4천 유순(1유순은 평균 80리)이고, 해와 달이 산의 중턱에 있다. 그리고 수미산 주위에 다시 철위산이 둘러 있는데, 모두 8개의 산이 있다. 수미산과 이 철위산 사이에는 향수해라는 바다가 있다. 수미산 중턱이 사천왕천이고, 정상에는 제석천이 있고, 그 위로 욕계4천과 색계 18천, 무색계 4처가 있다. 수미산왕이라 한 것은 산 중에서 가장 높은 산

---

74) 수미산을 중심으로 사방(四方)에 네 개의 큰 섬이 있다. 동쪽을 동승신주, 서쪽을 서우화주, 남쪽을 남섬부주(또는 남염부제), 북쪽을 북로구주라 한다. 우리 인간은 남쪽 남섬부주에 살고 있다.

이기 때문이다.

2. 불신(佛身)

불신(佛身)이란 불(佛)의 존재 형태를 말한다. 여기에 크게 3가지 형태가 있으니 자성신(自性身), 수용신(受用身), 변화신(變化身)이다. 그리고 수용신은 다시 자수용신(自受用身)과 타수용신(他受用身)으로 나누어지니 불신(佛身)의 형태는 모두 4가지 형태가 있는 셈이다.

(1) 자성신(自性身) : 법신(法身)

자성신(自性身)을 법신(Dharma-kaya)이라고도 하는데, 진여(眞如) 그 자체가 자성신이다. 이 자성신은 어떤 형태가 있는 것이 아니라 진리(眞理), 법성(法性)으로 나타난다. 그렇기 때문에 일체유정과 일체무정의 본체(本體)이며, 일체제법의 실성(實性)이다. 이 자성신은 상(相)을 떠나 적연(寂然)하고, 모든 희론이 끊어졌으며, 시간과 공간의 변제(邊際)가 없다. 이 법신을 인격화하여 이름을 붙여서 비로자나불(毘盧遮那佛)이라 하며, 계시는 국토는 상적광토(常寂光土)이다.

(2) 수용신(受用身) : 보신(報身)

수용신은 보신(Sambhoga-kaya)이라고도 하는데, 여기에 다시 자수용신(自受用身)과 타수용신(他受用身)이 있다. 보신은 노사나불(盧舍那佛)이시다.

1) 자수용신

자수용신은 부처(佛) 스스로 증득한 경계를 말하는 것으로 부처

(佛)는 삼무수겁(三無數劫)에 무량한 복(福)과 지혜(智慧)를 닦아서 성취된 공덕(功德)과 지극히 원만하고 청정하며 시방(十方)에 항상 두루한 색신(色身)을 얻어 영원토록 법락(法樂)을 항상 수용하는 것을 말한다. 이 자수용신은 오직 불과(佛果)를 부처만 알 수 있는 것이므로 등각보살(等覺菩薩)도 알 수 없다고 한다.

2) 타수용신

타수용신을 응신(應身)이라고도 한다. 위 자수용신은 등각보살도 알 수 없는 경계이기 때문에 인위(因位)의 보살(地上菩薩)들을 위하여 시현(示現)하는 불신(佛身)이 타수용신이다. 불(佛)이 대신통(大神通)을 나타내어 정법(正法)의 법락(法樂)을 받게 하는 교화신(敎化身)이다. 타수용신이 머무는 곳은 타수용토(他受用土)이다.

(3) 변화신(變化身) : 화신(化身)

변화신은 화신(Nirmana-kaya)이라고도 한다. 여래의 성소작지력으로 지전보살(地前菩薩)과 이승(二乘 : 성문과 연각), 범부들을 위하여 시현하는 불신(佛身)을 말한다. 변화신이 필요한 것은 지전보살, 이승, 범부들은 타수용신을 볼 수 없기 때문에 그들의 근기에 따라 예토(穢土)와 정토(淨土)에 거주하면서 교화하여야 하기 때문이다.

이상에서 불신에 대해 살펴보았는데, 그러나 셋 종류의 불(佛)이 각각 별개로 있는 것이 아니라 3신(三身)이 일체이다. 체(體)에 있어서는 하나이지만, 용(用)에 있어서 셋으로 나누어진 것에 불과하다.

다시 본문으로 돌아가면, 여기서 논하는 보신은 자수용신과 타수용신 모두를 말한다. 수보리가 화신(化身, 석가모니불)이 얻은 바가 있지 않나? 라고 하였지만, 얻은 바 없다고 하자, 이제 지상보살들을 교화하기 위해 시현하는 보신은 무언가 얻는 바가 있지 않겠는가? 라는 것이다. 먼저 부처님께서 물은 뜻은 보신의 공덕을 비유하자면 수미산만큼 크다면(보신의 상호장엄을 수미산에 비유) 그 공덕이 크지 않겠는가? 라는 것이다. 이에 대한 수보리의 대답은 긍정한 다음 그 이유를 밝히고 있다. 제일의제로 보면, 보신 역시 어떤 실체가 있는 것이 아니기 때문에(佛說非身), 화신과 다를 바가 없다. 그렇다고 하여 전무(全無)가 아니다. 즉 세속제로서는 보신의 공덕은 있는 것이니 이것을 이름붙여 보신(경문에서는 '大身')이라 한다고 답했다(是名大身). 이렇게 하여 보신을 이룬 것이 얻음이 아닌가? 하는 문답이 일단 끝난다. 이하는 4구게를 받아 지니고 외우는 공덕을 비교하여 수승한 것을 밝히는 부분이다.

1. 外財校量(외재교량 : 재물보시)

1) 校量勝劣(교량승열 : 수승함과 열등함을 가려 냄)

무 위 복 승 분   제 십 일
無爲福勝分 第十一(무위의 복덕은 수승함)

【경문 ①】

須菩提 如恒河中所有沙數 如是沙等恒河 於意云何 是
수보리   여항하중소유사수   여시사등항하   어의운하   시
諸恒河沙寧爲多不 須菩提言 甚多世尊 但 諸恒河尙多
제항하사영위다불   수보리언   심다세존   단   제항하상다

無數 何況其沙 須菩提 我今實言告汝 若有善男子善女
무수 하황기사 수보리 아금실언고여 약유선남자선여
人 以七寶滿爾所恒河沙數三千大千世界 以用布施得福
인 이칠보만이소항하사수삼천대천세계 이용보시득복
多不須菩提言 甚多世尊 佛告須菩提 若善男子善女人 於
다불수보리언 심다세존 불고수보리 약선남자선여인 어
此經中乃至受持四句偈等 爲他人說 而此福德勝前福德
차경중내지수지사구게등 위타인설 이차복덕승전복덕

"수보리야, 항하에 있는 모래 수와 같은 항하가 있다면, 어떻게 생각하느냐? 이 모든 항하의 모래 수가 많지 않겠느냐?" 수보리가 대답했다. "매우 많습니다. 세존이시여! 단지 이 모든 항하의 수만도 셀 수 없이 많은데, 하물며 그 모래들이겠습니까?" "수보리야, 내가 실로 너에게 말하노니, 만약 선남자 선여인이 그러한 항하의 모래 수와 같은 삼천대천세계를 칠보로 가득 채워 보시한다면 그 복덕이 많지 않겠느냐?" 수보리가 대답했다. "매우 많습니다. 세존이시여!" 부처님께서 수보리에게 말씀하셨다. "만약 선남자 선여인이 이 경전 중에서 4구게 같은 것이라도 받아 지녀서 타인에게 말해준다면, 이 복덕은 앞에서 칠보로 보시한 복덕보다 더 뛰어나다."

해설 이 부분 이하는 보신이 얻음이 없다는 것을 믿고 아는 공덕이 얼마나 수승한 것인가를 비교를 통해 밝히는데, 재물보시와 신명보시 둘과의 비교를 통해 밝힌다. 이미 공부했듯이 보시에는 재시(財施), 무외시(無畏施), 법시(法施)가 있다. 재물보시(財物布施)와 신명(身命)보시는 유형물이라는 점에서 같다. 그래서 재물을 외재(外財)라 하고, 신명을 내재(內財)라 한다. 그리고 이 부분은 재물보시와 비교하여 수승함을 밝히는 대목이다.

　항하(恒河, Gaṅgā)는 인도의 갠지스강을 말하며, 또 천당래(天堂來)라 번역하여 천당에서 직접 흘러나온 강이란 의미이다. 이 강에 있는 모래의 수는 헤아릴 수 없이 많을 것이다. 이와 똑같은 수의 삼천대천세계가 있다 하고, 그 세계에 칠보로 보시하면 그 복덕은 말할 수 없을 정도로 많을 것이다. 그런데 보신의 공덕을 이것과 비교하면 보신의 공덕이 더 크다는 것이다. 왜냐하면 재물보시는 유형물의 보시이지만 보신은 위로 보리(아뇩다라삼먁삼보리)를 구하고 아래로는 중생을 제도하는 일이기 때문이다. 이것을 경문에서 "이 경전 중에서 4구게 같은 것이라도 받아 지녀 타인에게 말해 준다면" 이라고 하였다. 이러한 결론은 당연하다. 이미 p.149에서 설명했듯이 복덕은 보리로 나아가지 못하지만 경을 수지하고 설하는 것은 보리로 나아가기 때문이다.

2) 釋勝所以(석승소이 : 수승한 이유를 풀이함)

(1) 尊處嘆人勝(존처탄인승 : 경이 있는 곳과 사람 모두 수승함)

존 중 정 교 분 제 십 이
尊重正敎分 第十二(바른 가르침을 존중 해야함)

【경문 ②】
復次須菩提 隨說是經乃至四句偈等 當知此處一切世間
부 차 수 보 리　수 설 시 경 내 지 사 구 게 등　당 지 차 처 일 체 세 간

天人阿修羅 皆應供養如佛塔廟 何況有人盡能受持讀誦
천 인 아 수 라　개 응 공 양 여 불 탑 묘　하 황 유 인 진 능 수 지 독 송

須菩提 當知是人成就最上第一希有之法 若是經典所在
수보리 당지시인성취최상제일희유지법 약시경전소재

之處 則爲有佛若尊重弟子
지처 즉위유불약존중제자

"또 수보리야. 이 경전이나 (이 경의)사구게 만이라도 따라 설하는 곳이 있다면, 응당 이 곳이 일체 세간의 천인이나 아수라들이 모두 부처님의 탑묘처럼 공양하여야 할 곳임을 알아야 한다. 하물며 (이 경) 모두를 수지하고 독송하는 사람이 있으면, 수보리야 응당 이 사람은 최상이고 제일인 희유한 법을 성취할 것임을 알아야 한다. 이 경전이 있는 장소는 부처님이 계시는 것과 존중받는 제자들이 계시는 것과 같다."

해설 이 대목은 보신이 얻음이 없다는 것을 믿고 아는 공덕이 수승한 이유를 밝히는 다섯 부분 중 첫째 부분으로서 이 경전이 있는 곳은 부처님께서 계시는 것과 같으므로, 경전이 있는 곳 그 자체가 소중하기 때문이라 한다. 그러므로 이 경전은 인간뿐만 아니라 하늘사람이나 아수라들까지도 지극하게 공경한다.

'천인(天人)'은 하늘사람과 인간을 말한다. 하늘사람은 욕계 6천과 색계18천, 무색계 4처의 사람을 말한다. '아수라(asura)'는 비천(非天), 무단정(無端正)으로 번역되고 있다. 복은 인간과 같고 하늘사람과 같이 하늘에 살지만 하늘사람의 무리가 아니다. 그래서 비천(非天)이라 한다. 또 품위가 단정하지 못해 무단정(無端正)이라 한다. 이 아수라세계에는 음식이 부족하지만, 예쁜 여자들은 많다. 그래서 천인의 세계에 있는 음식을 탐내어 천인들과 종종 싸움을 한다고 한다. 그리고 천인과 아수라들의 공통된 점은 《반야경》을 듣고 공경한다. 그래서 아수라는 불법을 수호하는 팔부신중(八部神衆)[75]의 하나에 속한다. 아수라는 천인, 인간과 더불어 삼선도(三善道)에 속하며 지옥, 아귀, 축생을 삼악도(三惡道)라 한다. 이상 하늘과 삼선도, 삼악도를 삼계(三界)라 하는데, 이를 도표로 정리하면 다음과 같다.

【삼계(三界)】

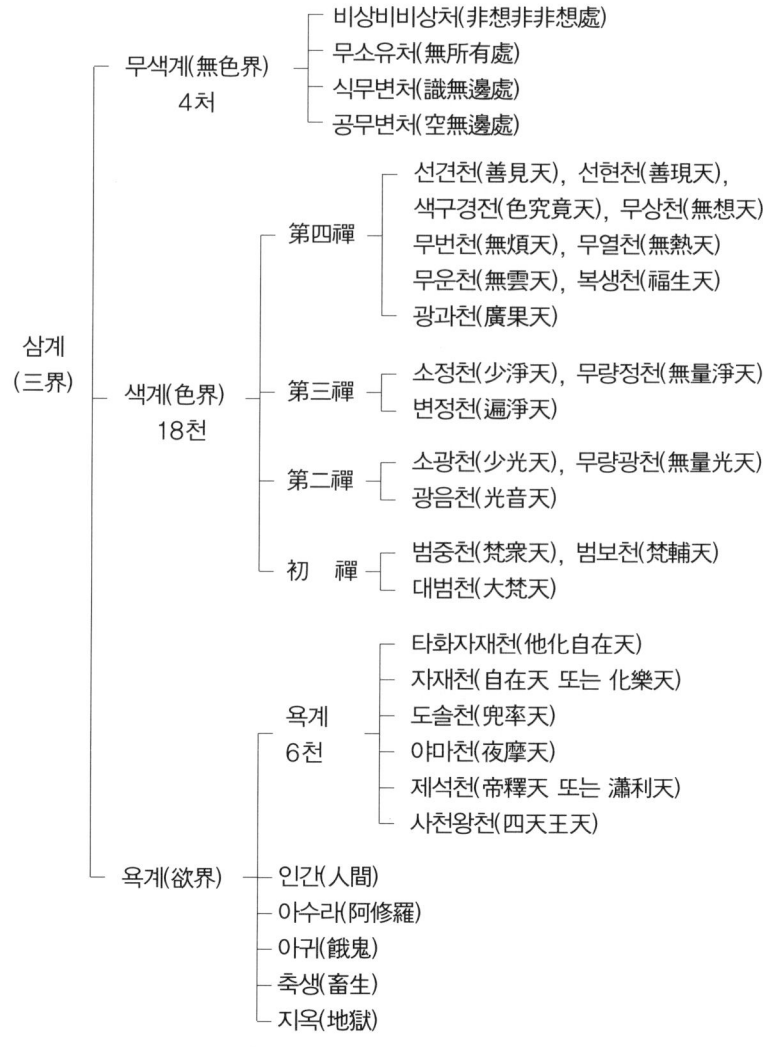

'탑묘(塔廟)'는 원래 'caitya(짜이티야)'를 말하며, 묘소나 기념물을 가리키는 것이라 한다. 그 후 부처님 입멸 후 부처님의 유골을 모시는 거대한 무덤이 만들어 지는데, 이것을 '스투파(stūpa)'라 한다. 그리고 원래의 짜이티야는 부처님의 유골 대신 발우 등 성물(聖物)이나 경전을 넣어 스투파와 구별하였다. 그 후에는 양자의 구별이 모호하게 되고, 통틀어 '탑묘'라 하게 된 것이다. 경전에서의 탑묘도 그러한 의미로 사용된 것으로 여겨진다. 특히 부처님의 유골을 모신 스투파는 추앙의 대상이 되어 불탑신앙으로 발전하고, 대승불교가 일어나는 하나의 원인이 된다.

그래서 경문에서 이 경전이나 (이 경의) 사구게 만이라도 따라 설하는 곳이 있다면, 부처님의 탑묘처럼 공양하라는 것이다. 그 이유는 이 경이 모든 부처님을 낳는 원천이기 때문이다. 이처럼 공덕이 수승한데, 이 경을 모두 수지하고 독송하는 사람은 더 말할 필요가 없을 것이다. 그리하여 그 사람은 최상이고 제일인 희유한 법을 성취한다고 하였다. "최상이고 제일인 희유한 법"은 아뇩다라삼먁삼보리를 의미한다.

(2) 約義辨名勝(약의변명승 : 경의 제목만도 수승함)

여 법 수 지 분   제 십 삼
如法受持分 第十三(여법하게 수지하라)

---

75) '팔부신중'은 '천용팔부'라고도 하는데, 천(天), 용(龍), 야차, 건달바, 아수라, 가루라, 긴나라(인비인), 마후라가 등이다.

【경문 ③】

爾時須菩提白佛言 世尊 當何名此經 我等云何奉持 佛
이 시 수 보 리 백 불 언   세 존   당 하 명 차 경   아 등 운 하 봉 지   불

告須菩提 是經名爲金剛般若波羅蜜 以是名字汝當奉持
고 수 보 리   시 경 명 위 금 강 반 야 바 라 밀   이 시 명 자 여 당 봉 지

所以者何 須菩提 佛說般若波羅蜜 則非般若波羅蜜
소 이 자 하   수 보 리   불 설 반 야 바 라 밀   즉 비 반 야 바 라 밀

    그때 수보리가 부처님께 여쭈었다. "세존이시여! 이 경의 이름을 무엇이라 하오며, 저희들이 어떻게 받들어 지녀야 합니까?" 부처님께서 수보리에게 말씀하셨다. "이 경의 이름은 '금강반야바라밀'이니, 이 이름으로 너희들은 받들어 지녀라. 왜냐하면 수보리야, 부처가 반야바라밀이라 말한 것은 실로 반야바라밀이 아니기 때문이다."

해설 이 부분은 두 번째로 수승한 이유를 밝히는 대목이다. 그것은 경의 이름을 세워서 드러낸다. 왜냐하면 경의 이름은 내용을 대표적으로 표현하기 때문에 이름 그 자체가 수승하다는 것이다. 이미 앞 p.68 경명풀이에서 공부하였듯이 '금강(金剛, Vajracchedika)'은 제일 귀한 보석이며, 가장 단단한 물질이다. 마치 금강과 같은 이 경이 모든 번뇌를 부숴버린다. '반야(般若, prajna)'는 '지혜(智慧)'로 번역된다. 지혜는 모든 무명(無明)을 사라지게 한다. '바라밀(波羅蜜, Paramita)'은 '완성, 완전, 궁극'을 의미한다고 했다. 이처럼 경의 이름 속에는 번뇌를 부수고, 무명을 사라지게 하고, 이렇게 되게 하는 지혜를 완성한다는 내용이 있기 때문에 '금강반야바라밀'이라는 이름을 받아 지녀라 하고 있다.

다음은 경의 이름이 이렇게 수승한 이유를 밝힘과 동시에 한편으로는 경의 이름에 어떤 상을 취할 염려가 있어서 경의 이름이 어떤 실체를 가진 것이 아니라고 가르치고 있다. 이미 부처님께서 얻은 법도 없고, 설한 바도 없다고 했는데, 새삼 무슨 이유로 '금강반야바라밀'이라는 이름을 세울까? 하는 의문이 일어날 수 도 있기 때문에 그것을 해소시킨 것이 경문의 "佛說般若波羅蜜 則非般若波羅蜜"이다.

(3) 佛無異說勝(불무이설승 : 부처님은 딴 말씀이 없어 수승함)

【경문 ④】

須菩提 於意云何 如來有所說法不 須菩提白佛言 世尊
수보리 어의운하 여래유소설법부 수보리백불언 세존

如來無所說
여래무소설

"수보리야 너는 어떻게 생각하느냐? 여래가 설한 법이 있느냐?" 수보리가 부처님께 말하였다. "세존이시여! 여래께서는 설한 바가 없습니다."

해설 이 부분은 세 번째로 수승한 이유를 밝히는 대목이다. 앞에서 여러 번 여래는 얻은 법도 없고, 설한 법도 없다고 했다. 이것을 한 번 더 반복하여 가르치고 있는데, "여래가 설한 법도 없다."를 강조하여 수승함을 밝히고 있는 것이다. 그래서 제목이 '佛無異說勝(불무이설승)'이며, 부처님께서는 얻은 법도 없고, 설한 법도 없다고 말했기 때문에 당연히 다른 말씀이 없는 것이다.

(4) 施福劣塵勝(시복열진승 : 보시복덕은 티끌만도 못하므로 수승함)

【경문 ⑤】

須菩提 於意云何 三千大千世界所有微塵是爲多不 須
수보리 어의운하 삼천대천세계소유미진시위다부 수

菩提言 甚多世尊 須菩提 諸微塵如來說非微塵 是名微
보리언 심다세존 수보리 제미진여래설비미진 시명미

塵 如來說世界非世界 是名世界
진 여래설세계비세계 시명세계

"수보리야, 너는 어떻게 생각하느냐? 삼천대천세계에 있는 미진은 많다고 하겠느냐?" 수보리가 대답하였다. "많습니다. 세존이시여!" "수보리야, 모든 미진을 여래가 미진이 아니라고 말했으며, 이름하여 미진이라 하고, 여래가 세계를 세계가 아니라고 말했으며, 이름하여 세계라 하였다."

해설 이 부분은 네 번째로 수승한 이유를 밝히는 대목인데, "재물보시는 티끌만도 못하기 때문이다."를 이유로 들고 있다. 그 이유는 티끌은 무기(無記)이어서 선(善)도 악(惡)도 아니지만 재불보시는 번뇌의 원인이 된다는 것이다. 재물에 대한 집착은 3생에 걸쳐 일어난다고 한다. 재물을 벌기위해 한 생을, 재물을 쓰기위해 한 생을, 재물이 없어진 뒤에 가난하게 사는데 한 생, 이렇게 3생에 걸쳐 번뇌를 일으킨다는 것이다. 세친은 《금강반야바라밀경론》에서 "저 보배로 보시하는 복덕, 이것은 번뇌를 물들이는 원인이어서, 능히 번뇌의 일을 성취시키기 때문이다(彼珍寶布施福德是染煩惱因 以能成就煩惱事故)."라 하였고, "저 미진(티끌)은 번뇌의 체가 아니다(彼微塵非貪等煩惱體)."라 하고 있다.

이와 같이 재물보시는 미진(티끌)보다 공덕이 수승하지 못하다는 것이다. 그러나 이 경은 일체의 부처님과 아뇩다라삼먁삼보리를 낳는 것이기 때문에 티끌 보다 수승한 것은 당연하다는 것이다. 따라서 이 경의 4구게 만이라도 지니고, 타인에게 설해주면 그 공덕이 실로 말할 수 없이 크다는 것이다.

"모든 미진을 여래가 미진이 아니라고 말했으며"와 "여래가 세계를 세계가 아니라고 말했으며"는 세계를 가루로 낸 미진과 미진으로 이루어진 세계 모두가 제일의제에서는 실체가 없는 것을 말한다. "이름하여 미진이라 하고,"와 "이름하여 세계라 하였다."는 세속제 즉 세간으로 보면 없다고도 할 수 없음을 말하는데 실제로 있는 것이 아니다. 이 논리는 불적(拂跡)인데, 이미 설명하였다.

[불교의 세계(기세간)]

불교에서 유정(有情)들이 의지하는 세간(世間)을 의보(依報)라 하고 또 기세간(器世間)이라고 한다. 기세간은 삼계(三界) 즉 욕계(欲界), 색계(色界), 무색계(無色界)로 되어 있다. 불교에서 보는 세계(우주)는 자연과학(천체물리학)에서 보는 것과 달리 물질로 구성된 세계뿐만 아니라 정신세계도 포함하여 구성하고 있다.

1. 기세간(器世間)의 구조(構造)

불교에서 기세간을 구성하는 구조를 보면 허공 중에 풍륜(風輪)이 있고, 그 위에 수륜(水輪)이 있고, 수륜 위에 금륜(金輪)이 있다. 금륜 위에 총 아홉 개의 산이 있는데, 중심이 수미산(須彌山)[76]이고 수미산을 중심으로 여덟 개의 산(八山)이 있으며, 그 산 사이에 여덟⁷⁷ 개의 향수해(香水海)와 제일 바깥에 있는 철위산 밖에 또 향수해가 있어 모두 아홉 개의 향수해가 있다.

수미산과 첫 바깥 산인 유건다라(yugandhara, 쌍지)산 사이 향수해에 동, 서, 남, 북 사방에 사대주(四大洲)가 있다. 그중 남쪽에 위치한 남섬부주가 인간이 사는 곳이다.

지옥(地獄)은 인간이 사는 남섬부주 밑에 있는데, 지하로 이만(二萬)요자나⁷⁸를 내려가면 무간지옥(無間地獄)이 있고, 그 무간지옥위에 차례로 나머지 일곱 지옥이 있다.

아귀(餓鬼)와 아수라(阿修羅)는 남섬부주 밑 오백요자나를 지나서 염마왕국(琰魔王國)에 거처한다. 수미산 중턱부터 천계(天界)가 시작된다. 욕계 6천, 색계 18천, 무색계 4천 등 총 18천이 있다. 이상이 불교에서 보는 기세간의 구조인데, 불교에서 보는 세계는 이 기세간 하나만 있는 것이 아니라 이 기세간 1,000개가 모여 소천(小千)세계가 되고, 소천세계가 다시 1,000개가 모여 중천(中千)세계를 이루고, 중천세계가 다시 1,000개모여 대천(大千)세계가 된다. 이리하여 삼천대천(三千大千)세계가 되고 이 삼천대천세계가 불교에서 보는 기세간으로서의 세계이며, 이 삼천대천세계를 한 부처님이 제도하는 세계라 한다. 이 삼천대천세계가 의미하는 것은 결국 기세간이 끝이 없는 무변(無邊)하다는 것이고, 기세간이 무변하기 때문에 중생도 무변하다는 것이다.

그리고 유정(有情)들이 의지하는 거처를 중심으로 기세간을 보면 지옥부터 타화자재천(他化自在天)까지는 욕계(欲界)이고, 범중천(梵

---

76) 수미산을 묘고산(妙高山)이라고도 한다.
77) 보통 "9산 8해"라고 하는데 가장 외곽인 최외곽, 철위산 밖에 향수해가 있으므로 "9산 9해"가 된다.
78) 요자나를 유순(由旬)으로 한역한다. 인도의 거리단위로 1요자나(유순)는 384리(里)라 한다.

衆天)부터 색구경천(色究竟天)까지 18천은 색계(色界)이며, 공무변처(空無邊處)부터 비상비비상처(非想非非想處)까지 4처는 무색계(無色界)이다. 이 구조를 그림으로 표현하면 다음과 같다.

【기세간의 구조】

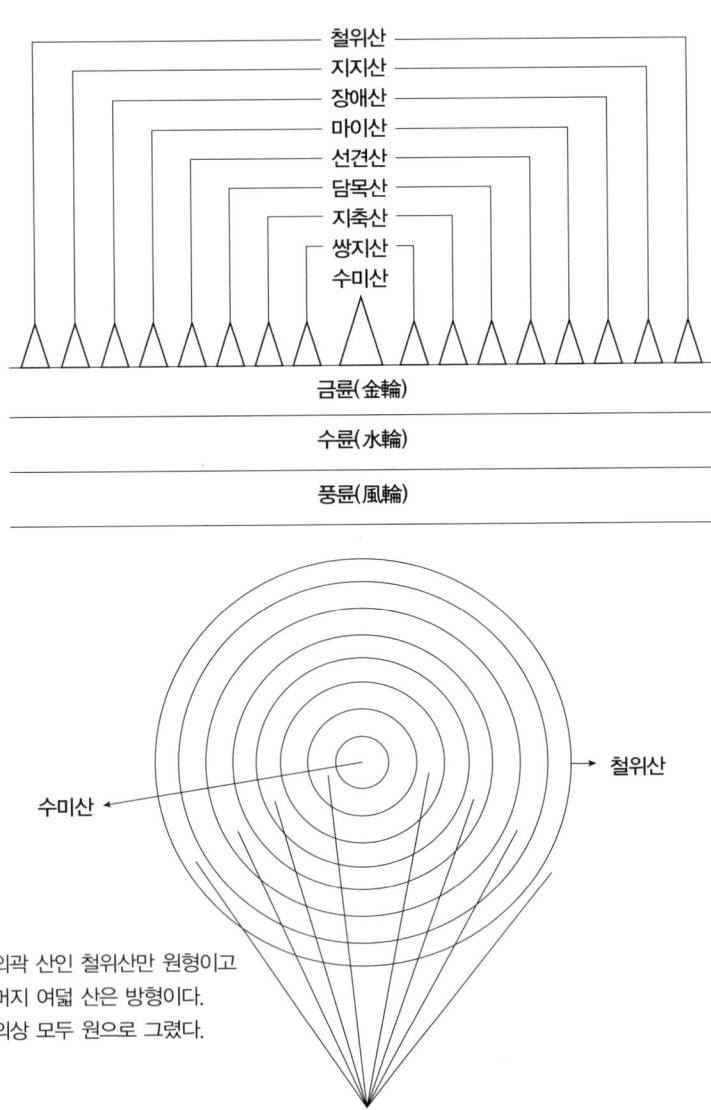

최외곽 산인 철위산만 원형이고
나머지 여덟 산은 방형이다.
편의상 모두 원으로 그렸다.

II. 욕계(欲界)

욕계는 다섯 가지 욕망(식욕, 수면욕, 재물욕, 음욕, 명예욕)이 있는 세계이기 때문에 욕계라 한다. 여기에는 지옥(地獄), 축생(畜生), 아귀(餓鬼), 아수라(阿修羅), 인간(人間), 욕계 6천이 있다.

1. 지옥(地獄)

지옥의 위치는 인간이 살고 있는 남섬부주 밑으로 지하 이만(二萬)요자나를 내려가면 무간지옥(無間地獄)이 있고, 무간지옥위로 일곱 종류의 지옥이 있다. 일곱 지옥은 극열(極熱), 염열(炎熱), 대규(大叫), 호규(號叫), 중합(衆合), 흑승(黑繩), 등활(等活) 등이다. 이리하여 모두 여덟 지옥(八大地獄)이 있다. 그리고 각 지옥의 4문(四門) 밖에 각각 4개소의 소지옥(小地獄)이 부속되어 있다. 또 팔대지옥(八大地獄) 옆에 팔한지옥(八寒地獄)이 있다.

2. 축생(畜生)

축생들의 거처는 물속(水中), 육지(陸地), 허공(虛空) 등 각 처(處)라 한다. 인간이 살고 있는 세계에 거처하고 있는 셈이다.

3. 아귀(餓鬼)와 아수라(阿修羅)

아귀와 아수라의 본래 처소는 염마왕국(琰魔王國)인데, 인간이 살고 있는 남섬부주 밑 오백(五百)요자나를 내려가면 있다고 한다. 그런데 아수라는 아귀와 달리 몸의 모습이 단정하고 위덕(威德)을 갖추고 있어 하늘 사람(天人)과 같다고 한다. 또 불법(佛法)에 귀의하여 불법을 수호하는 역할도 한다. 아귀는 항상 굶주리는 고통을 받고 있다.

4. 욕6천(欲六天)

1) 수미산(須彌山) 중턱에 사천왕천(四天王天)이 있다. 사천왕(四天王)은 동방(東方)에 지국천왕(持國天王), 서방(西方)에 광목천왕(廣目天王), 남방(南方)에 증장천왕(增長天王), 북방(北方)에 다문천왕(多聞天王, 또는 비사문천왕)의 세계이다. 사천왕은 모두 제석천왕(帝釋天王)을 모시고, 불법(佛法)을 수호하며, 불법에 귀의하는 사람을 수호하는 호법신(護法神)이다.

2) 수미산 정상에 제석천(帝釋天)이 있다. 제석천을 도리천(兜利天)이라고도 한다. 중앙에 희견성(喜見城)이 있는데, 제석천왕의 거처이다. 제석천왕을 바라문교에서는 인드라(Indra)신이라 한다. 희견성은 백 가지 보배로 꾸며져 있고, 지면(地面)은 평탄하고 금(金)으로 되어 있다. 이 희견성 밖 사방(四方)에 사원(四苑)이 있는데, 중거(重車), 추악(麤惡), 잡림(雜林), 희림(喜林)이 있어 모든 하늘 사람들이 함께 낙을 누린다. 각 사원에 8천이 있어 모두 32천이니 중앙의 희견성과 합하면 33천이 된다. 제석천과 사천왕천은 수미산의 지면에 닿아 있기 때문에 지거천(地居天)이라 한다. 반면에 제석천 위에 있는 야마천(夜摩天)부터는 수미산 허공에 있기 때문에 공거천(空居天)이라 한다. 공거천은 야마천, 도솔천(도솔천 내원궁에 미륵보살이 거처한다.), 화락천(자재천), 타화자재천이다. 이 공거천과 제석천, 사천왕천을 합하여 욕6천이라 한다. 왜냐하면 이들이 비록 천계(天界)이지만, 아직 다섯 가지 욕망을 떨쳐버리지 못했기 때문이다.

III. 색계(色界)

색계는 욕6천의 상방(上方)에 있는 제천(諸天)이다. 색계는 일정한 지형이 없고, 다만 유정(有情)들이 이 색계에 나고 죽을 때에 따라서 거처하는 천궁(天宮)이 나타나고 멸한다. 그리고 색계는 욕계의 다섯 가지 욕망을 버렸기 때문에 몸이 수승하여 몸에서 빛이 난다. 이 색계에 모두 18천이 있는데, 그 구분은 선정(禪定)에 어떠한 심소(心所)가 남아 있는가에 따라 나누어진다. 선정(禪定)은 4가지이고, 이것을 색계 4선정이라 한다. 색계에 태어나는 것은 유루복(有漏福)을 지어서 나는 것이 아니라. 선정의 힘으로 태어나는 세계이다. 유루복을 많이 지으면 욕계 6천에 화생한다. 색계 4선정과 18천의 구분은 다음과 같다.

구분	심소(心所)	천계(天界)
제4선(第4禪)	일심(一心), 사(捨)	선견천, 선현천, 색구경천 무상천, 무번천, 무열천 무운천, 복생천, 광과천
제3선(第3禪)	일심(一心), 낙(樂), 사(捨)	소정천, 무량정천, 변정천
제2선(第2禪)	일심(一心), 희(喜), 낙(樂), 사(捨)	소광천, 무량광천, 광음천
초선(初禪)	일심(一心), 심(尋), 사(伺) 희(喜), 낙(樂), 사(捨)	범중천, 범보천, 대범천

IV. 무색계(無色界)

무색계란 색(色)이 없는 순수한 정신세계를 말한다. 따라서 방소(方所)가 없고, 정(定)을 닦는 과보(果報)에 따라 4처(四處)로 나누어진다. 무색계의 특징은 순수한 정신세계이므로 ① 첫째, 안식(眼識)이 대상의 모습에 연(緣)하여 안으로 연상하여 구성하지 않는다. ② 둘째, 이식(耳識), 비식(鼻識), 설식(舌識), 신식(身識)이 각기 대상에 상대적인 연상작용을 하지 않는다. ③ 셋째, 대상에 대하여 갖가지 연상을 사유하지 않는다고 한다. 무색계 중생이 색계 중생과 다른 점은 5온으로 기준하여 색, 수, 상, 행은 없고, 식체(識體)와 식체의 번뇌만 남아 있으며, 이 식체에 의존해서 수명과 체온이 있고 생과 사를 받는다고 한다. 식체(識體)는 아뢰야식을 말한다.

수(受), 상(想), 행(行)은 전5식, 제6의식, 말나식의 심소인데, 수, 상, 행이 없다는 것은 무색계에서는 전칠식(前七識)의 심소가 작용하지 않는다는 것을 의미한다. 그러나 아뢰야식의 번뇌심소는 있어서 작용한다고 한다.

1. 공무변처(空無邊處)

색계 제4선을 닦은 자가 대상의 색상을 초월하여 색에 걸림이 없게 될 때, 들어가는 선정이다. 공무변이란 공(空)이 광대하여 끝이 없다는 것이다. 일체 모든 사물로 꽉 차 있는 세계가 마치 허공처럼 텅 비었다는 것이다. 사물에 대하여 집착을 버려 공(空)을 깨닫는 선정이다. 여기의 공무변처는 색에 대한 집착을 버려 색자재(色自在)는 이루었지만, 그 깨달은 공(空)에 집착하여 또 하나의 대상으로 삼고 있는 것이다.

2. 식무변처(識無邊處)

앞 공무변처에서 색이 공하다는 것을 알아서 색에 대한 집착은 떠났지만, 또 하나 공(空)을 대상으로 삼고 있는데, 이 공(空)을 집착하는 마음을 따지고 보면 식(識)이 그렇게 보고 있는 것이다. 따라서 공을 버리고 이 세계는 식(識)이 무변한 것임을 깨닫는 것이다. 이것이 식무변처의 선정이다. 사실 공무변처는 일체 사물로 차 있는 세계가 마치 허공처럼 텅비었음(空)을 깨닫는 것인데, 그 깨닫는 것을 따지고 보면 식(識)이라는 것이다. 따라서 식(識)이 무변하다는 것임을 안다.

3. 무소유처(無所有處)

위 식무변처에서 식이 무변하다는 것을 알았다. 그런데 이 식은 실체(實體)가 있는 것이 아니다. 즉 근본불각(根本不覺)인 무명(無明)에서 비롯된 것이다. 무명에서 능소(能所 : 주관과 객관)가 발생하고 그것이 식인 것이다. 따라서 식은 실체가 없다는 것을 깨닫는 선정이 무소유처정이다. 이렇게 되면 일체 모든 것(色이든, 空이든, 識이든)에 대하여 집심(執心)이 없어진다. 여기에는 당연히 집착이라는 번뇌가 사라진다.

4. 비상비비상처(非想非非想處)

식(識)마저 실체가 없는 것임을 깨달아도 아직 마지막 번뇌 "상(想)"이라는 심소가 남아있다. 상(想)이란 지각작용(知覺作用)을 말한다. 어떤 대상을 인식하고 그것을 언어로서 대상을 파악하는 것이다. 예를 들어 "이것은 책상이다"라고 인식하였을 경우, "책상"이라는 언어에 상응하는 물건이 있다고 인식하는 것이다. 이러한 언어에 의한 모종의 사고작용(思考作用)이 상(想)이라는 심소이고,

이것이 최후까지 남아 있는 것이다. 그리하여 "비상비비상처"란 상(想)의 작용이 있는 것도 아니고, 없는 것도 아닌 그러한 정신세계를 말한다. 이러한 상의 작용은 금강유정(金剛喩定)에 들어가야 소멸한다.

V. 기세간(器世間)의 생멸과정

위에서 살펴본 기세간은 변화하지 않는 것인가? 즉 생멸(生滅)하는가? 이다. 불교에서 일체는 불변하는 실체가 없다고 말한다. 따라서 기세간 역시 변화하여 생멸한다. 그것이 네 단계이니, 성(成), 주(住), 괴(壞), 공(空)의 단계로 변화한다는 것이다. 여기에 무량한 시간을 뜻하는 겁(劫)을 붙여 성겁, 주겁, 괴겁, 공겁이라 한다. 성(成)은 기세간이 성립하는 것을 말하고, 주(住)는 기세간이 머무는 단계이고, 괴(壞)는 기세간이 무너지는 단계이고, 공(空)은 기세간이 완전히 소멸하는 단계이다. 그리고 각 단계에서 걸리는 시간은 20소겁(小劫)이 소요되니 모두 80소겁[78]에 걸쳐 생멸한다. 《구사론》 권12에서 설명하고 있는 기세간의 성, 주, 괴, 공 과정은 다음과 같다.

1. 성겁(成劫)

기세간이 성립하는 것은 일체유정(一切有情)의 업증상력(業增上力) 때문이라 한다. 먼저 일체유정의 업증상력에 의하여 허공중에 미세한 바람(風)이 점차 일어나기 시작한다. 기세간이 장차 성립할 사전 모습인 것이다. 그리하여 바람(風) 더욱 증가하여 일대풍륜(一

---

78) 겁(劫)에 소겁(小劫), 중겁(中劫), 대겁(大劫)이 있다. 20소겁이 1중겁이고, 4중겁이 1대겁이다. 성, 주, 괴, 공으로 생멸하는 기세간은 1대겁이 걸린다.

大風輪)이 생기고, 다시 큰 구름을 일으켜서 풍륜 위에 수륜(水輪)이 생긴다. 이 수륜 위에 다시 큰 바람이 일어나서 수면(水面)을 쳐 응결시켜 금륜(金輪)이 생긴다. 그리고 금륜 위에 9산 9해(九山八海)가 생긴다는 것이다. 이리하여 유정들이 대지(大地)에 의지할 기세간이 성립된다. 이렇게 기세간이 성립하는 시간은 1소겁이다. 그리고 공거천(空居天)은 허공에 의지하기 때문에 대지(大地)를 요하지 않는다. 즉 풍륜이 생기기 전에 야마천(夜摩天) 이상 색계초선 대범천(大梵天)까지 먼저 성립하고, 그 후에 풍륜 이상 사천왕천, 삼십삼천(三十三天) 등이 성립한다.

다음은 유정(有情)들이 기세간에 태어나는 순서이다. 먼저 기세간이 파괴되어 공겁에 있을 때, 유정들은 색계이선(色界二禪) 이상에 있다. 이 유정들이 점차 하생(下生)하는 것이다. 최초 색계이선의 한 유정이 광음천(극광천)에서 내려와 대범천에 태어나 대범왕이 되고, 또 그 후에 모든 유정들이 극광천에서 내려와 범보, 범중, 타화자재천으로 점차 하생하고, 다음에 인(人), 아귀, 축생 내지 무간지옥에까지 하생하게 된다. 이 무간지옥에 하생하는 시기까지를 성겁(成劫)의 끝으로 본다. 여기까지 걸리는 시간은 19소겁이다. 따라서 대지인 기세간이 성립하는 1소겁과 유정이 무간지옥까지 하생하는 19소겁을 합하여, 성겁은 모두 20소겁이 소요된다. 20소겁은 1중겁에 해당한다.

2. 주겁(住劫)

기세간이 완성되어 유지되는 기간이 주겁이다. 주겁도 20소겁(1중겁)이다. 이때 유정의 수명(壽命)이 처음 1소겁 동안에는 무량한 수명에서 감소하여 십년(十年)에 이른다. 수명이 십년에 이르면 다시 증가하기 시작한다. 그리하여 다음 18소겁 동안은 수명의 증감이 반복되는데, 모두 18번이고, 증가할 때는 팔만세(八萬歲)까지 증가하고, 감소할 때는 십세(十歲)까지 감소한다. 그리고 마지막 20번째 1소겁 동안은 수명이 증가만 하여 팔만세가 된다. 여기에 이르면 기세간이 붕괴하기 시작한다.

이렇게 유정의 수명이 증감을 반복하는 동안 점차 탐(貪), 진(瞋)에 오염되어 소삼재(小三災)[79]가 발생된다. 즉 주겁 초에는 유정들이 색계와 같이 몸이 원만하고 단정하였으며, 몸에서는 빛이 났으며, 또 몸이 수승하여서 허공을 자재(自在)하게 다녔고, 기쁨과 즐거움을 음식으로 먹었다. 그러나 점차 아름다운 맛을 탐하여 씹어먹는 것을 취하게 되었으며, 그 결과 몸이 무거워져 허공을 자유롭게 다닐 수 있는 능력이 없어져 지상생활을 하게 되었으며, 몸에서 나오는 빛도 잃어버렸다. 이렇게 유정들이 취하는 음식이 점차 거칠어짐에 따라 그 더러움이 몸에 쌓이고, 이것을 제거하기 위해 두 갈래의 길이 생겼는데, 그것이 남(男)과 여(女)이다. 마지막 20번째 소겁 동안은 수명이 늘어난다고 하였는데, 그 이유는 소삼재를 경험하여 악(惡)을 뉘우치고, 점차 선심(善心)을 일으켜 십선업도(十善業道)를 행하기 때문이라 한다.

3. 괴겁(壞劫)

주겁이 지나면 기세간이 무너지는 괴겁이 오는데, 이것도 20소겁이 걸린다. 처음 19소겁 동안은 유정세간(有情世間)이 파괴되고, 마지막 1소겁 동안에 기세간이 파괴된다. 유정세간이 파괴는 순서는 성겁(成劫)과 반대다. 즉 지옥부터 파괴되기 시작하여 색계 제삼선천(際三禪天)까지 파괴된다. 여기서 파괴된다는 것은 예를 들어 지

---

[79] 소삼재(小三災)는 도병(刀兵), 질역(疾疫), 기근(饑饉)을 말한다.

옥에 태어나는 유정이 없다는 것이다. 따라서 지옥부터 색계 제3선천까지 태어나는 유정이 없는 것을 유정세간이 무너진다고 한다. 유정세간이 무너지고 없으면 유정들은 색계사선천(色界四禪天)이상을 의지처로 하여 머무른다. 이렇게 유정세간이 무너지면 기세간만 남는다. 기세간만 남게 되면 화재(火災), 수재(水災), 풍재(風災)의 삼재(三災)가 일어나 기세간이 무너진다. 먼저 일곱 개의 일륜(日輪)이 출현하여 그 화염(火焰)이 만물을 태워 없애는데, 가장 밑에 있는 풍륜, 수륜, 금륜으로부터 위로 색계초선(色界初禪)의 범궁(梵宮)에 이르기까지 모두 태워 없앤다. 이것이 화재(火災)이다. 다음은 수재(水災)가 일어나 색계이선천(色界二禪天)을 쓸어 없앤다. 마지막으로 풍재(風災)가 일어나 색계삼선천(色界三禪天)을 바람으로 날려 없앤다. 이리하여 기세간이 무너지는 것이다.

  색계사선(色界四禪)은 삼재(三災)가 미치지 않는데, 그 이유는 내심(內心)에 재(災)가 없기 때문에 바깥의 재(三災)가 미치지 않는다는 것이다. 즉 색계초선부터 색계삼선까지는 삼매(三昧) 중에 마음 안에 재(災)가 있어, 바깥의 재(災)와 동등한 까닭에 삼재가 미친다는 것이다. 그 이유는 초선에는 심(尋), 사(伺)라는 내재(內災)가 있어서 마음(心)을 태우는 것이 바깥의 화재(火災)와 같고, 제2선은 희수(喜受)라는 내재(內災)가 있어 마음을 윤습(潤濕)하는 것이 바깥의 수재(水災)와 같고, 제3선은 동식(動息)이라는 내재(內災)가 있어 이 동식은 풍(風)으로서 바깥의 풍재(風災)와 같기 때문이다.

  이와 같이 색계는 비록 삼매(三昧)중의 세계이지만 마음에 내재(內災)가 있기 때문에 외계(外界)의 재해(災害)가 미친다는 것이다. 그러나 제사선은 내재(內災)가 없기 때문에 외계의 재해가 미치지 않는 것이다.

4. 공겁(空劫)

이상과 같이 유정세간과 기세간이 무너져 없어지는 괴겁을 지나면 오직 허공(虛空)만 존재하게 된다. 이것이 공겁(空劫)이다. 이 기간도 20소겁이다. 이 20소겁이 지나면 다시 허공중에 미풍이 일어나 세계를 구성하는 성겁(成劫)이 시작되고, 주겁, 괴겁, 그리고 공겁을 겪는다. 이렇게 기세간은 성, 주, 괴, 공의 4주기로 끝없이 순환한다.

(5) 感果離相勝(감과이상승 : 받은 과위는 상과 달라서 수승함)

【경문 ⑥】

須菩提 於意云何 可以三十二相見如來不 不也世尊 不
수보리 어의운하 가이삼십이상견여래부 불야세존 불

可以三十二相得見如來 何以故 如來說三十二相卽是非
가이삼십이상득견여래 하이고 여래설삼십이상즉시비

相是名三十二相
상시명삼십이상

"수보리야, 너는 어떻게 생각하느냐? 삼십이상으로 여래를 볼 수 있겠느냐?" "그렇지 않습니다. 세존이시여! 삼십이상으로 여래를 볼 수 없습니다. 왜냐하면 여래께서 설하신 삼십이상은 실로 삼십이상이 아니라, 이름하여 삼십이상이라 하였기 때문입니다."

해설 이 부분은 다섯 번째로 수승한 이유를 밝히는 대목인데, 과위를 받되 상을 여의었기 때문에 수승하다는 것이다. 이미 보신을 수미산왕에 비유하여, 여래는 수미산왕(큰 몸)으로 볼 수 없다. 또

32상을 갖춘 화신으로도 여래를 볼 수 없다고 하였다. 오로지 모든 상을 떠난 "모든 상이 상아님(若見諸相非相)"을 알아야 실로 여래를 본다. 여기서의 여래는 법신(法身)을 말하는데, 바로 "諸相非相(제상비상)"을 가리킨다. 위의 경문은 다시 한 번 이것을 강조하고 있다. 다시 말하면 이 경 내지 이 경의 4구게 만이라도 지니고 외우면 모든 상이 상아님을 보게 되니 그 공덕이 바로 법신과 같다.

"삼십이상은 실로 삼십이상이 아니라"는 이 부분은 제일의제에서 보면 삼십이상은 실체가 없는 것임을 말하고, "이름하여 삼십이상이라 하였기 때문입니다."라는 이 부분은 위에서와 같이 세속제에서 보면 그렇다는 것이다. 이것도 불적의 논리이다.

2. 內財校量(내재교량 : 신명보시)

1) 校量勝劣(교량승열 : 수승함과 열등함을 가려냄)

【경문 ⑦】

須菩提 若有善男子善女人 以恒河沙等身命布施 若復
수보리 약유선남자선여인 이항하사등신명보시 약부

有人於此經中乃至受持四句偈等 爲他人說其福甚多
유인어차경중내지수지사구게등 위타인설기복심다

"수보리야, 만약 어떤 선남자 선여인이 항하의 모래 수와 같은 신명을 보시하고, 다시 만약 어떤 사람이 이 경중에 4구게 같은 것을 받아 지니고 다른 사람에게 설해 준다면, 이 복이(앞의 복보다) 심히 많으리라."

해설 여기서부터 무루지혜(無漏智慧)의 공덕을 비교를 통하여 수승함을 밝히는 두 가지 중에서 두 번째 신명보시(身命布施)와 비교하여 수승함을 밝히는 대목이다. 재물보시는 유루의 복이며, 또 번뇌의 원인이 된다고 하였다. 그 이유는 몸 밖의 재물로 보시했기 때문이다. 그렇다면 "만약 몸을 보시한다면 그렇지 않을 것이다."라는 생각을 할 수 있어 이에 대하여 밝히는 것이다. 세상에서 아무리 보시의 복이 크다 해도 자기의 몸을 보시하기는 정말 어렵다. 그 만큼 신명보시의 복이 크다. 신명보시의 대표적인 것이 석가모니부처님의 전생 이야기에 많이 나온다. 예컨대 설산동자가 나찰에게 몸을 보시한 것, 토끼가 아시다 선인에게 몸을 보시한 것 등이다.

이렇게 신명보시를 한 생만 하는 것이 아니라 세세생생 몸을 보시하면 그 복덕은 매우 많을 것이다. 그러나 이렇게 많은 복덕도 이 경의 4구게 하나를 지니고 외우는 복덕보다 못하다는 것을 이 대목에서 가르치고 있다. 그 이유는 신명보시는 보리로 나아가는 것이 아니고, 이 경의 4구게는 보리로 나아가기 때문이다. 결국 외재보시나 내재보시는 보리로 나아가지 못하기 때문에, 보리로 나아가는 이 경의 4구게의 복덕이 더 수승하다고 총괄적인 결론을 내리고 있다. 이와 같이 이해하고 경문을 읽으면 쉽게 이해할 수 있을 것이다. 다음부터는 그 수승한 이유를 풀이하고 있다(釋勝所以).

2) 釋勝所以(석승소이 : 수승한 이유를 풀이함)

이 상 적 멸 분   제 십 사
離相寂滅分 第十四(상을 여읜 것이 적멸임)

(1) 泣嘆未聞深法勝(읍탄미문심법승 : 처음 듣는 깊은 법)

【경문 ⑧】

爾時須菩提聞說是經深解義趣 涕淚悲泣而白佛言 希有
이 시 수 보 리 문 설 시 경 심 해 의 취   체 루 비 읍 이 백 불 언   희 유

世尊 佛說如是甚深經典 我從昔來所得慧眼 未曾得聞
세 존   불 설 여 시 심 심 경 전   아 종 석 래 소 득 혜 안   미 증 득 문

如是之經
여 시 지 경

그때 수보리는 이 경전을 설하시는 것을 듣고, 그 뜻을 깊이 이해하고 눈물을 흘리며 슬피 울면서 부처님께 말하였다. "희유하십니다. 세존이시여! 부처님께서 설하신 이와 같이 깊고 깊은 경전을 제가 혜안을 가진 이래, 일찍이 이와 같은 경전을 듣지 못했습니다."

해설 항하의 모래 수와 같은 많은 몸을 보시(身命布施)하여도 이 경의 4구게를 지녀서 타인에게 설해주는 공덕에 미치지 못하는 이유를 다섯 가지로 밝히는 중에서 첫 번째가 이 대목이다. 수보리는 공(空)의 이치를 깨달은 대아라한이다. 그러한 혜안(慧眼)을 가진 수보리가 깊고도 깊은 이 경전을 처음 듣는 것이라고 하여 그 수승함을 밝힌다. 혜안(慧眼)은 지혜의 다섯 가지 눈 중의 하나이다. 다섯 가지 지혜의 눈은 첫째, 육안(肉眼)으로 막힌 곳까지만 보는 우리들의 보통 눈을 말하며, 둘째, 천안(天眼)으로 색계의 천인이 소유하고 있는 눈인데, 아무리 먼 곳도 막힘없이 볼 수 있는 것을 말하고, 셋째, 혜안(慧眼)으로 이승(二乘)의 사람이 가진 눈인데 '공

(空)'의 이치를 아는 것을 말하며, 넷째, 법안(法眼)으로 보살이 모든 중생을 구하기 위해 일체의 법문(法門)을 조망하는 눈을 말하고, 다섯째, 불안(佛眼)으로 앞의 4가지 눈을 모두 갖춘 부처님의 눈을 말한다.

(2) 心淨契實具德勝(심정계실구덕승 : 진실에 계합함)

【경문 ⑨】

世尊 若復有人得聞是經 信心淸淨則生實相 當知是人
세존 약부유인득문시경 신심청정즉생실상 당지시인

成就第一希有功德 世尊 是實相者則是非相 是故如來
성취제일희유공덕 세존 시실상자즉시비상 시고여래

說名實相
설명실상

"세존이시여! 만약 어떤 사람이 이 경전을 듣고, 믿는 마음이 청정하면 곧 실상을 내니(깨달으니), 응당 이 사람은 제일 희유한 공덕을 성취하리라는 것을 알아야 합니다. 세존이시여! 이 실상이라는 것은 실로 상이 아닙니다. 그렇기 때문에 여래께서 이름하여 실상이라 하였습니다."

해설 이 부분은 신명보시보다 이 경의 4구게 만이라도 지니고 믿어서 타인에게 설해 주는 공덕이 더 큰 이유를 밝히는 두 번째 대목으로 다른 사람의 예를 들어 설명하고 있다. 그 이유는 이 경전 내지 4구게를 지녀서 믿으면 마음이 청정해지고 곧 실상을 알게 되기 때문이다. 그리고 실상을 알게 되는 것이 바로 제일의 희유한 공덕을 성취하는 것이다. "마음이 청정하면"은 어떤 사람이라도 이 경전을 읽고 지녀서 믿음을 내어 이 경전의 가르침대로 실천하면 자연히 마음이 청정해진다는 것이다. 이 경전의 가르침인 "諸相非相(제상비상), 모든 법에 실재하는 실체가 없음"을 확신하게 되면, 즉 제법의 실상이 공(空)임을 확실히 확신하면 모든 집착을 놓게 된다. 그렇게 되면 마음이 평온해지고 번뇌가 사라지니 마음이 청정해지는 것이 당연하다. 또 자신의 모든 집착을 놓게 되면 일체법의 실상(空)을 자연히 알게 된다. 이것을 경문에서 "則生實相(즉생실상, 실상을 내니)"이라 하고, "成就第一希有功德(성취제일희유공덕), 제일의 희유한 공덕을 성취"라 하고 있다.

또 한편으로는 이렇게 제일의 희유한 공덕 즉 제법의 실상을 성취하였다고 하는 상(相)에 빠질 염려가 있으므로 그것을 깨뜨리기 위하여 "是實相者則是非相(시실상자즉시비상), 是故如來說名實相(시고여래설명실상) 실상이라는 것은 실로 상이 아닙니다. 그렇기 때문에 여래께서 이름하여 실상이라 하였습니다."라고 가르치고 있다(拂跡). 다시 말해서 위에서 말했듯이 실상이란 일체제법의 공을 말하는 것이므로 어떤 정해진 법이 아니다. 그러니 실상은 실로 상이 아닌 것이다. 그렇지만 그러한 것을 이름을 붙여야 중생에게 전달할 수 있으므로 세속제로 이름을 붙여 놓은 것을 설명한 경문이 "是故如來說名實相"이다.

(3) 信解三空同佛勝(신해삼공동불승 : 삼공을 깨달음)

【경문 ⑩】

世尊 我今得聞如是經典 信解受持不足爲難 若當來世
세존 아금득문여시경전 신해수지부족위난 약당래세

後五百歲 其有衆生得聞是經信解受持 是人則爲第一希
후오백세 기유중생득문시경신해수지 시인즉위제일희

有何以故 此人無我相人相衆生相壽者相 所以者何 我
유하이고 차인무아상인상중생상수자상 소이자하 아

相卽是非相 人相衆生相壽者相卽是非相 何以故 離一
상즉시비상 인상중생상수자상즉시비상 하이고 이일

切諸相則名諸佛
체제상즉명제불

"세존이시여! 제가 지금 이 경전을 듣고 믿고 이해하여 받아들이는 것이 어렵지 않으나, 만약 미래의 후오백세에 어떤 중생이 이 경전을 듣고 믿고 이해하여 받아 지닌다면, 이 사람은 실로 제일 희유할 것입니다. 왜냐하면 이 사람은 아상, 인상, 중생상, 수자상이 없기 때문입니다. 그 이유는 아상은 실로 상이 아니며, 인상. 중생상. 수자상도 실로 상이 아니기 때문입니다. 왜냐하면 일체의 모든 상을 여읜 것을 곧 부처라 이름하기 때문입니다."

해설 이 부분은 미래의 중생을 예를 들어 수승함을 밝히고 있다. 수보리와 같은 아라한들이 이 경전을 받아 지녀서 믿고 이해하는 것은 어렵지 않다. 그러나 미래의 후오백세 중생이 이 경전을 받아 지녀서 믿고 이해하기는 어려울 것이다. 그래서 미래의 중생이 이 경전을 받아 지녀서 믿고 이해하는 것은 참으로 희유하다는 것이다. 그리고 그 이유를 밝히는데, 3중 구조로 되어 있다. ① "왜냐하면 이 사람은 아상. 인상, 중생상, 수자상이 없기 때문입니다." ② "그 이유는 아상은 실로 상이 아니며 인상, 중생상, 수자상도 실로 상이 아니기 때문입니다." ③ "왜냐하면 일체의 모든 상을 여읜 것을 곧 부처라 이름하기 때문입니다." 차례대로 살펴본다.

"이유 ①"은 "미래의 후오백세 중생이 왜 이 경전을 받아 지녀서 믿고 이해하는가?"에 대한 대답이다. 그 답은 아상, 인상, 중생상, 수자상 즉 사상(四相)이 없기 때문이다. 흔히 이 대목을 '아공(我空)'을 통달한 것이라 한다. 아공을 통달하였다는 것은 '나'를 부정하기 때문이다. 여기서 사상(四相)이 없다고 하는데, 사상이 없으면 '나'를 부정하기 때문에 아공(我空)을 통달한다.

"이유 ②"는 "왜 아상 등(四相)이 없게 되었나?"에 대한 대답이다. 그 답은 아상 등은 실로 상이 아니기 때문이라 한다. 사상이라는 법의 실체를 관해보니 실재하는 실체라는 것이 없음을 알게 되었다는 것이다. 흔히 이 대목을 '법공(法空)'을 통달한 것이라 한다. 그리고 진정한 아공을 통달하려면 법공을 통달하지 않고는 아공을 통달할 수 없다. 앞 "정신희유분 제7"에 그 내용이 나온다.

왜냐하면 이 모든 중생이 만약 마음에 상을 취하면 바로 아, 인, 중생, 수자에 집착하는 것이기 때문이며, 만약 법이라는 상을 취하여도 아, 인, 중생, 수자에 집착하는 것이다.

법상을 취하면 즉 법공을 통달하지 못하면 사상에 집착한다는 것이다. 이처럼 사상(四相)이 실제로 없어지려면 사상에 대하여 법공을 통달하여야만 된다. 따라서 법공을 통달하지 않으면 사상도 없어지지 않는다는 결론이다.

"이유 ③"은 "왜 아, 법의 두 가지 상이 없게 되었나?"에 대한 대답이다. 그 답은 일체의 모든 상을 여의었기 때문이라 한다. 일체의 모든 상을 크게 두 가지로 나누어 볼 수 있는데, 아상(我相)과 법상(法相)이다. 아상은 용(用)에 대한 미혹이고, 법상은 체(體)에 대한 미혹이라 하였다. 즉 아상과 법상은 이 두 가지 법에 실재하는 실체가 있다고 여기는 고정관념이다. 이 두 가지 고정관념을 타파하면 일체의 모든 상이 상 아님을 보게 된다(諸相非相). 즉 모든 법의 실상을 본다. 모든 법의 실상을 보는 것이 여래를 보는 것이라 하였는데, 여기의 여래는 화신이나 보신의 여래가 아니라 법신을 말한다. 그렇다고 법신이라는 어떤 정해진 법이 있는 것이 아니지만, 세간으로 볼 때(세속제) 이름을 붙여 '여래'라 한다. 그리고 "이유 ③"을 흔히 '구공(俱空)'을 통달한 것이라고 풀이한다. ①에서 아공을 깨닫고, ②에서 법공을 깨닫고, ③에서 구공을 깨닫는다. 그래서 이 대목의 제목이 "信解三空同佛勝(신해삼공동불승), 삼공을 깨달음"이다.

　　(4) 聞時不動希有勝(문시부동희유승 : 듣고 놀라지 않음)
　～(5) 大因淸淨第一勝(대인청정제일승 : 큰 인과가 청정함)

【경문 ⑪】
佛告須菩提 如是如是 若復有人得聞是經 不驚不怖不
불 고 수 보 리　여 시 여 시　약 부 유 인 득 문 시 경　불 경 불 포 불

畏 當知是人甚爲希有 何以故 須菩提 如來說第一波羅
외　당 지 시 인 심 위 희 유　하 이 고　수 보 리　여 래 설 제 일 바 라

蜜(卽)[80]非第一波羅蜜 是名第一波羅蜜
밀 (즉)　비 제 일 바 라 밀　시 명 제 일 바 라 밀

　　부처님께서 수보리에게 말씀하셨다. "이와 같고, 이와 같다. 만약 어떤 사람이 이 경전을 듣고 놀라지 않고 겁내지 않고 두려워하지 않는다면, 이 사람은 매우 희유한 사람임을 알아야한다. 왜냐하면 수보리야. 여래가 제일바라밀이라고 말한 것은 (실로) 제일바라밀이 아니라, 이름하여 제일바라밀이기 때문이다."

해설　이 부분은 신명보시보다 수승한 이유를 드는 다섯 가지 중 네 번째와 다섯 번째이지만, 실제로는 수승한 이유를 밝힘으로서 그에 따르는 집착을 깨뜨리는 부분이다.

　　먼저 종밀이 분류한 위의 제목으로 살펴보면 "佛告須菩提 如是如是 ～ 當知是人甚爲希有"까지가 (4)聞時不動希有勝(듣고 놀라지 않음)이고, "何以故 ～ 是名第一波羅蜜"까지가 (5)大因淸淨第一勝(큰 인과가 청정함)이다. (4)는 이 경의 4구게를 지닌 공덕이 항하의 모래와 같은 수로 몸을 보시한 공덕보다 수승한 것을 듣고 놀라지 않으면 그는 희유한 사람이기 때문에 수승하다는 것이다.

　　그리고 이 경의 4구게만 지녀도 그 공덕이 신명보시보다 수승하다는 것은 이 경을 지니는 공덕을 말할 필요가 없다는 것을 반증하는 것도 된다. (5)는 4구게를 지닌 공덕이 신명보시보다 더 훌륭한 것은 4구게를 지닌 것이 큰 원인이며 청정하여서 제일이기 때문에 수승하다는 것이다. 그리고 경문에서 "何以故～" 이하는 이 경을 듣고 놀라지 않는 사람을 희유하다고 한 것에 대하여 이유가 무엇

---
80) 《신수대장경》에는 '卽(즉)'이 없음.

인가를 밝히는 부분이다. 왜냐하면 이 경은 모든 부처님께서 의지하여 성불하였으므로 큰 원인이 되며, 모든 부처님께서 똑 같이 설하였기 때문에 청정하며, 모든 법 중에서도 으뜸가는 법이기에 제일이라 한다. 미륵은 이것을 다음과 같이 게송으로 읊고 있다.

大因及淸淨(대인급청정) 큰 원인과 청정은
福中勝福德(복중승복덕) 복 중에도 수승한 복덕이네

이상이 통상적으로 주석하는 방법인데, 이와 달리 위의 (4)를 수승함을 밝히는 부분으로 보지 않고, (4)와 (5)를 합쳐 수승함을 밝힘에 의하여 뒤따를 집착을 깨뜨리는 부분으로 해설할 수 도 있다.

이렇게 보면 (4)는 앞의 (2)와 (3)에서 말한 이 경전의 가르침을 이해하고 믿고 수지하는 사람이며, 실상을 내는 사람이고 가장 희유한 공덕을 성취하는 사람을 다시 한 번 가리키는 것이라 한다. 즉 (4)에서 "만약 어떤 사람이 경전을 듣고 놀라지 않고 겁내지 않고 두려워하지 않는다면" 그 사람은 이 경전의 가르침을 이해하여 믿고 수지하는 사람일 것이고, 실상을 내는 사람일 것이며, 가장 희유한 공덕을 성취하는 사람이라는 것이다. 그러니 희유하다는 것이다.

그리고는 놀라지 않고 겁내지 않고 두려워하지 않아서 희유한 사람이 제일바라밀을 성취했다는 집착을 가질 염려가 있어 이를 깨뜨리는 말씀이 이어지니 "여래가 제일바라밀이라고 말한 것은 (실로) 제일바라밀이 아니라, 이름하여 제일바라밀이기 때문이다."라 하고 있다. 여기서의 '제일바라밀'은 육바라밀 중 첫 번째 '보시바라밀'을 말하는 것이 아니라 가장 으뜸가는 바라밀이라는 의미이다. 이 가장 으뜸가는 바라밀은 바로 이 경전의 가르침인 '반야바라밀'

을 말한다. 여래가 이 경전을 듣고 놀라지 않고 겁내지 않고 두려워하지 않으면, 매우 희유한 사람이라 하였는데, 그 희유한 이유가 제일바라밀에 집착하지 않기 때문이다. 왜냐하면 제일바라밀이란 어떤 실재하는 실체가 있는 것이 아니라는 것(제일의제)이고, 다만 세간으로 보기(세속제)에 가르치기 위해서 이름을 붙인 것뿐이라는 것이다.

8

지 설 미 탈 고 과 의
持說未脫苦果疑

(이 경을 지녀도 괴로운 과보는 벗어날 수 없는 것 아닌가? 라는 의문)

    이 부분의 의문은 이 경을 지니는 공덕이 신명보시와 비교하여 수승함을 밝히는 데서 비롯된 것이다. 먼저 보살행은 상구보리(上求菩提) 하화중생(下化衆生)하는 실천행인데, 모든 중생으로 하여금 무여열반에 들도록 제도하겠다는 서원을 세우고, 육바라밀을 닦되 상에 집착하지 않는 것을 말한다.

    이와 같은 보리심을 발한 보살이 모든 부처를 낳은 이 경전의 가르침을 믿고 수지하여 중생들에게 설해 주는 것이 보살의 입장에서 보면 역시 신명보시라 할 수 있다. 신명보시가 재물보시 보다 공덕이 수승하지만 신명보시도 재물보시와 마찬가지로 생사윤회의 과보를 면할 수 없는 것이므로, 보살행을 하는 즉 이 경전을 수지하고 설하는 것도 역시 괴로운 과보를 벗어날 수 없는 것 아닌가? 하는 의문이 생긴다는 것이다.

    이 의문에 대한 답은 두 가지이다. 첫째, 경문 '1'에서는 사상(四相)이 없이 하는 보살행은 그렇지 않은 신명보시와는 달리 괴로운 과보를 받지 않는다는 것이다. 둘째, 경문 '2'에서는 경문 '1'에서 밝혔듯이 사상(四相) 없이 하는 보살행은 괴로운 과보를 받지 않으므로 모든 상을 여의고 보살행을 하라는 것이다.

五. 27 겁의 의문

[1]

須菩提 忍辱波羅蜜如來說非忍辱波羅蜜 何以故 須菩
수보리 인욕바라밀여래설비인욕바라밀 하이고 수보

提 如我昔爲歌利王割截身體 我於爾時無我相無人相無
리 여아석위가리왕할절신체 아어이시무아상무인상무

衆生相無壽者相 何以故 我於往昔節節支解時 若有我
중생상무수자상 하이고 아어왕석절절지해시 약유아

相人相衆生相壽者相應生瞋恨 須菩提 又念過去於五百
상인상중생상수자상응생진한 수보리 우념과거어오백

世作忍辱仙人 於爾所世無我相無人相無衆生相無壽者
세작인욕선인 어이소세무아상무인상무중생상무수자

相
상

"수보리야, 인욕바라밀을 여래는 인욕바라밀이 아니라고 말한다. 왜냐하면 수보리야, 내가 옛날 가리왕에 의해 신체가 갈기갈기 찢길 적에, 나는 그때 아상이 없었고, 인상이 없었고, 중생상이 없었으며, 수장상이 없었다. 왜냐하면 내가 옛날에 신체가 마디마디 찢길 적에 만약 아상, 인상, 중생상, 수자상이 있었다면 마땅히 분노하고 원한을 내었을 것이다. 수보리야, 또 과거 오백생 동안 인욕선인이었을 때를 생각하면, 그때에도 아상이 없었고, 인상이 없었고, 중생상이 없었으며, 수자상이 없었다."

[2]

是故須菩提 菩薩應離一切相發阿耨多羅三藐三菩提心
시고수보리 보살응이일체상발아뇩다라삼먁삼보리심

不應住色生心 不應住聲香味觸法生心 應生無所住心
불응주색생심 불응주성향미촉법생심 응생무소주심

若心有住則爲非住 是故佛說菩薩心不應住色布施 須菩
약심유주즉위비주 시고불설보살심불응주색보시 수보

提菩薩爲利益一切衆生 應如是布施 如來說一切諸相卽
리보살위이익일체중생 응여시보시 여래설일체제상즉

是非相 又說一切衆生則非衆生
시비상 우설일체중생즉비중생

"① 그러므로 수보리야, 보살은 마땅히 모든 상을 버리고 아뇩다라삼먁삼보리의 마음을 내어야 하니, ② 마땅히 색에 머물러서 마음을 내어서는 안 되고, 마땅히 성, 향, 미, 촉, 법에 머물러서 마음을 내어서는 안 되며, 마땅히 머무르지 않는 마음을 내어야 한다. 만약 마음에 머무는 것이 있으면, 곧 머무는 것이 아니다. 그러므로 부처님께서는 '보살은 마땅히 색에 머무는 마음으로 보시해서는 안 된다.'고 말하였다. ③ 수보리야, 보살은 일체 중생을 이익 되게 하기 위하여, 마땅히 이와 같이 보시하여야 한다. 여래께서 일체의 모든 상이 실로 상이 아니라고 말하고, 또 일체 중생이 실로 중생이 아니라고 말한다."

[1]

이 부분은 사상(四相) 없이 즉 모든 상을 여읜 보살행은 그렇지 아니한 신명보시와는 달리 괴로운 과보를 받지 않음을 밝히는 대목인데, 여기도 세 부분으로 나누어 볼 수 있다. ① 인욕바라밀의 실체(참 모습)를 밝혀서 상이 없는 보살행은 그렇지 않은 다른 것과 달리 괴로운 과보를 받지 않음을 간접적으로 밝힌다(須菩提 忍辱波羅蜜如來說非忍辱波羅蜜). ② 부처님의 전생 경험을 통해 괴로운 과보를 받지 않음을 밝힌다(何以故 須菩提 ~ 若有我相人相衆生相壽者相應生瞋恨). ③ 또 다생에 계속된 인욕을 밝힌다(須菩提 ~ 於爾所世無我相無人相無衆生相無壽者相).

먼저 ①을 보면 인욕바라밀의 실체(참 모습)를 밝히는 대목인데, "인욕바라밀을 여래는 실로 인욕바라밀이 아니다."라는 것이 인욕바라밀의 참 모습임을 여래께서 말한다. 인욕바라밀은 육바라밀 중 세 번째로 보살이 실천해야 하는 보살행으로서 아무리 힘든 고난도 참고 견디는 것을 말한다. 그런데 인욕은 괴로움을 받는 어떤 주체가 있어야 한다. 그 무언가를 받는 주체가 있어야 하는데, 그 주체가 없으면 대상이 없다. 즉 참고 견뎌야 할 대상이 없다. 중생은 참고 견디는 주체를 '나'라는 실체를 인정하고, 그 '나'가 참고 견디는 주체라 한다. 그런데 먼저 '아공(我空)'을 통달하면 '나'라는 실체가 부정되므로 참고 견디는 주체가 없다. 따라서 인욕바라밀을 행하는 주체가 없다. 주체가 없으면 대상이 없기 때문에 행하여야 할 인욕이 없다. 그러므로 인욕바라밀이라는 실체가 없다. 이것이 바로 인욕바라밀의 참 모습이다. 그리하여 부처님께서는 "인욕바라밀이 실로 인욕바라밀이 아니다."라고 하여 인욕바라밀의 참 모습을 가르쳐서 간접적으로 상이 없는 보살행이 괴로운 과보를 받지 않음을 밝혔다.

②는 부처님의 전생 경험을 통해 상이 보살행은 괴로운 과보를 받지 않음을 밝힌다. 부처님께서 전생에 가리왕에게서 신체를 갈기갈기 찢기는 고통을 받는 이야기가 《대반열반경》에 나온다.

부처님께서 전생에 남천축의 부단나성의 바라문 집안에 태어났다.

그 나라에는 가라부[81]라는 왕이 있었는데, 성격이 포악하고 교만하였다. 그 때 수행자(부처님)는 성 밖에서 고요히 삼매를 닦고 있었다. 때는 꽃이 만발한 봄이라 가리왕이 궁녀들을 데리고 성 밖으로 나와 나무 아래에서 오욕을 즐기고 있었다. 그때 궁녀들이 왕을 떠나 수행자에게 다가오자, 수행자는 탐욕을 끊어주기 위해 법을 설하였다. 그때 가리왕이 이것을 보고는 나쁜 마음이 생겨, "대덕이여 무엇을 계라 하는가?"라고 묻자, 수행자는 "대왕이여, 인욕을 계라 합니다."라고 말했다. 이때 가리왕은 "만약 인욕이 계라면 너의 귀를 자를 것이니, 만약 능히 참을 수 있다면 계를 지닌 줄 알겠다." 그리고는 귀를 잘랐다. 그 때 왕의 신하들이 이것을 보고 이런 대사(大士)에게 해를 입혀서는 안 된다고 하였다. 그러자 왕이 어떻게 대사인줄 아는가? 라고 묻자, 신하들은 고통을 받을 때 안색이 변하지 않았다고 대답했다. 그러자 왕이 안색이 변하는지 안 변하는지 시험을 해보겠다며 코와 손, 발을 잘랐다. 그 때 수행자는 이미 한량없는 세월동안 자비를 닦아왔으므로 중생을 불쌍히 여겼다. 그때 사천왕이 이것을 보고 분노하여 벼락을 내리치니 가리왕이 두려워하여 수행자에게 무릎을 꿇고 참회하였다. 그때 수행자는 "대왕이여, 나는 마음에 분노가 없는 것이 탐욕이 없는 것과 같습니다." 왕이 "대덕이시여, 어떻게 분노와 원한이 없는지 알 수 있습니까?"라고 묻자, 수행자는 "만약 내게 진실로 분노와 원한이 없다면, 내 몸이 전처럼 회복되리라"하였다. 그러자 곧 몸이 회복되었다.

이와 같은 부처님의 전생 경험을 통해 상이 없는 인욕행을 말하여 괴로운 과보를 받지 않음을 밝히는 것이다. 부처님께서는 그 때

---

81) 보통 가라부를 가리왕이라 한다.

신체가 찢겨지는 고통을 받을 때, 사상(四相)이 없었다. 사상이 없었기 때문에 그런 인욕이 가능하다는 것이다. 그러면 어떻게 사상이 없는지 알 수 있는가? 그것은 만약 신체가 갈기갈기 찢길 적에 분노와 원한의 마음이 일어나면 사상이 있는 것이기 때문에, 분노와 원한의 마음이 일어나지 않았으므로 사상이 없다는 것이다. 그리고 여기서 왜 인욕바라밀이 실로 인욕바라밀이 아닌가에 대한 답을 인욕바라밀의 실상은 사상이 없는 것임을 들어 증명하고 있다.

③은 다생에 계속된 인욕을 밝히는 대목이다. 이 부분에서 왜 오백생을 걸쳐 행하는 인욕을 밝히는 것일까? 하는 의문이 생길 수 있다. 장수자선의《금강경찬요간정기》에서 "혹시 사람들이 그저 한 번 정도는 그렇게 인욕할 수 있겠지"라고 생각할 염려가 있어서, "사람들이 잠시 동안이니까 인욕할 수 있겠지"라고 생각할 염려가 있어서, "무슨 이유가 있으니까 그렇게 인욕할 수 있었겠지"라고 생각할 염려가 있어서 그것을 불식시키려고 오백생에 걸쳐 인욕을 했다는 것이다. 그리고 오백생에 걸쳐 인욕행을 할 수 있었던 것은 사상이 없었기 때문에 가능했음을 밝히는 취지이다.

[2]

이 부분은 위 [1]에서 말한 인욕에 안주하기 위하여 모든 상을 여의고 보살행을 할 것을 권유하는 대목이다. 여기서도 세 부분으로 나누어 볼 수 있다. ① 총괄적으로 표현하는 부분(是故須菩提 菩薩應離一切相發阿耨多羅三藐三菩提心), ② 앞 ①에서 총괄적으로 표현한 것에 대하여 구체적으로 설명하는 부분(不應住色生心 ~ 是故佛說菩薩心不應住色布施), ③ 마지막으로 결론지어서 대승불교의 목적인 중생에게 이익 되는 행을 하라는 부분(須菩提 菩薩爲利益一切衆生 ~

又說一切衆生則非衆生)이다.

먼저 ① 총괄적인 표현인 "그러므로 수보리야, 보살은 마땅히 모든 상을 버리고 아뇩다라삼먁삼보리의 마음을 내어야 하니"에서 '그러므로'는 앞의 설명을 이어받았다는 뜻이다. 따라서 이 대목은 모든 상을 버리지 않고는 진정한 인욕행을 성취할 수 없다는 것을 이어받은 의미이다. 위 ③에서 보았듯이 모든 상을 버리지 않고는 한두 번 정도 인욕은 할 수 있을지 모르지만 세세생생 인욕할 수 없다는 것이다.

② 다음은 ①을 구체적으로 설명하는 부분이다. 모든 상을 어떻게 버릴 것인가? 그것은 육경(六境) 즉 색, 성, 향, 미, 촉, 법에 머무는 마음이 있어서는 안 된다는 것이다. 육경에 마음이 머문다는 것은 우리의 모든 인식계가 인식하는 대상에 집착을 가진다는 것이다. 그렇게 되면 상을 버린 것이 아니기 때문이고, 어떻게 아뇩다라삼먁삼보리의 마음을 낼 수 있겠는가? 이다. 이 육경에 대하여 상을 버리라는 것은 "묘행무주분 제4"와 "장엄정토분 제10"에도 나오는데, 모두 같은 구조이기 때문에 이것과 대조해 보면 이해가 쉽다.

"또 수보리야, 보살은 법에 응당 머물러 있는 생각 없이 보시를 해야 하니, 소위 색(형상)에 머물지 않고 보시하며 성(소리), 향(향기), 미(맛), 촉(감촉), 법(생각의 대상)에 머무르지 않고 보시해야 하느니라. 수보리야, 보살은 응당 이와 같이 보시하되 상에 머물지 않아야 한다. ~ 보살은 무릇 응당 이렇게 가르쳐 준 대로 머물러야 한다." 「묘행무주분 제4」

"그러므로 수보리야, 모든 보살마하살은 응당 이와 같이 청정한 마음을 내어야 하니, 응당 색에 머무는 마음을 내어서는 안 되며, 응당 색, 성, 향, 미, 촉, 법에 머무는 마음을 내어서도 안 된다. 응당 머물지 않는 마음으로 마음을 내어야 한다." 「장엄정토분 제10」

위의 '2'의 경문과 "장엄정토분 제10"에서는 '마음'으로 되어 있고, "묘행무주분 제4"에서는 '보시'라 되어 있지만 모두 어떤 대상에도 집착하는 마음이 없어야 한다는 것이다. 이것이 진정한 보살행이다. 그리고 경문의 "만약 마음에 머무는 것이 있으면, 곧 머무는 것이 아니다."의 "곧 머무는 것이 아니다."라는 대목은 "묘행무주분 제4"의 "~ 보살은 무릇 응당 이렇게 가르쳐 준 대로 머물러야 한다."에서 가르쳐 준대로 머무는 것이 아니라는 것이다. 또 가르쳐 준대로 머무는 것이란 "장엄정토분 제10" 끝 부분 "응당 머물지 않는 마음으로 마음을 내어야 한다."라는 것에 머무는 것을 말한다.

③ 세 번째는 결론에 해당하는 대목으로 대승불교의 목적인 중생에게 이익 되는 보살행을 하라는 것이다. 보살이 상구보리(上求菩提)하는 이유가 중생제도인데, 중생을 제도하는 것이 바로 중생을 궁극적으로 이익 되게 하는 것이다. 경문에서는 '보시'라고 되어 있지만 반드시 보시만을 가리키는 것이 아니라 인욕을 포함한다. 그래야만 때로는 중생이 거스르는 행동을 하여도 화를 내거나 싫증을 내지 않고 진정한 인욕바라밀에 안주할 수 있다.

경문의 마지막 부분인 "여래께서 일체의 모든 상이 실로 상이 아니라고 말하고, 또 일체 중생이 실로 중생이 아니라고 말했다."라는 의미는 인욕바라밀을 행할 때, "너는 중생이다"라는 중생상이 있게 되면 화를 내고 싫증을 내기 때문에 중생이 본래는 중생이 아니라고 해야 한다. 그렇기 위해서는 모든 상이 실로 상이 아니라고 해야 한다.

무착은 이 부분을 "이미 중생을 위해 보시를 행하였다면 어떻게 그에게 화를 내겠는가? 중생이라는 생각이 없지 않기 때문에 중생이 거스를 때, 곧 피곤한 마음을 내는 것이니 그래서 인무아와 법무아를 나타내어 보인 것이다."[82]라 풀이하고 있다. 이와 같이 무착의 풀이로 경문을 보면 전반부인 "일체의 모든 상이 실로 상이 아니라(一切諸相卽是非相)"는 법무아를, 후반부인 "일체 중생이 실로 중생이 아니라(一切衆生則非衆生)"는 인무아를 말하는 것이다.

    이상으로 살펴보면 보살의 모든 고행이 상을 여의면 진정한 인욕에 안주하고, 성취하여 괴로운 과보를 받지 않는다.

---

82) 김윤수 지음, 반야심경, 금강경 읽기, 마고북스, p.423.

9

능증무체비인의
能證無體非因疑

(언설은 허무한 것이기 때문에 보리의 인이 아닐 것이라는 의문)

이 부분은 앞에서 본 세 번째 의문과 일곱 번째 의문으로부터 온 의문이다. 세 번째 의문은 "의법출생분 제8"에서 "삼천대천세계에 가득한 칠보로 보시하여도 이 경의 4구게만을 지니고 다른 사람에게 말해주는 공덕보다 못하다."이고, 일곱 번째 의문은 "존중정교분 제12"에서는 이 경전을 수지하고 독송하는 공덕은 한량없는 재물보시와 신명보시 보다 수승하다고 하였다. 그 이유는 재물보시와 신명보시는 보리(菩提)로 나아가는 것이 아니지만, 경전의 수시 독송은 보리로 나아가기 때문이다. 따라서 이 경전이나 이 경전의 4구게는 언설(言說)인데, 이 언설이 원인이 되어 결과인 보리를 얻는 것이다. 그런데 언설은 실상(實相)이 없는 유위법(有爲法)이고, 보리는 실상(實相)이 있는 무위법(無爲法)이다. 실상이 없는 유위법인 언설이 원인(因)이 되어 실상이 있는 무위법인 보리라는 결과(果)를 어떻게 얻을 수 있는가? 따라서 언설은 보리의 원인(因)이 아니라는 의문이 생긴다는 것이다.

須菩提 如來是眞語者 實語者 如語者 不誑語者 不異
수보리 여래시진어자 실어자 여어자 불광어자 불이

語者 須菩提 如來所得法此法無實無虛
어 자　수보리　여래소득법차법무실무허

"수보리야, 여래는 참된 말을 하는 자이며, 진실을 말하는 자이며, 있는 그대로 말하는 자이며, 속이지 않는 말을 하는 자이며, 다르지 않는 말을 하는 자이니라. 수보리야, 여래가 얻은 법은 실체가 없지만 헛된 것도 아니다."

해설　위에서 본 의문에 대한 답을 경문에서는 두 단계로 나누어진다. ① 첫째, 여래는 진실을 말하는 자이므로 의심을 내지 말라는 것이다. 경문에서는 동일한 뜻을 가진 여러 가지 말로 표현하고 있는데, 진실을 말하는 자임을 강조하는 것이다. 이 대목에 대해 통상적으로 해설하는 것[83]을 보면 『"참된 말(眞語)"이란 대승의 보리법 등으로서 중생 누구에게나 불성이 있다는 말씀 등이며, "실다운 말(實語)"이란 소승의 4제법 등으로서 인과의 법칙을 설명한 말씀이며, "여실한 말(如語)"이란 대승에는 진여의 법이 있다고 말하는 것들이며, "다르지 않는 말(不異語)"이란 중생은 누구나 끝내 수기를 받을 수 있다고 말하는 것 등이니, 이런 말들은 모두가 중생을 "속이지 않는 말(不誑語)"로 통일 된다.』라 하고 있다.

② 또 그러한 의심을 끊으면 혹 "언설 속에 보리가 있지 않겠는가? 하는 생각을 내거나, 보리는 결국 없는 것이다"라고 생각할 염려가 있어 보리는 실체가 있는 것이 아니지만 그렇다고 허망한 것이 아니라는 것을 밝혀서 '진공묘유(眞空妙有)'의 도리를 가르치고 있다.

---

83) 김월운 스님 강술, 금강경 강화, 동문선, p.149.

10
여변유득무득의
如徧有得無得疑
(진여는 두루한데 어찌 얻는 사람도 있고 얻지 못하는 사람도 있는가?)

이 부분도 위 9와 마찬가지로 앞 경문에 이어지는 의문이 아니고 "무득무설분 제7"에서 온 의문인데, "무득무설분 제7"의 말미에 "일체현성은 모두 무위법으로써 차별이 있기 때문입니다(一切賢聖皆以無爲法而有差別)."라고 한 부분에서 온 것이다. 무위법은 보통 진여(眞如)[84]라고도 한다. 이 무위의 진여는 법계에 두루 상주하고 있는데, 어떻게 성인들에게 차별이 있는가? 라는 의문(여기에 대한 답은 "무득무설분 제7"에서 이미 밝혔다.)이 생기고, 나아가 "무엇 때문

---

84) 진여(眞如)의 의의에 대하여 《대승기신론》에 『심진여라함은 일법계대총상법문의 체이니, 이른바 심성(心性)은 생기는 것도 아니고, 없어지는 것도 아니다. 일체 모든 법은 오직 망념(妄念) 때문에 차별이 있으니 만약 망념을 버리면 곧 일체 경계상(境界相)이 없을 것이다. 그러므로 일체법이 본래 언설상(言說相), 명자상(名字相)을 떠나 있고, 심연상(心緣相)을 떠나 있어 필경 평등하고, 변화거나 달라지지 아니하고, 파괴될 수 없으며, 오직 이 일심(一心)이기 때문에 진여라고 이름 한다.』라 하고 있다. 일법계(一法界)라는 것은 온 우주의 일체제법(객관계와 주관계 모두)의 영역을 말하고, 대총상(大總相)이라 함은 그러한 온 우주의 일체제법의 모습을 말한다. 법문(法門)은 일법계대총상을 다른 말로 표현한 것이다. 심진여가 이 일법계대총상의 체(體)라 하고, 그것은 오직 이 일심(一心)이라 하면서, 또한 진여(眞如)라고 한다. 따라서 『진여(眞如)란 일법계대총상의 체』이며, 일심(一心) 즉 우리 마음의 본 성품이며, 생기는 것도 아니고, 없어지는 것도 아니라는 것이다. 여기서 "생기는 것도 아니고, 없어지는 것도 아니다"라는 것은 진여(眞如)는 유위법(有爲法) 즉 생멸(生滅)하는 연기소생(緣起所生)이 아니라 무위법(無爲法)이라는 것이다.

에 이 진여를 얻은 사람도 있고, 얻지 못한 사람도 있는가?"라는 의문이 생긴다는 것이다. 여기에 대한 답은 두 가지인데, 첫째, 경문 '1'에서 비유를 들어 설해 주고 있다. 둘째, 이 경전의 공덕을 찬탄하는 것인데 나머지 경문들이다.

[1]

須菩提 若菩薩心住於法而行布施 如人入闇則無所見
수보리 약보살심주어법이행보시 여인입암즉무소견

若菩薩心不住法而行布施 如人有目日光明照見種種色
약보살심부주법이행보시 여인유목일광명조견종종색

"수보리야, 만약 보살이 법에 머무르는 마음으로 보시하면, 마치 이 사람은 어둠 속에 들어가 아무것도 볼 수 없는 것과 같고, 만약 보살이 법에 머무르는 마음이 없이 보시하면, 마치 이 사람은 햇빛이 밝게 비추어 가지가지의 형상을 볼 수 있는 눈을 가진 것과 같다."

해설 이 부분은 "무엇 때문에 이 진여를 얻은 사람도 있고, 얻지 못한 사람도 있는가?"라는 위의 물음에 대한 첫 번째 답으로 비유를 들어 설하고 있는데, 그다지 어렵지 않다. 진여를 얻은 사람은 법에 머무르는 마음이 없기 때문이며, 진여를 얻지 못한 사람은 법에 머무르는 마음이 있기 때문이라 한다. 법에 머문다는 것은 법에 집착이 있다는 것이다. 법에 머물지 않는 마음이 되면 자연히 지혜가 나타난다. 지혜는 일체제법의 실상을 보는 것인데, 마치 햇빛이 비치면 모든 사물을 명명백백하게 보는 것과 같다.

이와 반대로 법에 머무는 마음이 있는 것은 지혜가 없으니 마치 어둠 속에 들어가 아무것도 볼 수 없는 것과 같다는 것이다. 그래서 경문에서 지혜(반야)는 태양과 눈에 비유하였고, 번뇌는 어둠으로, 제법의 실상은 형상으로 비유하여 설하였다.

[2]
須菩提 當來之世若有善男子善女人 能於此經受持讀誦
수보리 당래지세약유선남자선여인 능어차경수지독송

則爲如來以佛智慧悉知是人 悉見是人 皆得成就無量無
즉위여래이불지혜실지시인 실견시인 개득성취무량무

邊功德
변공덕

"수보리야, 미래의 세상에 만약 선남자, 선여인이 능히 이 경전을 수지하고 독송하면, 곧 여래가 부처의 지혜로 이 사람들을 다 알고 다 보니, 모두 무량무변한 공덕을 성취하리라."

해설 이 부분은 위의 의문에 대한 두 번째 답으로 경전의 공덕을 총괄적으로 찬탄하는 것이다. 미래의 세상에 이 경전을 수지하고 독송하는 공덕은 무량무변인데, 틀림없이 성취한다는 것이다. 그러니 이 경전의 공덕이 얼마나 수승한가를 부처님께서 직접 설하신다. 그것은 부처님의 지혜로 다 알고, 다 본다는 것이다. 이 말은 부처님 이외에는 틀림없이 다 알고 다 볼 수 없다는 뜻도 있다. 그리고 이 부분의 구조는 앞 "정신희유분 제6"과 같다. "정신희유분 제6"에서는 "세존이시여 무릇 어떤 중생이 있어서 이러한 말씀을 듣고 진실한 믿음을 낼 수 있겠습니까? ~ 여래는 이 모든 중생이 이와 같은 한량없는 복덕을 받는 것을 다 알고 다 본다."라 하여 "믿음"을 내는 것을 다 보고 다 안다는 것이고, 여기서는 이 경을 수지하고 독송하면 진여를 얻는 것을 다 보고 다 안다는 것이다.

持經功德分 第十五(경을 지니는 공덕)
지 경 공 덕 분   제 십 오

① 須菩提 若有善男子善女人 初日分以恒河沙等身布
　　수보리 약유선남자선여인 초일분이항하사등신보

施 中日分復以恒河沙等身布施 後日分亦以恒河沙
시 중일분부이항하사등신보시 후일분역이항하사

等身布施 如是無量百千萬億劫以身布施 若復有人
등신보시 여시무량백천만억겁이신보시 약부유인

聞此經典信心不逆其福勝彼 何況書寫受持讀 誦爲
문차경전신심불역기복승피 하황서사수지독 송위

人解說
인 해 설

② 須菩提 以要言之 是經有不可思議不可稱量無邊功德
　　수보리 이요언지 시경유불가사의불가칭량무변공덕

③ 如來爲發大乘者說 爲發最上乘者說
　　여래위발대승자설 위발최상승자설

④ 若有人能受持讀誦廣爲人說 如來悉知是人悉見是人
　　약유인능수지독송광위인설 여래실지시인실견시인

皆得成就不可量不可稱無有邊不可思議功德 如是人
개 득 성 취 불 가 량 불 가 칭 무 유 변 불 가 사 의 공 덕   여 시 인

等則爲荷擔如來阿耨多羅三藐三菩提
등 즉 위 하 담 여 래 아 뇩 다 라 삼 먁 삼 보 리

⑤ 何以故 須菩提 若樂小法者 着我見人見衆生見壽者
하 이 고   수 보 리   약 낙 소 법 자   착 아 견 인 견 중 생 견 수 자

見 則於此經不能聽受讀誦爲人解說
견   즉 어 차 경 불 능 청 수 독 송 위 이 해 설

⑥ 須菩提 在在處處若有此經 一切世間天人阿修羅所
수 보 리   재 재 처 처 약 유 차 경   일 체 세 간 천 인 아 수 라 소

應供養 當知此處則爲是塔 皆應恭敬作禮圍繞以諸
응 공 양   당 지 차 처 즉 위 시 탑   개 응 공 경 작 례 위 요 이 제

華香而散其處
화 향 이 산 기 처

"① 수보리야, 만약 어떤 선남자, 선여인이 아침에 항하의 모래 수와 같은 몸으로 보시하고, 낮에도 다시 항하의 모래 수와 같은 몸으로 보시하고, 저녁에도 역시 항하의 모래 수와 같은 몸으로 보시하여, 이와 같은 무량백천만억겁 동안 몸을 보시하여도, 만약 어떤 사람이 이 경전을 듣고 믿는 마음으로 비방하지 않는다면, 그 복이 저 복(몸으로 보시한 복)보다 수승하다. 하물며 쓰고 받아 지니고 독송하며 다른 사람에게 해설해 줌이겠는가.

② 수보리야, 요지만 말하자면, 이 경에는 생각할 수 없고, 헤아

릴 수 없고, 한계가 없는 공덕이 있으니,

③ 여래가 대승의 마음을 낸 자를 위하여 설하며, 최상승의 마음을 낸 자를 위하여 설하는 것이다.

④ 만약 어떤 사람이 능히 수지하여 독송하고 널리 다른 사람에 설해 준다면, 여래는 이러한 사람들을 다 알고, 이러한 사람들을 다 보아서, 이러한 사람 모두가 헤아릴 수 없고 말할 수 없으며 한계가 없고 생각할 수 없는 공덕을 성취하리니, 이러한 사람들은 곧 여래의 아뇩다라삼먁삼보리를 감당할 것이다.

⑤ 왜냐하면 수보리야, 만약 작은 법(小乘法)을 즐기는 자는 아견, 인견, 중생견, 수자견에 집착하므로 이 경전을 능히 듣지도 않고, 수지하지도 않고, 독송하지도 않으며, 다른 사람에게 해설해 주지도 않기 때문이다.

⑥ 수보리야, 어디에나 이 경전이 있는 곳이면, 일체세간의 천인, 인간, 아수라들이 공양을 올릴 것이니, 이곳은 곧 탑과 같으므로 모두가 공경히 예배하고 돌면서 여러 가지 꽃과 향을 그곳에 흩을 것임을 알아야 한다.”

해설 위 경문 ②는 이 경전을 수지독송하는 공덕을 총괄적으로 찬탄하는 것이라 하였다. 여기서는 다음의 "能淨業障分(능정업장분) 제16"과 함께 이 경전의 수지독송하는 공덕을 10가지로 구체적으로 밝히고 있다. 규봉 종밀은 "지경공덕분 제15"에서 6가지와 "능정업장분 제16"에서 4가지로 밝히고 있는 이 경전을 수지독송하는 10가지 공덕의 각 부분에 4자의 제목을 붙이고 있다. 이에 따라 설명한다.

① 捨命不如(사명불여, 목숨을 버리는 것보다 수승함)
경문에서 항하의 모래 수와 같은 목숨을 보시(신명보시)하여도 이 경전을 듣고 믿는 마음으로 비방하지 않는 공덕보다 못하다고 한다. 게다가 쓰고 받아 지니고 독송하며 다른 사람에게 설해주는 공덕은 더 말할 필요가 없다는 것이다. 그리고 쓰고, 받아 지니고, 독송(書寫受持讀誦)하는 것은 자리행(自利行)이며, 다른 사람에게 설해 주는 것(爲人解說)은 이타행(利他行)이다.

② 餘乘不測(여승불측, 다른 승은 헤아리지 못함)
경문에서 "수보리야, 요지만 말하자면 이 경에는 생각할 수 없고, 헤아릴 수 없고, 한계가 없는 공덕이 있으니"는 다른 근기는 그 공덕을 헤아리지 못한다는 것이다. 무착은 "생각할 수 없다(不可思議)"는 것은 오직 스스로 깨달아야 하기 때문이라 하며, "헤아릴 수 없다(不可稱量)"는 것은 이와 같거나 이보다 나은 것이 없기 때문이라 한다. 그러므로 이 경에 인연이 없는 사람은 이 경의 공덕을 추측조차 할 수 없다는 것을 간접적으로 가르치고 있다.

③ 依大心說(의대심설, 대승의 마음을 낸 사람을 위해 설하다)
이 경전은 대승(大乘)과 최상승(最上乘)에 나아가고자 마음을 낸 사람을 위해 설하는 것이라 한다. 산스크리트어본에는 앞부분은 대승(大乘)이 아니라 "agra-yāna, 최상승"으로 되어 있고, 뒷부분의 최상승은 "śrestha-yāna, 최승승(最勝乘)"으로 되어 있다. 대승과 최상승이란 "대승정종분 제3"에서 말한 '주(住)'에 해당한다. '주(住)'란 "마음을 어디에 둘 것인가?"인데 보살의 서원이라 하였다. 그것은 사심(四心)으로 광대심(廣大心), 제일심(第一心), 상심(常心), 부전도심(不顚倒心)이다. 이 경전은 이토록 깊은 뜻이 있으므로 아

무에게나 말해줄 수 없고, 오직 대승과 최고의 마음을 낸 사람을 위해서만 설해 준다는 취지이다. 미륵게 제35송에 이 경문의 취지를 다음과 같이 읊고 있다.

非餘者境界(비여자경계)   다른 사람의 경계가 아니라
唯依大人說(유의대인설)   오직 대인을 위해 설하니
及希聞信法(급희문신법)   듣기를 바라거나 법을 믿는 사람
滿足無上界(만족무상계)   위 없는 경계를 만족하리라.

④ **具德能傳**(구덕능전, 덕을 갖춘 자만이 능히 전할 수 있다)

경문에서 이 경전을 능히 수지하여 독송하고 널리 다른 사람에게 설해 준다면, ~ 곧 여래의 아뇩다라삼먁삼보리를 감당한다고 되어 있는데, 위 ①에서 본 자리행과 이타행을 하면 이 사람이 곧 아뇩다라삼먁삼보리를 감당한다는 것이고, 또 헤아릴 수 없고, 말할 수 없으며, 한계가 없고, 생각할 수 없는 공덕을 성취함을 여래가 분명히 본다고 확실하게 말하고 있다. 경문의 "여래가 ~ 이러한 사람들을 다 알고, 다 보아서"는 앞 "정신희유분 제6"과 "이상적멸분 제14"에도 나오고 있다. 이처럼 이 경전의 수지독송과 광위인설에 대한 공덕을 찬탄하고 있는 것이다.

⑤ **樂小不堪**(낙소불감, 소승법을 즐기는 자는 감당하지 못함)

이 부분은 왜 대승과 최상승을 위해서만 설하고 소승에게는 설하지 않는 이유를 밝히는 대목이다. 그 이유는 아공(我空)은 통달했지만 법공(法空)을 알지 못하는 소승법을 즐기는 사람은 결국 사상(四相, 아견, 인견, 중생견, 수자견)에 집착하기 때문에 이 경전의 깊은 뜻을 알지 못한다. 따라서 이런 사람들은 이 경전을 듣지도 않고, 독

송하지도 않고, 다른 사람들에게 해설해 주지도 않기 때문에 설하지 않는다는 것이다.

⑥ 所在如塔(소재여탑, 이 경전이 있는 곳은 탑과 같다)
이 부분은 앞 "존중정교분 제12"에서 "~ 이 경전이 있는 장소는 부처님이 계시는 것과 제자들이 계시는 것과 같다."와 같은 대목이다. 특별한 어려움이 없으므로 설명을 생략한다.

能淨業障分 第十六 (능정업장분 제십육, 능히 업장을 소멸시킴)

⑦ 復次須菩提 善男子善女人受持讀誦此經 若爲人輕
부차수보리 선남자선여인수지독송차경 약위인경

賤 是人先世罪業應墮惡道 以今世人輕賤故 先世罪
천 시인선세죄업응타악도 이금세인경천고 선세죄

業則爲消滅 當得阿耨多羅三藐三菩提
업즉위소멸 당득아뇩다라삼먁삼보리

⑧ 須菩提 我念過去無量阿僧祇劫 於然燈佛前 得値八
수보리 아염과거무량아승지겁 어연등불전 득치팔

百四千萬億那由他諸佛 悉皆供養承事無空過者 若
백사천만억나유타제불 실개공양승사무공과자 약

復有人於後末世 能受持讀誦此經所得功德 於我所
부유인어후말세 능수지독송차경소득공덕 어아소

供養諸佛功德 百分不及一 千萬億分乃至算數譬喻
공양제불공덕 백분불급일 천만억분내지산수비유소

所不能及
불능급

⑨ 須菩提 若善男子善女人於後末世 有受持讀誦此經
수보리 약선남자선여인어후말세 유수지독송차경

所得功德我若具說者 或有人聞心則狂亂狐疑不信
소득공덕아약구설자 혹유인문심즉광란호의불신

⑩ 須菩提 當知是經義不可思議果報亦不可思議
수보리 당지시경의불가사의과보역불가사의

⑦ "또 수보리야, 선남자 선여인이 이 경을 수지독송하여 만약 남에게 천대를 받는다면, 이 사람은 전생에 지은 죄업으로 응당 악도에 떨어져야 하지만, 지금 세상 사람들로부터 천대를 받기 때문에 전생의 죄업이 모두 소멸하고 반드시 아뇩다라삼먁삼보리를 얻을 것이다."

⑧ "수보리야, 내가 과거 한량없는 아승지겁 동안 연등불 이전까지 팔백사천만억나유타 부처님을 만나서 모두 다 공양하고 받들어 섬기며 그냥 지나친 적이 없음을 기억한다. 만약 어떤 사람이 미래의 말세에 능히 이 경을 수지독송하여 얻는 공덕은 내가 모든 부처님에게 공양하여 얻은 공덕으로는 백분의 일에도 미치지 못하고, 천만억분 내지 어떤 산수나 비유로도 미치지 못하느니라."

⑨ "수보리야, 만약 선남자 선여인이 미래의 말세에 이 경을 수지독송하여 얻는 공덕을 내가 모두 다 말하면 혹 어떤 사람이 듣고 마음이 어지러워져서 여우처럼 의심하고 믿지 않을 것이

다."

⑩ "수보리야, 이 경은 불가사의하고 과보 역시 불가사의함을 마땅히 알아야 한다."

해설

⑦ **轉罪爲佛**(전죄위불, 죄를 감하고 부처를 이룸)

이 대목은 이 경을 수지독송하면 남에게 천대를 받는 것이 예상된다는 것이며, 그리고 천대를 받아 보리에서 물러서는 것을 막기 위하여 그 사람이 과거에 지은 죄업이 모두 소멸되며, 특히 반드시 아뇩다라삼먁삼보리를 이룬다는 것을 설하여 이 경의 공덕이 수승함을 말하고 있다.

우리는 어떤 사람이 절에 열심히 다니면서 《금강경》을 열심히 독송하지만, 일이 잘 안 풀리는 것을 본다. 그런 사람을 보면 경을 읽어도 소용이 없고, 부처님의 영험이 없는 것이 아닌가? 하는 의문이 생길 수 있다. 이런 사람은 원래 전생에 죄업이 두터워서 금생에 고생하는 것은 어쩔 수 없다. 왜냐하면 전생에 지은 죄업의 과보이기 때문이다. 그리고 이 사람은 지은 죄업이 너무 두텁기 때문에 다음 생에 악도(惡道)에 떨어지는 과보를 받게 되는데, 《금강경》을 읽는 공덕으로 다음 생에는 악도에 떨어지지 않고, 죄업도 소멸한다는 것이다. 게다가 이 사람을 《금강경》을 읽은 공덕으로 반드시 아뇩다라삼먁삼보리를 얻는 다는 것을 이 대목에서 가르치고 있다. 아뇩다라삼먁삼보리는 물론 반드시 금생에 얻는 것이 아니지만 미래세 언젠가는 얻는다는 것이다.

또 다른 사람으로부터 《금강경》을 읽어 봐야 아무런 영험도 없는데, 어리석게 읽을 필요가 있는가? 하는 천대를 받을 수 있다. 남으로부터 이와 같은 천대를 받으면 경을 읽고 싶은 마음이 사라질 수도 있다. 그래서 이것을 막기 위하여 경을 읽는 공덕이 한량없이 수승함을 알려서 퇴전함을 막고 있다.

⑧ 超事多佛(초사다불, 여러 부처님을 섬긴 공덕을 초월함)

이 부분은 부처님 자신이 전생에 수많은 부처님에게 공양을 올리고 모신 공덕이 이 경을 수지독송하는 공덕에 미치지 못함을 들어, 이 경의 공덕이 수승함을 밝히고 있다. 다시 말하면 복은 가장 크게 짓고 경을 가장 작게 지녀도 경을 지니는 공덕이 크다고 하는데, 그 이유는 복은 보리(菩提)로 나아가지 못하지만, 경을 수지독송하는 것은 보리로 나아가기 때문이다.

'아승지(asamkhya, 아승기라고도 읽음)'는 무수(無數)라고도 번역되며 인도에서 최고로 큰 수를 나타내는 숫자이다. '겁(kalpa)'은 한량없는 오랜 시간을 나타내는 시간 단위이다. '아승지겁'을 계산하면 우리가 가장 큰 수를 '경'이라 하는데, 1경의 3백억 제곱 년이 된다고 한다. '나유타(nayuta)' 역시 한량없는 수를 나타내는 단위인데, 일반적으로 천억이라 한다. '산수(算數)'는 셈, '비유'는 비교인데, 이 역시 수효의 단위이다.

⑨ 具聞則疑(구문즉의, 다 들으면 의심을 한다)

경문에서 "이 경을 수지독송하여 얻는 공덕을 내가 모두 다 말하면 혹 어떤 사람이 듣고 마음이 어지러워져서 여우처럼 의심하고 믿지 않을 것이다."라 하고 있다. 이 경전의 공덕을 다 밝히지 않았는데, 만약 모두 구체적으로 다 말하면 사람들이 반드시 의심할 것이라는 의미이다.

⑩ **總結幽邃**(총결유수, 이 경을 지니는 공덕이 매우 깊다는 사실을 총체적으로 맺음)

마지막으로 이 경의 수지독송하는 공덕이 매우 깊음을 총체적으로 결론을 내리고 있는데, "이 경은 불가사의하고 과보 역시 불가사의함을 마땅히 알아야 한다."라 하고 있다.

지금까지 이 경전의 공덕을 비교를 통하여 밝히는데, 모두 다섯 번이다. ① 삼천대천세계의 칠보로 보시하는 것과의 비교(의법출생분 제8), ② 항하의 모래 수와 같은 삼천대천세계를 칠보로 보시하는 것과의 비교(무위복승분 제11), ③ 1개 항하의 모래 수와 같은 신명보시와의 비교(여법수지분 제13), ④ 한량없는 항하의 모래 수와 같은 신명보시와의 비교(지경공덕분 제15), ⑤ 그리고 "능정업장분 제16"의 '경문⑧'과 '경문⑩'인데, 더 이상 비교하여 찬탄할 말이 없으므로 여기서 총결을 내린 것이다.

11 주수항복시아의
住修降伏是我疑
(머무르고 닦고 항복시키는 것도 '나'가 아닌가? 라는 의문)

여기서는 수보리의 최초의 질문에 대한 부처님의 답과 지금까지의 10가지 의문에서 이 부분의 의문이 나온 것이다. 최초의 질문은 "선남자 선여인 아뇩다라삼먁삼보리의 마음을 내고서는 어떻게 머물러야 하고 닦고 항복받아야 하는가?"인데, 이에 대한 부처님의 답변은 보살은 사심(四心 ; 광대심, 제일심, 상심, 부전도심)에 머물러서 6바라밀을 닦되 사상(四相) 등 상을 여의어야 한다는 것이다. 그리고 10가지 의문에 대한 공통적인 답은 상을 여의어야 한다는 것이다. 이러한 가르침에 의하면 '나'라는 것이 없다. 그런데 '나'가 없다면 누가 사심에 머무르고 6바라밀을 행하며, 항복을 받는가? 라는 의문이 일어날 수 있다. 즉 수행의 주체가 없다는 의문이 일어난다는 것이다. 그리하여 이에 대한 답은 열네 번째 의문까지 이어지는데, "끝내 '나'가 없다." 다시 말하면 끝내 '나'를 없애라는 것이다. 수행의 주체인 '나'라는 것에 상이 있으면 올바른 수행이 될 수 없다는 것이다. 이에 대해 미륵게 42송은 다음과 같이 읊고 있다.

於內心修行(어내심수행)   내심으로는 수행을 한다고 하면서
存我爲菩薩(존아위보살)   '나'가 있다 하고 보살이라 여기면

此卽障於心(차즉장어심) 이것이 곧 마음을 장애하여
違於不住道(위어부주도) 머묾이 없는 도에 어긋난다.

구 경 무 아 분   제 십 칠
究竟無我分 第十七(끝내 '나'라는 것이 없다)

爾時須菩提白佛言 世尊 善男子善女人發阿耨多羅三藐
이시수보리백불언 세존 선남자선여인발아뇩다라삼먁

三菩提心 云何應住云何降伏其心 佛告須菩提 善男子
삼보리심 운하응주운하항복기심 불고수보리 선남자

善女人發阿耨多羅三藐三菩提者 當生如是心 我應滅度
선여인발아뇩다라삼먁삼보리자 당생여시심 아응멸도

一切衆生 滅度一切衆生已而無有一衆生實滅度者 何以
일체중생 멸도일체중생이이무유일중생실멸도자 하이

故須菩提 若菩薩有我相人相衆生相壽者相則非菩薩 所
고수보리 약보살유아상인상중생상수자상즉비보살 소

以者何 須菩提 實無有法發阿耨多羅三藐三菩提心者
이자하 수보리 실무유법발아뇩다라삼먁삼보리심자

그때 수보리가 부처님께 여쭈었다. "세존이시여! 선남자 선여인이 아뇩다라삼먁삼보리의 마음을 내고는 어떻게 머물러야 하고, 어떻게 그 마음을 항복받아야 합니까?" 부처님께서 수보리에게 말씀하셨다. "① 선남자 선여인이 아뇩다라삼먁삼보리의 마음을 내고는 마땅히 이와 같은 마음을 내어야 한다. '나는 마땅히 일체중생을 열반에 이르도록 제도하리라' 일체중생을 열반에 이르도록 제도한 후 '그러나 한 중생도 실로 제도되지 않았다' ② 왜냐하면 수보리야, 만약 보살이 아상, 인상, 중생상, 수자상이 있다면 곧 보살이 아니기 때문이다. ③ 그 까닭이 무엇인가? 수보리야, 아뇩다라삼먁삼보리의 마음을 낸 사람이라고 하는 법이 실로 없기 때문이다."

해설 이 부분은 앞 "대승정종분 제3"과 비슷하지만 약간 다르다. "대승정종분 제3"은 단순히 "어떻게 머무르고 어떻게 수행하여야 합니까?"이지만, 여기서는 "아뇩다라삼먁삼보리의 마음을 낸 사람이라고 하는 법이 실로 없기 때문이다."라는 대목이 추가되어 있다. 그 외에는 "대승정종분 제3"과 같다고 할 수 있다.

그리고 "대승정종분 제3"에서는 "어떻게 머무르고 어떻게 수행하여야 하며 어떻게 마음을 항복 받아야 하는지?"에 대하여 모르는 상태에서 질문한 것인데, 여기서의 의문은 그에 대한 답을 들은 후에 만약 그렇다면 어떤 사람이 아뇩다라삼먁삼보리의 마음을 내었다면 실제 '나'가 없는데, 그러면 무엇이 머무르고 닦고, 무엇이 마음을 항복시키는가? 하는 것이다. 이에 대한 부처님의 대답은 3가지이다.

먼저 ①과 ②는 "대승정종분 제3"과 같고, ③이 여기서 추가되어 있다. ①은 아뇩다라삼먁삼보리의 마음을 낸 보살은 일체중생을 열반에 들도록 제도하겠다는 서원을 세워야 하고, 그렇게 일체중생을 제도한 다음에 한 중생도 제도시켰다는 상을 내어서는 안 된다. 이 상을 내어서는 안 되는 것을 경문에서 "그러나 한 중생도 실로 제도 되지 않았다(無有一衆生實滅度者)."라 하고 있다. 이런 상이 있으면 '나'를 내세우는데 그러면 이미 보리심을 낸 보살이라고 할 수 없다. 그래서 진정한 보리심을 낸 보살은 '나'라는 상이 없는 것이다.

②는 왜 한 중생도 제도시켰다는 상이 없는가? 에 대한 이유이다. 그 이유는 아상, 인상, 중생상, 수자상이라는 사상(四相)이 없기 때문이다. 이런 사상이 있으면 '나'라는 실체를 인정하게 되고, 그러면 보리심을 낸 보살이라 할 수 없기 때문이다.

③은 왜 사상이 없는가? 에 대한 이유이다. 그것은 "아뇩다라삼먁삼보리의 마음을 낸 사람이라고 하는 법이 실로 없기 때문이다." 라고 경문에서 답하고 있다. 다시 말하면 사상을 가지든지, 가지지 않든지 불문하고 존재론적으로 실재(實在)하는 주체가 없다는 것이다. 이미 승의유와 세속유에서 보았듯이 일체제법은 삼세에 항유하는 법체(三世實有法體恒有)가 없다고 하였다. 이 일체제법은 유위법과 무위법을 모두 포섭하는 개념이다. 이렇듯 모든 법에 항유하는 그 어떤 실체도 없기 때문에 당연히 보리심을 낸 사람이라고 하는 법도 실로 없다.

12 불인시유보살의
佛因是有菩薩疑
(부처님께서도 인위(因位)에서 보살이 아니었나? 라는 의문)

　이 부분은 바로 앞에서 온 의문이다. 앞에서 "아뇩다라삼먁삼보리의 마음을 낸 사람이라고 하는 법이 실제로 있지 않다"고 하였다. 다시 말하면 존재론적으로 어떠한 실체가 없다는 것이다. 그러면 부처님께서는 과거 인위(因位)[85]에서 연등불 계신 곳에서 보리심을 발하고 보살도를 행하였는데, 어떻게 보리심을 낸 사람이 없다고 할 수 있겠는가? 하는 의문이 생긴다는 것이다.

　그리고 이 부분은 앞 "장엄정토분 제10"의 내용과 비슷한데, "장엄정토분 제10"에서는 "여래께서 설하신 법은 취할 수도 없고, 말할 수도 없는 것이라고 하였는데, 연등불에게서 수기를 받아 법을 얻지 않았느냐?"라는 의문이고, 여기서는 "부처님께서 과거 인위(因位)의 행, 즉 보살도를 행하는 주체가 있지 않느냐?" 하는 의문이다.

---

85) 부처가 되는 것을 과위(果位)라 하면, 부처가 되기 위하여 보살도를 행하는 보살은 원인이므로 인위(因位)라 한다.

須菩提 於意云何 如來於然燈佛所有法得阿耨多羅三藐
수보리 어의운하 여래어연등불소유법득아뇩다라삼먁

三菩提不 不也世尊 如我解佛所說義 佛於然燈佛所無
삼보리부 불야세존 여아해불소설의 불어연등불소무

有法得阿耨多羅三藐三菩提 佛言 如是如是 須菩提 實
유법득아뇩다라삼먁삼보리 불언 여시여시 수보리 실

無有法如來得阿耨多羅三藐三菩提須菩提 若有法如來
무유법여래득아뇩다라삼먁삼보리수보리 약유법여래

得阿耨多羅三藐三菩提者 然燈佛則不與我授[86]記 汝於
득아뇩다라삼먁삼보리자 연등불즉불여아수 기 여어

來世當得作佛 號釋迦牟尼 以實無有法得阿耨多羅三藐
내세당득작불 호석가모니 이실무유법득아뇩다라삼먁

三菩提 是故然燈佛與我授[87]記作是言 汝於來世當得作佛
삼보리 시고연등불여아수 기작시언 여어내세당득작불

號釋迦牟尼
호석가모니

"수보리야, 너는 어떻게 생각하느냐? 여래가 연등불 계신 곳에서 아뇩다라삼먁삼보리를 얻은 어떤 법이 있는가?"[88] "그렇지 않습니

---

86) 《신수대장경》에는 '受'로 되어 있음.
87) 여기서도 《신수대장경》에는 '受'로 되어 있음.
88) 이 부분의 번역을 보면, "수보리야, 어떻게 생각하느냐? 여래가 연등불에게서 아뇩다라삼먁삼보리의 법을 얻은 것이 있느냐?"(월운 스님), "수보리여, 그대 생각에는 어떤가? 여래가 연등불 계신 데서 아뇩다라삼먁삼보리를 얻은 어떤 법이 있었겠는가?"(김윤수), 범어본 번역은 "이것을 어떻게 생각하는가, 수보리여 여래가 연등 여래의 곁에서 무상 정등각을 철저히 깨달았다 할 그 어떤 법이 있는가?"(각묵 스님), "쑤부띠여, 어떻게 생각합니까? 여래가 디빵까라 여래와 함께 있었을 때, 그에게서 위없이 바르고 원만한 깨달음이라고 분명하게 깨달아 얻은

다. 세존이시여! 제가 부처님께서 말씀하신 뜻을 이해하기로는, 부처님께서 연등불 계신 곳에서 아뇩다라삼먁삼보리를 얻은 어떤 법도 없습니다." 부처님께서 말씀하셨다. "그러하고 그러하니라, 수보리야, 여래가 아뇩다라삼먁삼보리를 얻은 어떤 법도 실로 없다. 수보리야, 만약 여래가 아뇩다라삼먁삼보리를 얻은 어떤 법이 실로 있다면, 연등불께서 곧 나에게 '너는 미래에 부처가 되니 호를 석가모니라 하리라'라는 수기를 하지 않았을 것이다. 실로 아뇩다라삼먁삼보리를 얻은 어떤 법이 없으니, 이러한 까닭으로 연등불께서 나에게 '너는 미래에 부처가 되니 호는 석가모니라 하리라'라는 수기를 한 것이다."

해설 이 대목의 경문을 살펴보면, 4부분으로 나누어 볼 수 있다.

① 부처님께서 수보리에게 물은 부분으로, "여래가 연등불 계신 곳에서 아뇩다라삼먁삼보리를 얻은 어떤 법이 있는가?"라고 단순하게 묻고 있지만. 이 물음에는 '아뇩다라삼먁삼보리'라는 법이 있는가?, '아뇩다라삼먁삼보리심'이라는 법이 있는가?, '아뇩다라삼먁삼보리의 마음'을 낸 사람이라는 법이 있는가?, 보살행이라는 법이 있는가? 등이 포함된 물음이다. 다시 말하면 이와 같은 법들이 실체로서 존재하는가? 하는 물음이다.

② 수보리가 대답하는 부분이다. "그렇지 않습니다. 세존이시여! ~ 부처님께서 연등불 계신 곳에서 아뇩다라삼먁삼보리를 얻은 어떤 법도 없습니다."라고 대답한다. 이 대답 속에는 "아뇩다라삼먁삼보리를 얻은 어떤 법도 없다"고 하였는데, 여기에는 ①에서 본 '아

어떠한 법이 있습니까?"(전재성)이다. 조계종 표준본은 "수보리여! 그대 생각은 어떠한가? 여래가 연등 부처님 처소에서 얻은 가장 높고 바른 깨달음이라 할 법이 있었는가?"이다.

녹다라삼먁삼보리'라는 법이 없음을, '아뇩다라삼먁삼보리심'이라는 법이 없음을, '아뇩다라삼먁삼보리의 마음을 낸 사람'이라는 법이 없음을, 그리고 '보살행'이라는 법이 없음을 포함하는 것이다.

③ 부처님께서 수보리의 대답을 인정하는 부분이다. "그러하고 그러하니라, 수보리야, 여래가 아뇩다라삼먁삼보리를 얻은 어떤 법도 실로 없다."라고 하여 수보리의 대답을 인정하고 있다. 여기서도 단순하게 "아뇩다라삼먁삼보리를 얻은 어떤 법도 실로 없다."라고 되어 있지만, ②와 마찬가지로 4가지 법이 실체로 존재하지 않는다는 것이다.

④ 반복해서 풀이하는 부분이다. "수보리야, 만약 여래가 아뇩다라삼먁삼보리를 얻은 어떤 법이 실로 있다면 ~ 연등불께서 '너는 미래에 부처가 되니 호는 석가모니라 하리라"라는 대목이 이 부분이다. 여기서도 위와 마찬가지로 4가지 법에 대하여 실체가 실재로 존재한다고 생각하면, 연등부처님께서 수기를 주지 않았을 것이다. 왜냐하면 4가지 법에 실체가 존재한다고 생각하면, 그 4가지 법에 대하여 실상을 보지 못하는 것이므로, 연등불께서 수기를 주지 않았을 것이다. 그러나 석가모니부처님께서 연등불시대에 4가지 법에 대하여 실재하는 실체가 없음을 꿰뚫어 보고 있었으므로 연등불께서 수기를 주셨다는 것이다.

13 무인즉무불법의
無因則無佛法疑
(인(因)이 없다면 부처도 없고 법(法)도 없지 않을까? 라는 의문)

　이 부분은 앞 '佛因是有菩薩疑(불인시유보살의)'에서 온 의문이다. 위에서 '아뇩다라삼먁삼보리'라는 법, '아뇩다라삼먁삼보리심'이라는 법, '아뇩다라삼먁삼보리의 마음을 낸 사람'이라는 법, '보살행'이라는 법 등이 실체로서 있는 것이 아니라고 하였다. 그래서 특히 '보살행'이라는 인(因)으로서 법이 없다면, 그 과(果)인 불(佛)과 '아뇩다라삼먁삼보리'라는 법(法)도 없을 것이라는 의문이 생길 수 있다는 것이다.

① 何以故 如來者卽諸法如義 若有人言如來得阿耨多
　　하이고　여래설즉제법여의　약유인언여래득아뇩다

羅三藐三菩提 須菩提 實無有法佛得阿耨多羅三藐
라삼먁삼보리　수보리　실무유법불득아뇩다라삼먁

三菩提
삼보리

② 須菩提 如來所得阿耨多羅三藐三菩提 於是中無實
　　수보리　여래소득아뇩다라삼먁삼보리　어시중무실

無虛 是故如來說一切法皆是佛法 須菩提 所言一切
무허　시고여래설일체법개시불법　수보리　소언일체

法者 卽非一切法 是故名一切法
법자 즉비일체법 시고명일체법

③ 須菩提 譬如人身長大 須菩提言 世尊 如來說人身
수보리 비여인신장대 수보리언 세존 여래설인신

長大則爲非大身 是名大身
장대즉위비대신 시명대신

① "왜냐하면, 여래라는 것은 곧 모든 법이 진여라는 의미이기 때문이다. 만약 어떤 사람이 여래가 아뇩다라삼먁삼보리를 얻었다고 말하지만, 수보리야 실로 부처는 아뇩다라삼먁삼보리를 얻은 법이 없다."

② "수보리야, 여래가 얻은 아뇩다라삼먁삼보리 가운데 실체도 없고 허망함도 없다. 그러므로 여래는 일체법이 모두 불법이라고 말한다. 수보리야, 일체법이라는 것은 곧 일체법이 아니다. 그러므로 이름하여 일체법이라 한다."

③ "수보리야, 비유하자면 사람의 몸이 장대한 것과 같다." 수보리가 말하였다. "세존이시여! 여래께서 '사람의 몸이 장대하다.'고 말씀하신 것은 실로 큰 몸이 아닙니다. 이를 이름하여 큰 몸이라 한 것입니다."

해설 위에서의 모든 의문은 일체법의 실상을 모르는 데에서 생긴다. 제법의 실상은 실재하는 실체는 없으나, 연기하고 있는 제법은 있다는 것이다(眞空妙有). 여기에 대해 나가르쥬나(용수보살)는 반야부 계통의 경전들 즉《반야경》의 가르침인 공(空)을《중론》이라는 논서를 지어 중도(中道) 공(空)을 설하여 제법의 실상을 밝히고 있는데, 특히《중론》「관사제품 제25」 18게에 잘 나타나 있다. 이 중도 공을 이해하여야 위에서 말하고 있는 "실체로서는 없지만 그렇다고 허망한 것도 아니다"라는 진공묘유(眞空妙有)를 이해할 수 있다.

[연기(緣起)이며 중도(中道)인 공성(空性)]

나가르쥬나(용수)는 대승반야공사상이 바로 근본불교의 "연기"가 "중도"임을 《중론》「관사제품 제24」 제18게에서 주장하고 있는데, 이 제18게를 삼제게(三諦偈) 또는 삼시게(三是偈)라 한다. 그래서 반야공사상을 중도실상(中道實相)이라고도 하는 것이며, 여기에 기인하여 중관사상(中觀思想)이라는 명칭이 생겼다.

[관사제품 제18게]
(범문)

의존해서 생기는 것(緣起)을 우리는 공성(空性)이라 한다.

그것(空性)은 의지해서 시설(假施設)되는 것이며, 그것(空性)은 중도(中道)이다.

yab pratityasamutpādah sūnyatām tām pracaksmahe

sā pratityasamutpādah pratipatsaiva madhyamā

(한역)

여러 인연(因緣)으로 생기는 것을 나는 무(공)라 말한다.

또 이것을 가명(假名)이라고도 하고, 중도(中道)의 이치라고 한다.

衆因緣生法 我說卽是無 亦爲是假名 亦是中道義 (구마라집 역)
중인연생법 아설즉시무 역위시가명 역시중도의

여러 연(緣)에서 생기는 것을 나는 공(空)이라고 말한다.

단지 가명의 글자일 뿐이며, 중도(中道)의 이치라고 한다.

從衆緣生法 我說卽是空 但爲假名字 亦是中道義 (바라바밀다라 역)
종중연생법 아설즉시공 단위가명자 역시중도의

이 게송에서 결론적으로 말하면 "여러 인연으로 생기는 것"은 '연기(緣起)'이고, 이것이 '공(空, 空性)'이라는 것이다. 그리고 그 "공(空性)"이 "중도(中道)"라는 것이다. 즉 공(空性)이 연기이고, 중도라는 것이다.

위 구마라집의 역을 자세히 분석하면 '衆因緣生法(중인연생법)[89]'에 두 가지 의미가 있는데, 무(空)와 가명(假名)이다.

① 첫째, 여러 인연으로 생기는 것(衆因緣生法, 일체제법)은 '무(無)'라고 한다(我說卽是無). 여기서의 무(無)는 실재로서의 실체가 없다는 의미이다. 범본에서 이것을 'sūnytam'이라 한 것을 구마라집은 '無'라 번역하였고, 바라바밀다라는 '空'으로 번역하였다. 이것이 의미하는 것은 이미 앞에서 공부하였듯이 부파불교에서 주장한 승의유(勝義有), 즉 삼세(三世)에 실제로 존재하는 법체가 항상 있다는 것(三世實有法體恒有)을 부정한다. 따라서 제법의 실체는 공(空)이다. 이 공을 '제일의제'라고도 한다. 이런 의미에서 '비유(非有, 실체가 있지 않다)'가 성립된다.

② 둘째, 여러 인연으로 생기는 것(衆因緣生法, 일체제법)은 '가명(假名)'이다. 가명이라는 것은 우리의 세간으로 보면 마치 있는 것처럼 인식된다. 즉 현실적으로는 그 존재성이 임시적으로 인정된다는 것이다. 그렇다고 실재하는 법체를 인정하는 것은 결코 아니다. 이런 존재성이 임시적으로나마 인정되기 때문에 허망(虛妄)한 것이

---

89) 여러 인연으로 생기는 것(衆因緣生法)을 간단히 말하면 '일체제법(一切諸法)'으로 표현할 수 있다.

아니다. 그래서 '비무(非無)'라 할 수 없으니, 유(有)가 인정된다. 그렇지만 그 유(有)는 영원한 유(有)가 아니기 때문에 '가유(假有)'라 한다. 이 가유를 '세속제'라고도 한다.

이와 같이 ①에서는 '비유(非有)'가, ②에서는 '비무(非無)'라 할 수 있으니 일체제법의 실상은 비유비무(非有非無)이다. 비유(非有)는 진공(眞空)을 의미하고, 비무(非無)는 묘유(妙有)를 의미하니 진공묘유가 제법의 실상임을 알 수 있다. 그리고 이 진공묘유 즉 비유비무를 '중도(中道)'라고 결론을 내리고 있는데, 이것이 중도의 이치이다.

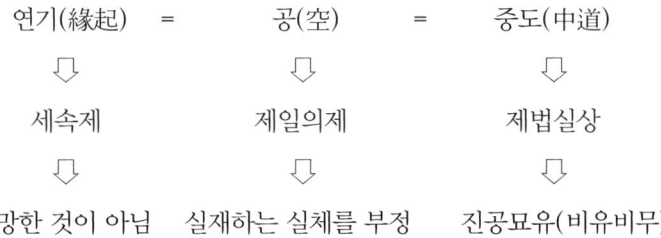

이제 다시 경문을 살펴보기로 한다. 경문에서는 위의 의문에 대하여 세 부분으로 답을 하고 있다. 첫째, 부처가 전혀 없으리라는 의문을 끊어 주는 것이고, 둘째, 법이 전혀 없으리라는 의문을 끊어 주는 것이며, 셋째, 부처와 법의 실체를 보인 부분이다.

① 첫째, 부처가 전혀 없으리라는 의문을 끊어주는 부분인데, 경문의 "왜냐하면 ~ 실로 부처는 아뇩다라삼먁삼보리를 얻은 법이 없다."까지이다. '왜냐하면'은 '의문 12'에서 "아뇩다라삼먁삼보리를 얻은 법이 실로 없기 때문에 연등불의 수기를 왜 받게 되었는가?"에 대한 의문을 낸다는 것이다. 다시 말하면 아뇩다라삼먁삼보

리를 얻었기 때문에 연등불의 수기를 받아 석가모니 부처가 되었다면 이해가 되지만, 얻은 법이 없는데 부처가 되리라는 수기를 받은 것은 무슨 이유인가?(법이 없기 때문에 부처가 없는 것이 아닌가?) 라는 것이다. 이에 대한 답은 "여래라는 것은 곧 모든 법이 진여라는 의미이기 때문이다."라 하고 있다. "모든 법이 진여[90]"라는 의미는 위에서 살펴본 바와 같이, 제법의 법체는 제일의제로서 공(空)이며, 세속제로서는 연기로 존재성이 인정되는 가유이며, 이러한 것이 법의 실상(중도)이라는 것이다. 이것이 진실로(眞) 그대로(如) 제법의 참 모습이므로 진여(眞如)라 하였다. 그러므로 제법의 참 모습인 진여가 바로 여래(如來)라는 것이다. 이때의 여래는 제법의 참 모습을 말하므로 법신불(法身佛)을 가리킨다. 이처럼 제법의 참 모습인 법신불이 없지 않기 때문에 부처가 없으리라는 의문을 끊어주고 있다.

다음은 경문에서 "어떤 사람이 여래가 아뇩다라삼먁삼보리를 얻었다고 말하지만, 수보리야 실로 부처는 아뇩다라삼먁삼보리를 얻은 법이 없다."라고 설명하고 있는데, 이것은 두 가지로 살펴볼 수 있다. 첫째, 부처님께서 말해주신 부처가 없는 것이 아니라는 설명

---

90) 이 부분에 대한 한문 번역본을 보면, 구마라집은 "諸法如(제법여)"라 번역하였고, 보리유지는 "實眞如(실진여)"라 번역하였으며, 현장은 "眞實眞如(진실진여)"라 번역하였다.
범어본 번역을 보면 "여래라 하는 것은 '참되고 그러함'을 두고 하는 말이기 때문이다. 수보리여, 여래라 하는 것은 '생겨남이 없음'을 두고 하는 말이기 때문이다. 수보리여 여래라 하는 것은 '법이라는 것까지 완전히 끊어짐'을 두고 하는 말이기 때문이다. 수보리여 여래라는 것은 '결코 생겨남이 없음'을 두고 하는 말이기 때문이다. 그것은 무슨 이유에서인가? 수보리여, 생겨남이 없음, 그것이 곧 최상의 이치이기 때문이다."라 되어 있다. 이렇게 긴 범어를 한문으로 간단하게 번역하고 있음을 알 수 있다. 범어본의 이러한 표현은 법계에 상주하는 이치를 뜻하는 것으로 다른 말로 진여라 할 수 있다.

에서 그렇다면 "아뇩다라삼먁삼보리라는 법이 실로 없는 것이 아니구나."라는 생각을 가질까 염려가 되어, 그 생각을 깨고자 하였고 둘째, 부처님께서 연등불 계신 곳에서 아뇩다라삼먁삼보리를 얻은 것은 아니지만, "미래에 아뇩다라삼먁삼보리라는 법을 얻었구나."라는 생각을 가질까 염려가 되어, 그 생각을 깨고자 "실로 부처는 아뇩다라삼먁삼보리를 얻은 법이 없다."라 한 것이다.

또 경문에서 "만약 어떤 사람이 여래가 아뇩다라삼먁삼보리를 얻었다고 말하지만"라는 부분에 대해 범본번역을 보면 "수보리여, 어떤 자가 말하기를 '여래 아라한 정등각은 무상정등각을 철저히 깨달았다'라고 한다면 그는 거짓을 말하며 사실이 아닌 것에 집착하여 나를 비방하는 것이다. 그것은 무슨 이유에선가? 수보리여, 여래가 무상 정등각을 철저히 깨달았다 할 그 어떤 법이 없기 때문이다."91)라 되어 있음을 볼 수 있다.

그리하여 보리유지는 "이 사람은 진실한 말을 하지 않는다(是人不實語)."라는 표현을 부가하고, 현장은 "이 말은 진실이 아님을 마땅히 알아야 한다(當知此言 爲不眞實)."라는 표현을 부가하고 있다.

② 둘째, 위 ①에서 부처가 없으리라는 의문은 끊었지만, 법이 없으리라는 의문이 아직 끊어지지 않았으므로 그것을 끊기 위해 "여래가 얻은 아뇩다라삼먁삼보리 가운데에는 실체도 없고 허망함도 없다. ~ 그러므로 이름하여 일체법이라 한다."라 하고 있다. 이것을 다시 두 부분으로 나누어 볼 수 있는데 첫째, 첫 문장은 아뇩다라삼먁삼보리가 없지 않음을 밝히는 것이고, 나머지 문장들은 그 뜻을 부연하여 설명한 것이다. 먼저 아뇩다라삼먁삼보리라는 법이

---

91) 각묵 스님, 금강경 역해, 불광출판부, p.320.

없지 않음을 밝히고 있는데, 경문에서 "여래가 얻은 아뇩다라삼먁삼보리"라 하여 이를 밝히고 있다. 그리고 '아뇩다라삼먁삼보리'라는 것은 무엇인가?를 밝히고 있는데, 경문에서 "(아뇩다라삼먁삼보리) 가운데에는 실체도 없고 허망함도 없다."라 하여 밝히고 있다. "실체도 없고 허망함도 없다."라는 것은 앞 "能證無體非因疑(능증무체비인의), 언설을 허무한 것이기 때문에 보리의 인이 아닐 것이라는 의심"에서 본 바이다. 즉 이 표현은 진공묘유(眞空妙有)를 의미하는 것이다.

이하의 경문을 보면 "일체법이 모두 불법(一切法皆是佛法)"이라는 것은 일체법이 실체가 있는 것이 아니지만(空, 제일의제) 세속제로서는 그 존재성이 임시적으로 인정되고(緣起, 세속제), 그리고 이것이 제법실상(中道)이라는 의미이다. 그 다음의 경문을 보면 "일체법이라는 것은 곧 일체법이 아니다. 그러므로 이름하여 일체법이라 한다."라는 부분은 앞 "일체법이 모두 불법"을 다시 강조하여 설명한 것이다. 그 중에서 제일의제로서 공(空)과 세속제로서의 연기(緣起)를 표현하였는데, "일체법이 곧 일체법이 아니다."라 하여 제일의제로서의 공을 말하는 것이고, "이름하여 일체법이라 한다."라 하여 세속제로서의 연기를 말하고 있다. 즉 진공묘유(眞空妙有)를 말하고 있다.

③ 셋째, 결론을 내려 부처와 법의 실체를 밝혀주는 부분이다. 부처님께서는 비유를 들어 이해시키고 있다. 경문에서 "수보리야, 비유하자면 사람의 몸이 장대한 것과 같다."라 하여, 법신을 "사람의 몸"에 비유하고 있다. 일체법이 불법(佛法)이고 진여(眞如)이니, 법신은 법계에 두루하고 없는데 없으며 포섭하지 않는 것이 없다. 이리하여 장대(長大)라 표현한 것이다.

그러자 수보리는 "여래께서 '사람의 몸이 장대하다.'고 말씀하신 것은 실로 큰 몸이 아닙니다. 이를 이름하여 큰 몸이라 한 것입니다."라 대답하고 있는데, "실로 큰 몸이 아닙니다."는 법신이라는 것은 제일의제로서 어떤 정해진 법이 아님을 말하고, "이름하여 큰 몸이라 한 것입니다."는 정해진 법이 아니지만 그렇다고 비무(非無)가 아니라는 것이다. 즉 세속제로서는 그 존재성이 인정된다는 것이다.

이상으로 요약하면 "인(因)이 없다면 부처도 없고 법(法)도 없지 않을까?"라는 의문에 대해 실로 얻을 수 없는 것이 아뇩다라삼먁삼보리의 진실한 모습이다. 이러한 보리의 진실한 모습이 존재하기 때문에 부처와 법이 엄연히 존재하는 것이다.

14
무 인 도 생 엄 토 의
無人度生嚴土疑
(보살이 없다면 중생을 제도하고, 불토를 장엄하지 못할 것이 아닌가?)

여기서의 의문은 앞 "11. 住修降伏是我疑(주수항복시아의, 머무르고 닦고 항복시키는 것도 '나'가 아닌가?)"에서 온 의문이다. 앞 의문 '11'에 대한 부처님의 답은 "실로 보리심을 낸 사람이라고 하는 법이 없다"고 하여 끝내 '나'라는 것이 있지 않다고 하였다. 따라서 그러면 보살도 실로 있는 법이 아닐 것인데, 그러면 누가 중생을 제도하고 불토를 장엄하느냐? 하는 의문이 있게 된다는 것이다.

① 須菩提 菩薩亦如是 若作是言 我當滅度無量衆生則
　　수 보 리　보 살 역 여 시　약 작 시 언　아 당 멸 도 무 량 중 생 즉

不名菩薩 何以故 須菩提 實無有法名爲菩薩是故佛
불 명 보 살　하 이 고　수 보 리　실 무 유 법 명 위 보 살 시 고 불

說一切法無我無人無衆生無壽者 ② 須菩提 若菩薩
설 일 체 법 무 아 무 인 무 중 생 무 수 자　　수 보 리　약 보 살

作是言 我當莊嚴佛土 是不名菩薩 何以故如來說莊
작 시 언　아 당 장 엄 불 토　시 불 명 보 살　하 이 고 여 래 설 장

嚴佛土者 卽非莊嚴是名莊嚴 ③ 須菩提 若菩薩通達
엄 불 토 자　즉 비 장 엄 시 명 장 엄　　수 보 리　약 보 살 통 달

無我法者 如來說名眞是菩薩
무아법자 여래설명진시보살

"① 수보리야, 보살도 역시 그러하여서, 만약 '내가 한량없는 중생을 제도하리라'라고 말한다면 보살이라고 부를 수 없다. 왜냐하면 수보리야, 실로 보살이라고 할 만한 법이 있지 않기 때문이다. 이러한 까닭으로 부처님은 일체법에 아, 인, 중생, 수자가 없다고 하였다. ② 수보리야, 만약 보살이 '내가 불토를 장엄한다.'고 말한다면, 이 사람은 보살이라 부를 수 없다. 왜냐하면, 여래께서 불토를 장엄한다고 말씀하신 것은 곧 장엄이 아니라 이름하여 장엄이기 때문이다. ③ 수보리야, 만약 보살이 아(我)와 법(法)이 없음을 통달하면 여래는 이 사람을 진실한 보살이라 부른다."

해설 위 의문에 대한 답은 세 대목으로 나누어 볼 수 있다. 첫째, 중생을 제도시키겠다는 상(相)을 버려야 한다. 둘째, 불토를 장엄한다는 상(相)을 버려야 한다. 셋째, 아공(我空)과 법공(法空)을 통달하여야 한다.

① 첫째, 중생을 제도시키겠다는 상을 버려야 한다. "보살도 역시 그러하여서(菩薩亦如是)"는 부처님께서 설하신, 실로 보리심을 낸 사람이라는 법이 있지 않다고 말씀하신 것, 부처님께서 인행시(因行時)에 보리를 얻은 법도 없다고 말씀하신 것, 부처님께서 불과위(佛果位)에서도 실로 보리라는 법을 얻은 것이 없다고 말씀하신 것 들이 부처님뿐만 아니라 "보살도 역시 그러해야 한다."는 의미이다.

"만약 ~ 라고 말한다면(若作是言)"은 상(相)을 낸다는 의미이다.

무슨 상을 내는가? "한량없는 중생을 제도하리라"라는 상을 낸다.[92]는 것이다. 그리고 이런 상을 내는 사람은 보살이라 부를 수 없다고 한다. 그 이유를 이어서 밝히고 있다. "실로 보살이라고 할 만한 법이 있지 않기 때문이다."라 하고 있는데, 이 말은 보살이라는 법이 실체로서 있는 것이 아니라는 것이다. 보살이라는 법이 실체로서 있는 것이 아닌 이유를 이어서 밝히고 있는데, "일체법에 아, 인, 중생, 수자가 없다"라 한다.

이미 앞에서 공부하였듯이 마음을 항복시키기 위해서는 가장 기본적인 사상(四相)이 없어야 한다. 그런데 보살이 중생을 제도시키겠다는 상을 내면 이미 사상(四相)을 여의지 못한 것이다. 그래서 육바라밀를 행하는 보살이 중생을 제도시키겠다는 상이 없으면 당연히 사상도 없다. 이러한 취지에서 경문에 "부처님은 일체법에 아, 인, 중생, 수자가 없다."라고 한 것이다.

② 둘째, 불토를 장엄한다는 상(相)을 버려야 한다. 이것도 위 ①과 같다. 불토장엄은 실체가 있는 것이 아님을 앞 6번째 의문 '嚴土爲於不取疑(엄토위어불취의, 보살들이 정토를 장엄한다는 것은 얻음이 아닌가?)'에서 보았다. 6번째 의문은 보살들이 6바라밀 등 수많은 보살도를 하는 것은 불토를 만드는 것인데, 이것이 어찌 얻음이 아닌가? 하는 의문이고, 이에 대해 "불토장엄은 실체가 있는 것이 아니기 때문에 얻음이 아니다."라고 의문을 끊어 준다.

그런데 여기서의 불토장엄의 상을 버리라는 것은 보살이 없으면 누가 불토를 장엄하겠느냐? 라는 의문이다. 즉 사람이 없으면 그

---

92) "상(相)을 낸다."는 것은 말하자면 "생색을 낸다."는 의미로 받아들이면 쉽게 이해되리라 생각된다.

어떤 것도 할 수 없지 않느냐? 라는 것이어서 의문의 취지가 다르다. 이에 대한 답은 ①에서 보살이라는 법이 실재로 존재하는 실체가 아님을 들었고, 따라서 실체가 없는 보살이기 때문에 불토를 장엄한다는 상을 내어서는 안 된다는 것이다.

③ 셋째, 아공과 법공을 통달한 진실한 보살을 내세우고 있다. 다시 말하면 진실한 보살은 아공과 법공을 통달하여야 한다. 이렇게 아공과 법공을 통달한 진실한 보살이면, "중생을 제도시키겠다는 상과 불토를 장엄하겠다는 상을 내지 않는다."는 취지가 숨어 있다. 이러한 취지를 미륵게 47송은 다음과 같이 읊고 있다.

不達眞法界(불달진법계)　참 법계를 통달하지 못하고
起度衆生意(기도중생의)　중생을 제도한다는 뜻을 내거나
及淸淨國土(급청정국토)　국토를 청정하게 한다면
生心卽是倒(생심즉시도)　이러한 마음을 내는 것이 곧 전도이다.

15

제불불견제법의
諸佛不見諸法疑

(모든 부처님도 법을 보지 못했을 것이 아닌가? 라는 의문)

여기서의 의문은 앞 "14. 無人度生嚴土疑(무인도생엄토의, 보살이 없다면 중생을 제도하고 불토를 장엄하지 못할 것이 아닌가?)"에서 온 의문이다. 앞에서 보살이라는 실체가 없고, 중생을 제도하겠다는 상이 없어야 하며, 불토를 장엄한다는 상이 없어야 한다. 그렇다면 부처님들께서도 모든 법을 보지 못하는 것이 아닌가? 하는 의문이 일어날 수 있다. 즉 지혜의 눈도 없는 것이 아닌가? 라는 의문이 생긴다는 것이다.

일 체 동 관 분   제 십 팔
一切同觀分 第十八 (일체를 동등하게 봄)

① 須菩提 於意云何 如來有肉眼不 如是世尊 如來有
   수보리 어의운하 여래유육안부 여시세존 여래유

   肉眼 須菩提 於意云何 如來有天眼不 如是世尊 如
   육안 수보리 어의운하 여래유천안부 여시세존 여

   來有天眼 須菩提 於意云何 如來有慧眼不 如是世
   래유천안 수보리 어의운하 여래유혜안부 여시세

尊 如來有慧眼 須菩提 於意云何 如來有法眼不 如
존 여래유혜안 수보리 어의운하 여래유법안부 여

是世尊 如來有法眼 須菩提 於意云何 如來有佛眼
시세존 여래유법안 수보리 어의운하 여래유불안

不 如是世尊 如來有佛眼
부 여시세존 여래유불안

② 須菩提 於意云何 恒河中所有沙佛說是沙不 如是世
수보리 어의운하 항하중소유사불설시사부 여시세

尊 如來說是沙 須菩提 於意云何 如一恒河中所有
존 여래설시사 수보리 어의운하 여일항하중소유

沙有如是等恒河 是諸恒河所有沙數佛世界 如是寧
사유여시등항하 시제항하소유사수불세계 여시영

爲多不 甚多世尊 佛告須菩提 爾所國土中所有衆生
위다부 심다세존 불고수보리 이소국토중소유중생

若干種心如來悉知 何以故 如來說諸心皆爲非心是
약간종심여래실지 하이고 여래설제심개위비심시

名爲心 所以者何 須菩提 過去心不可得 現在心不
명위심 소이자하 수보리 과거심불가득 현재심불

可得未來心不可得
가득미래심불가득

① "수보리야, 너는 어떻게 생각하느냐? 여래에게 육안이 있느냐?" "그렇습니다. 세존이시여! 여래에게 육안이 있습니다."

"수보리야, 너는 어떻게 생각하느냐? 여래에게 천안이 있느냐?" "그렇습니다. 세존이시여! 여래에게 천안이 있습니다."

"수보리야, 너는 어떻게 생각하느냐? 여래에게 혜안이 있느냐?"

"그렇습니다. 세존이시여! 여래에게 혜안이 있습니다."

"수보리야 너는 어떻게 생각하느냐? 여래에게 법안이 있느냐?"

"그렇습니다. 세존이시여! 여래에게 법안이 있습니다."

"수보리야, 너는 어떻게 생각하느냐? 여래에게 불안이 있느냐?"

"그렇습니다. 세존이시여! 여래에게 불안이 있습니다."

② "수보리야, 너는 어떻게 생각하느냐? 항하 가운데 있는 모래, 이 모래를 부처가 설한 적이 있느냐?"

"그렇습니다. 세존이시여! 여래께서 이 모래를 설한 적이 있습니다.

"수보리야, 너는 어떻게 생각하느냐? 하나의 항하 가운데 있는 모래와 같은 (수의), 이와 같은 항하가 있고, 이 모든 항하에 있는 모래 수와 같은 부처님 세계가 있다면, 이와 같은 부처님세계가 많지 않느냐?" "매우 많습니다. 세존이시여!" 부처님께서 수보리에게 말씀하셨다.

"그러한 국토 가운데 있는 중생들의 갖가지 마음을 여래는 다 안다. 왜냐하면 여래가 설하는 모든 마음은 마음이 아니라 이름하여 마음이라 한다. 그 까닭이 무엇인가? 수보리야, 과거의 마음도 얻을 수 없고, 현재의 마음도 얻을 수 없으며, 미래의 마음도 얻을 수 없기 때문이다."

해설 위 의문에 대한 답은 두 부분으로 나누어 볼 수 있다. 첫째, 보지도 않고 지혜의 눈도 없지 않는가? 에 대하여 다섯 가지 눈을 예를 들어 봄(見)이 청정함을 밝힌다. 둘째, 모든 마음을 다 아는 것에 의하여 지혜가 청정함을 밝히는 것이다.

① 첫째, 다섯 가지 눈을 들어 봄(見)이 청정함을 밝혀 위 의문을 끊음.

부처는 제법의 실상은 실재하는 실체가 없는 것을 보는 눈을 가졌으므로, 어찌 제법의 실상을 보는 눈과 지혜가 없다고 하겠는가? 라 하여, 위의 의문을 끊는데, 그 예로 다섯 가지 눈을 들고 있다. 다섯 가지 눈(五眼)은 나가르쥬나(용수)가 지은 《대지도론》「권제 33」에서 자세히 설명하고 있다.

(경) 또 사리불아, 보살마하살이 오안을 얻고자 하면, 마땅히 반야바라밀을 배워야 한다. **(논)** 무엇이 다섯인가? 육안, 천안, 혜안, 법안, 불안이다. 육안(肉眼)은 가까운 것은 보지만 먼 것은 보지 못하고, 앞은 보지만 뒤는 보지 못하며, 밖은 보지만 안은 보지 못하고, 낮에는 보지만 밤에는 보지 못하며, 위는 보지만 아래는 보지 못하니, 이러한 장애 때문에 천안(天眼)을 구하게 된다.

천안(天眼)을 얻으면 멀고 가까운 것을 다 보고 전후, 내외, 주야, 상하 모두 다 (보는 데에) 장애가 없다. 이 천안은 인연화합으로 생겨서 임시로 이름지어진(假名) 사물은 보지만, 실상을 보지 못하니 소위 공, 상이 없음, 지음이 없음, 생겨남이 없음, 사라짐이 없음(空無相無作無生無滅)이다. 앞과 같이 가운데와 뒤도 또한 그러하여 실상을 위하기 때문에 혜안을 구하게 된다.

혜안(慧眼)을 얻으면 중생을 보지 않고, 같거나 다른 상이 모두 사라지며 모든 집착을 버리고 일체의 법을 받지 아니하므로, 지혜자체 내에서 사라지니 이를 혜안이라 이름한다. 다만 혜안은 능히 중생을 제도할 수 없다. 왜냐하면 분별하는 바가 없기 때문이다. 이런 까닭으로 법안을 구한다.

법안(法眼)은 이 사람으로 하여금 이 법을 행하게 하고 이 도를 얻게 하며, 일체 중생의 각각 방편문을 알아 도를 증득하게 한다. 법안은 중생을 제도하는 방편의 도를 두루 알지는 못한다. 이러한 까닭으로 불안을 구하게 된다.

불안(佛眼)은 알지 못하는 일이 없고(無事不知), 덮음과 장애가 비록 은밀하더라도 보고 알지 못함이 없다. 다른 사람들에게는 극히 멀어도 부처에게는 지극히 가까우며, 다른 이들에게는 깊고 어두워도 부처에게는 환하게 드러나며, 다른 이들에게는 의심스러워도 부처에게는 결정적이며, 다른 이들에게는 미세해도 부처에게는 두드러지며, 다른 이들에게는 심히 깊어도 부처에게는 매우 얕다. 이 불안은 듣지 못하는 일이 없고 보지 못하는 일이 없으며 알지 못하는 일이 없고 어려운 일이 없으며, 생각할 바 없이 일체법 가운데 불안은 항상 비춘다.

[經]復次舍利弗 菩薩摩訶薩欲得五眼者 當學般若波羅蜜 **[論]**何等五 肉眼天眼慧眼法眼佛眼 肉眼見近不見遠見前不見後見外不見內見晝不見夜見上不見下 以此礙故求天眼 得是天眼遠近皆見 前後內外晝夜上下悉皆無礙 是天眼見和合因緣生假名之物不見實相 所謂空無相無作無生無滅 如前中後亦爾 爲實相故求慧眼 得慧眼不見衆生 盡滅一異相捨離諸着不受一切法 智慧自內滅是名慧眼 但慧眼不能度衆生 所以者何 無所分別故 以是故求法眼 法眼令是人行是法得是道 知一切衆生各各方便門令得道證 法眼不能遍知度衆生方便道 以是故求佛眼 佛眼無事不知 覆障雖密無不見知 於餘人極遠於佛至近 於餘幽闇於佛顯明 於餘爲疑於佛決定 於餘微細於佛爲麤 於餘甚深於佛甚淺 是佛眼無事不聞無事不見 無事不知無事爲難 無所思惟一切法中佛眼常照

이상의 오안을 간단하게 정리하면, 육안과 천안은 물질적인 장애에 구애되지 않고, 외부의 사물을 볼 수 있는지 여부에 의하여 구별

된다. 혜안은 제법의 실상인 공(空)을 볼 수 있는 것으로 반야의 눈인데, 무분별지(無分別智)를 보는 눈이다. 그리고 이 혜안은 제법의 법체가 공임을 보지만, 중생을 제도할 수 없다고 한다. 그 이유는 무분별후득지(無分別後得智)를 보는 법안이 없기 때문이다. 법안은 무분별지를 넘어 중생제도를 위한 무분별후득지까지 보는 눈을 말한다. 마지막으로 불안은 이 모든 것을 아무런 걸림 없이 완전하게 보는 부처의 눈을 말한다. 따라서 부처는 이와 같은 다섯 가지 눈을 모두 갖추어서 보지 못하는 것이 없으므로 봄(見)이 청정하다는 것을 밝히고, 부처는 법을 보지 못하는 것 아닌가? 에 대한 의문을 끊어주고 있다. 이리하여 무착은 이 대목을 위없는 봄(見)과 지혜가 청정하게 구족함을 설명한 것이라 하고, 미륵게 49송에서 다음과 같이 읊고 있다.

雖不見諸法(수불견제법)　비록 모든 법 보지는 않지만
非無了境眼(비무료경안)　경계를 요달하는 눈은 없지 않으니
諸佛五種實(제불오종실)　모든 부처는 다섯 눈으로
以見彼顚倒(이견피전도)　저 모든 전도를 다 보신다.

② 둘째, 모든 마음을 다 아는 것에 의하여 지혜가 청정함을 밝혀 위 의문을 끊음.

여래는 모든 중생의 갖가지 마음을 다 안다고 하는데, 그 대상이 "한 항하의 모래, 그 모래와 같은 수의 항하가 있고, 그 항하에 있는 모래 수와 같은 부처님세계"에 까지 확장되고 그 부처님 세계의 모든 중생들의 갖가지 마음을 다 안다고 한다. "중생들의 갖가지 마음"이란 번뇌가 있고 없음을 가리지 않는 것을 의미한다. 그리고 그렇게 중생들의 갖가지 마음을 다 아는 이유를 밝히고 있는데,

"여래가 설하는 모든 마음은 마음이 아니라 이름하여 마음이라 한다."라 하고 있다. "모든 마음은 마음이 아니라"는 것은 마음이라고 하는 실재하는 법체가 없음을 말한다(諸法實相, 空). 다시 말하지만 일체법의 법은 객관만 말하는 것이 아니라 주관도 포함하는 개념이다. 그리고 일체법은 실재하는 실체(법체)가 없다고 하였다. 즉 공(空)이다. 그렇기 때문에 모든 마음은 마음이 아니라 한 것이다.

뒷부분 "이름하여 마음이라 한다."는 것은 마음이 실체는 없지만 허망한 의식을 일으키는 마음에 대해 이름을 붙인 것에 불과한 것이다.[93] 이것을 여래는 모두 안다는 것이다. 그런데 여래가 이 모든 것을 아는 것은 범부 중생이 아는 것과는 다르다. 《대지도론》「권제 69」에서 이와 같은 내용을 다음과 같이 설명하고 있다.

> 이 제법실상으로 다른 것을 포섭하는 마음과 어지러운 마음을 안다. 모두 이것이 실상이다. 또 이 마음은 생각 생각마다 생멸한다. 미래는 (아직) 없기 때문에 알 수 없고, 현재는 생각 생각마다 멸하고 머무는 때가 없으므로 알 수 없는데, 범부들은 상을 취하여 분별하면서, 삼세 중에 기억하는 생각과 망령된 견해로 마음과 생각을 안다고 한다. ~ 중생의 마음을 본다는 것은 여실히(있는 그대로) 보는 것을 말하니, 범부들이 기억하는 생각으로 분별하는 것과는 같지 않다.
> 以諸法實相知他攝心亂心 皆是實相 復次是心念念生滅 未來無故不可知 現在念念滅 住時無故不可知 凡夫人取相分別 於三世中憶想妄見謂知心念 ~ 衆生心見者如實見 不如凡夫人憶想分別見

---

93) 유식(唯識)에서는 허망한 의식을 일으키는 마음을 8가지로 분류하고 있다. 그리고 유식에서는 이러한 것을 마음(心)이라 하지 않고 '식(識)'이라 한다.

위의 내용을 검토하면 중생은 제법실상 즉 일체법이 정해진 모습이 없는데도, 이에 대해 마음으로 상을 취하여 분별하고는 "어떤 마음"이라고 안다는 것이다. 그러나 부처가 중생의 갖가지 마음을 안다는 것은 중생의 이러한 마음은 허망한 의식이 상속하고 있음을 사실 그대로 안다는 것이다.

범어본에는 "수보리여, 그들 세계들에 있는 그들 중생들의 여러 가지 마음의 흐름을 나는 '지혜로' 알고 있다. 그것은 무슨 이유에서인가? '마음의 흐름, 마음의 흐름'이라는 것, 그것은 수보리여, '마음의' 흐름이 아니라고 여래는 설했나니 그래서 말하기를 마음의 흐름이라 하기 때문이다."[94] 라 하고 있어 구마라집 한역본 보다 이해하기가 쉽다.[95] 이 대목에 대해 미륵게는 다음과 같이 읊고 있다.

種種顚倒識(종종전도식)　가지가지의 전도된 식은
以離於實念(이이어실념)　진실한 생각에 떠나 있어
不住彼實智(부주피실지)　저 진실한 지혜에 머물지 않아서
是故說顚倒(시고설전도)　그래서 전도라 말하네.

그리고 "諸心皆爲非心(제심개위비심, 모든 마음은 마음이 아니다.)"라는 이유를 밝히고 있는데, "과거의 마음도 얻을 수 없고, 현재의 마음도 얻을 수 없으며, 미래의 마음도 없기 때문이다."라 하고 있다. 즉 삼세의 마음을 얻을 수 없기 때문이라는 것이다. 이미 마음은 실재하는 실체가 없다고 하였기 때문에 이해 될 것이다. 그러면

---

94) 각묵 스님, 금강경 역해, 불광출판부, pp.339~340.
95) 그래서 현장은 원문에 충실하게 "마음의 흐름, 心流注"이라 번역하였고, 보리유지는 "마음의 머묾, 心住"라 번역하였다.

삼세(과거, 현재, 미래)는 실재하는 실체가 있는가? 이 삼세라는 시간도 역시 실재하는 실체가 없다. 그렇기 때문에 삼세의 마음은 어느 순간에도 일정한 상이 없으므로 얻을 수 없는 것이다.

16 복덕례심전도의
福德例心顚倒疑

(마음이 전도된 것이라면 복덕도 전도된 것이 아닌가? 라는 의문)

    이 부분의 의문은 바로 앞 "일체동관분 제18"에서 "여래가 설하는 모든 마음은 마음이 아니라 이름하여 마음이라 한다."고 한 이것에 대하여 "이것은 중생의 갖가지 전도된 마음이고 진실한 마음이 아니라는 뜻인데, 그러면 그러한 마음으로 닦는 복덕도 역시 전도된 것이 아닌가?" 하는 의문이 생긴다는 것이다. 이에 대한 답은 상을 버리고 행하는 보시는 전도된 것이 아니므로 복덕이 실로 많음을 밝히고 있다.

법계통화분 제십구
法界通化分 第十九(법계를 통틀어 교화함)

須菩提 於意云何 若有人滿三千大千世界七寶以用布施
수보리 어의운하 약유인만삼천대천세계칠보이용보시

是人以是因緣得福多不 如是世尊 此人以是因緣得福甚
시인이시인연득복다부 여시세존 차인이시인연득복심

多 須菩提 若福德有實 如來不說得福德多 以福德無故
다 수보리 약복덕유실 여래불설득복덕다 이복덕무고

如來說得福德多
여 래 설 득 복 덕 다

"수보리야, 너는 어떻게 생각하느냐? 만약 어떤 사람이 삼천대천세계에 가득한 칠보로 보시한다면 이 사람은 이 인연으로 얻는 복덕이 많겠느냐?" "그렇습니다. 세존이시여! 이 사람은 이 인연으로 얻는 복이 매우 많습니다." "수보리야, 만약 복덕에 실체가 있다면, 여래가 얻는 복덕이 많다고 말하지 않았을 것이다. 복덕이 없기 때문에, 여래는 얻는 복덕이 많다고 설하는 것이다."

해설 삼천대천세계에 가득한 칠보로 보시하는 내용은 앞에서 여러 번 나왔다. 그런데 여기서의 보시는 다르다. 앞에서 여러 번 나왔던 보시는 상을 여의지 않은 보시를 말하는 것이고, 여기서의 보시는 상을 여읜 보시 즉 무주상보시(無住相布施)를 말한다. 따라서 경문에 나오는 부처님과 수보리의 대화는 상을 여읜 보시(무주상보시)의 복덕이 매우 많음을 주제로 삼고 있다. 그리하여 상을 여읜 보시(무주상보시)는 전도된 것이 아니기 때문에 위의 의문을 끊는 것이다.

이 대목에서 복덕이 많은 이유가 "상을 여읜다는 것"인데, "상을 여읜다는 것"은 "복덕에 어떤 실체가 없다는 것"을 아는 것을 말한다. 복덕에 어떤 실체가 없다는 것은 복덕의 본래 성질은 공(空)이라는 것이다. 역으로 공(空)이기 때문에 복덕에 어떤 실체가 없다. 이러한 것은 이미 앞에서 공부한 바이다. 만약 복덕에 어떤 실체가 있다고 생각하면 그 복덕에 집착하는 마음이 생긴다. 복덕에 집착하는 마음은 쉽게 말하자면 '생색'을 말한다. 가령 어떤 선행을 할 때, 상(賞)받을 것을 기대하고 하면 무언가 자연스럽지 않고, 다른 사람들에게 생색내는 것이 눈에 띤다. 이렇게 되면 물론 상을 받을 수는 있겠지만 다른 사람들이 마음속으로 상을 받기 위해 보시한다고 비난할 것이다. 이러면 진정한 복덕을 받는 것이 아니다. 이것이 바로 전도된 마음이니 상을 여의지 않게 된다.

따라서 경문에서 "수보리야, 만약 복덕에 실체가 있다면, 여래가 얻는 복덕이 많다고 말하지 않았을 것이다. 복덕이 없기 때문에, 여래는 얻는 복덕이 많다고 설하는 것이다."라 하였다. 그리고 경문 중에 "복덕이 없기 때문에"라는 것은 복덕에 어떤 실체가 없다는 것을 말하며, 복덕을 바라는 상을 버렸다는 의미이다.

이 대목의 가르침은 우리가 어떤 보시를 할 때, 아무리 사소한 것이라도 복을 바라는 마음을 가져서는 안 된다는 것이다. 만약 보시를 한 것에 대하여 어떤 것을 기대했을 때, 그것이 이루어지지 않으면 반드시 실망을 하게 된다. 그러면 정작 본인은 보시라는 선행을 하고도 마음에는 실망이라는 괴로움의 과보를 받고, 또 한편으로는 다른 사람들로부터 생색내기 위해 보시한다고 하는 비난을 받을 수 있다는 것이다. 그러니 상을 여읜 보시(무주상보시)가 복덕이 많음을 알게 되고, 상을 여의고 한 것이니 마음은 전도된 것이 아니며, 보시 역시 전도된 것이 아니라는 것이다. 이리하여 위 의문을 끊었다. 미륵게 제51송에서는 위 대목을 다음과 같이 읊고 있다.

佛智慧爲本(불지혜위본)　부처님의 지혜를 근본으로 삼으니
非顚倒功德(비전도공덕)　뒤바뀐 공덕이 아니네.
以是福德相(이시복덕상)　이러한 복덕의 모습이니
故重說譬喩(고중설비유)　거듭 비유를 들어 설하였다.

17
무위하유상호의
無爲何有相好疑
(무위라면 어떻게 상호가 있을까? 라는 의문)

　여기의 의문은 "무득무설분 제7"에서 "여래께서 설하신 법은 취할 수도 없고, 말할 수도 없으며, 법도 아니고, 법이 아닌 것도 아니기 때문입니다. 왜냐하면 일체현성은 무위법으로써 차별이 있기 때문입니다."라고 한 대목에서 온 것이다. 여기서 의문의 취지는 그렇다면 "여래는 무위(無爲)인데, 어떻게 상호를 구족한 분을 부처라고 할 수 있느냐?" 라는 것이다. 이 부분의 의문은 불신(佛身)으로 이 경전을 이해하는 면에서 생기는 것이다[96]. 즉 무위는 법신(法

---

96) 무착은 불신관(佛身觀)의 입장에서 이 경전을 주석하고 있다. 처음부터 "구경무아분 제17"까지를 삼신무취(三身無取)를 밝힌 것이라 한다. 즉 27단의 과단에서 본 첫번째 의문인 '求佛行施住相疑(구불행시주상의)'와 두 번째 의문인 '因果俱深無信疑(인과구심무신의)'는 삼신무취(三身無取)를 총괄적으로 나타낸 것이며, 세 번째 의문인 '無相云何得說疑(무상운하득설의)'부터 다섯 번째 의문인 '釋迦燃燈取說疑(석가연등취설의)'까지는 '화신무취(化身無取)'를 밝힌 것이고, 여섯 번째 의문인 '嚴土違於不取疑(엄토위어불취의)'부터 아홉 번째 의문인 '能證無體非因疑(능증무체비인의)'까지는 '보신무취(報身無取)'를 밝힌 것이고, 열 번째 의문인 '如徧有得無得疑(여변유득무득의)'부터 열네 번째 의문인 '無人度生嚴土疑(무인도생엄토의)'까지는 법신무취(法身無取)를 밝힌 것이다.
열다섯 번째 의문인 '諸佛不見諸法疑(제불불견제법의)'부터 열여덟 번째 의문인 '無身何以說法疑(무신하이설법의)'까지는 화신(化身)의 건립을 밝힌 것이고, 열아홉 번째 의문인 '無法如何修證疑(무법여하수증의)'부터 스물한 번째 의문인 '平等云何度生疑(평등운하도생의)'까지는 보신(報身)의 건립을 밝힌 것이며, 스물두 번째 의문인 '以相比知眞佛疑(이상비지진불의)'부터 스물네 번째 의문인

身)인데, 이 법신을 가지고 화신(化身)을 의심하는 것이다. 무착의 주석에 따르면 이 부분은 화신을 건립하기 위한 것이다.

離色離相分 第二十 (형상과 모양을 떠남)
이 색 이 상 분   제 이 십

① 須菩提 於意云何 佛可以具足色身見不 不也世尊
　　수보리　어의운하　불가이구족색신견부　불야세존

如來不應以具足色身見 何以故 如來說具足色身 卽
여래불응이구족색신견　하이고　여래설구족색신　즉

非具足色身 是名具足色身 ② 須菩提 於意云何 如
비구족색신　시명구족색신　　수보리　어의운하　여

來可以具足諸相見不 不也世尊 如來不應以具足諸相
래가이구족제상견부　불야세존　여래불응이구족제상

見 何以故 如來說諸相具足卽非具足 是名諸相具足
견　하이고　여래설제상구족즉비구족　시명제상구족

① "수보리야, 너의 어떻게 생각하느냐? 부처를 구족한 색신으로 볼 수 있겠느냐?" "그렇지 않습니다. 세존이시여! 여래를 마땅히 구족한 색신으로 볼 수 없습니다. 왜냐하면 여래께서 설하신 구족한 색신은 실로 구족한 색신이 아니라, 이것을 이름하여 구족한 색

'化身出現受福疑(화신출현수복의)'까지는 법신(法身)의 건립을 밝힌 것이다. 스물다섯 번째 의문인 '法身化身一異疑(법신화신일이의)'부터 마지막 물음인 스물일곱 번째 의문인 '入寂如何說法疑(입적여하설법의)'까지는 삼신(三身)이 같은 것도 아니고, 다르지도 않음(非一非異)을 밝힌 것이다.

신이라 한 것입니다." ② "수보리야, 너는 어떻게 생각하느냐? 여래를 구족한 모든 상으로 볼 수 있느냐?" "그렇지 않습니다. 세존이시여! 여래를 마땅히 구족한 모든 상으로 볼 수 없습니다. 왜냐하면 여래께서 설하신 모든 상의 구족은 실로 구족이 아니라, 이것을 이름하여 모든 상의 구족이라 한 것입니다."

'해설' 위 의문에 대한 경문의 대답은 두 가지로 나누어 볼 수 있다. 규봉종밀의 《금강반야경론찬요》의 제목에 따라 살펴본다. 첫째, 몸이 없음으로 말미암아 몸을 나타내는 것이다(由無身故現身). 둘째, 상이 없음으로 말미암아 상을 나타내는 것이다(由無相故現相).

① 첫째, 몸이 없음으로 말미암아 몸을 나타냄(由無身故現身).

앞 "무득무설분 제7"에서 "일체현성은 무위법으로써 차별이 있기 때문입니다."하였다. 여기서의 "무위(無爲, asamskrta)"는 조작(造作), 작위(作爲)함이 없다는 뜻이다. 즉 인연화합(因緣和合)에 의해 생멸하는 모든 법(法)을 "유위(有爲, samskrta)"라고 하는데, 이 유위법이 가진 생주이멸(生住異滅)의 사상(四相)을 떠난 것을 무위(無爲)라 한다. 근본불교에서는 생멸이 없는 열반(涅槃)을 무위라 하였다.[97] 이런 무위에 의해 나타난 부처님이라면 생주이멸이 없는 무위의 모습으로 나타나야 되는데, 어떻게 "32상과 80종호"라는 유위법의 모습으로 나타나 부처라 하는가? 하는 의문 생기는 것이다.

그래서 부처님께서 그 의문을 끊어주기 위해 수보리에게 "부처를 구족한 색신으로 볼 수 있겠느냐?"라고 먼저 묻는다. "구족한

---

97) 《잡아함경》「권12」에 『두 가지 법이 있으니, 유위와 무위다. 유위란 생기고 머물며 달라지고 소멸하는 것이며, 무위란 생기지도 머물지도 달라지지도 소멸하지도 않는 것이니 이것이 비구들의 모든 행고가 적멸한 열반이다.』라 하고 있다.

색신(具足色身)"은 부처님의 32상 80종호 중에서 80종호를 말한다. 경문 ②에 나오는 "구족한 모든 상(具足諸相)"은 32상을 가리키는 것이다. 다시 말하면 이 물음은 "80종호의 형체를 가진 화신 부처를 진정한 부처라고 할 수 있겠느냐?"라는 질문이다. 이에 대한 수보리의 대답은 "그렇지 않습니다."라 하여 80종호의 유위법으로 나타난 화신 부처도 진정한 부처라는 것이다. 그 이유는 "여래께서 설하신 구족한 색신은 실로 구족한 색신이 아니라, 이것을 이름하여 구족한 색신이라는 것"이다. 이 논리는 불적(拂跡)으로 여러 번 나왔던 것이다. "구족한 색신은 실로 구족한 색신이 아니라"라는 이 부분은 구족한 색신은 유위법으로 실체가 없는 것을 말한다. 이로써는 법신 부처를 볼 수 없다는 것인데, 즉 제일의제(승의제)로 보아서는 있을 수 없다는 것이다.

그러나 "이름하여 구족한 색신이라는 것" 이 부분은 세속제에 따라 화신 부처에게 갖추고 있는 80종호가 없는 것은 아니라는 뜻이다. 다시 말하면 구족한 색신에 끌리지 않고 진정한 모습을 보면 "구족한 색신(80종호)"의 진정한 화신불(化身佛)이 없지 않다는 것이다. 또 주의할 점은 80종호가 화신불을 나타내는 것이면, 화신불은 법신을 증득한 것이므로 결국 법신을 여읜 것이 아니다.

② 둘째, 상이 없음으로 말미암아 상을 나타냄(由無相故現相).

이 부분은 위 ①과 다를 바가 없다. 다만 여기서는 화신 부처의 32상을 예를 들었다. 그리고 여기의 32상은 뒤에 나오는 "법신비상분 제26"과 대비해 보면, 여기의 32상을 갖춘 화신 부처도 진정한 부처라 할 수 있다고 하는데, "법신비상분 제26"에서는 32상만으로 부처를 보아서는 안 된다고 한다.

그 이유는 32상은 부처에게만 있는 것이 아니라, 전륜성왕과 같은 대인에게도 있다. 부처는 무상정등각을 증득하였기 때문에 전륜성왕과는 현저한 차이가 있으므로, 32상이 반드시 부처의 징표는 아니지만, 그렇다고 32상이 부처의 징표가 아니라고는 할 수 없다. 그래서 "법신비상분 제26"에서 32상만으로 부처를 보아서는 안 된다고 하였다. 이 부분에 대한 미륵게 제52, 제53송은 다음과 같다.

法身畢竟體(법신필경체)	법신의 궁극적인 실체는
非彼相好身(비피상호신)	팔십종호의 몸이 아니며
以非相成就(이비상성취)	삼십이상의 성취도 아니니
非彼法身故(비피법신고)	저들은 법신이 아니라네.
不離於法身(불리어법신)	(그러나) 법신을 여읜 것도 아니어서
彼二非不佛(피이비불불)	저 둘이 부처가 아님도 아니니
故重說成就(고중설성취)	따라서 거듭 성취를 설하는 것은
亦無二及有(역무이급유)	둘이 없기도 하고 있기도 하네.

※ '상호신(相好身)'은 경문의 '구족색신(具足色身)'을, '성취(成就)'는 경문의 '제상구족(諸相具足)'을 가리킨다.

18
무 신 하 이 설 법 의
無身何以說法疑
(몸이 없으면 어떻게 설법하는가? 라는 의문)

　　이 부분은 기본적으로는 "무득무설분 제7"에서 온 의문이고, 아울러 바로 앞 "이색이상분 제20"에서 온 의문이다. 기본적으로 성인과 현인이 실제로 없다면 부처의 몸도 없다는 것이다. 그렇다면 몸이 없는데 어떻게 설법하는가? 라는 의문이 생긴다. 또 마찬가지로 앞 "이색이상분 제20"에서 구족한 색신과 상호의 구족을 여래로 보아서는 안 된다고 하였는데, 그와 같이 여래가 무위이면 여래는 몸이 없이 어떻게 설법을 하는가? 라는 의문이 생기는 것이다.

　　그리고 여기의 의문은 앞 "이색이상분 제20"의 의문과 대조를 이룬다. 앞 "이색이상분 제20"에서의 의문은 "무위라면 어떻게 상호가 있을까?"라는 의문 즉 어떻게 몸이 있겠느냐? 라는 것이고, 여기서의 의문은 어떻게 설법할 음성이 있겠느냐? 라는 의문이다. 즉 몸과 음성의 대조이다. 이에 대해 "몸없는 몸이 진정한 몸이듯이, 말없는 말이 진정한 설법이다."라 하여 의문을 끊어준다. 그리하여 이 대목에 대해 무착은 "無上語具足(무상어구족, 위 없는 말이 구족)"라 했고, 소명태자는 "非說所說分(비설소설분, 설함도 설해진 것도 없다.)"라 했으며, 불신관(佛身觀)으로는 "非說之說(비설지설, 설 아님을 설한 것)"이라 하여 화신(化身)을 건립하는 단원을 끝낸다.

비설소설분 제이십일
非說所說分 第二十一(설함도 설해진 것도 없다)

① 須菩提 汝勿謂如來作是念 我當有所說法 莫作是念
　수보리 여물위여래작시념 아당유소설법 막작시념

何以故 若人言如來有所說法卽爲謗佛 不能解我所
하이고 약인언여래유소설법즉위방불 불능해아소

說法 須菩提 說法者無法可說 是名說法 ②爾時慧
설법 수보리 설법자무법가설 시명설법　이시혜

命須菩提白佛言 世尊 頗有衆生於未來世聞說是法
명수보리백불언 세존 파유중생어미래세문설시법

生信心不 佛言 須菩提 彼非衆生非不衆生 何以故
생신심부 불언 수보리 피비중생비불중생 하이고

須菩提 衆生衆生者 如來說非衆生 是名衆生
수보리 중생중생자 여래설비중생 시명중생

① 수보리야, 너는 "여래가 '나는 마땅히 설한 법이 있다.'고 생각한다."라고 말하지 말라. (그리고) 이러한 생각도 하지 말라. 왜냐하면 만약 어떤 사람이 "여래가 설한 법이 있다."라고 말하면 곧 부처를 비방하는 것이니, 내가 설한 법을 이해하지 못하기 때문이다. 수보리야, 법을 설한다는 것은 실로 설할 법이 없는데, 이를 이름하여 법을 설한다고 한다.
② 그때 혜명 수보리가 부처님에게 물었다. "세존이시여! 어떤 중생이 미래 세상에 이 법을 설하는 것을 듣고 믿는 마음을 내겠습니까?" 부처님께서 수보리에게 말씀하셨다. "저들은 중생이 아니고, 중생이 아닌 것도 아니다. 왜냐하면 수보리야,

중생 중생이라는 것은, 여래가 설하기를 중생이 아니라 이를 이름하여 중생이라 하기 때문이다.

해설 위 의문에 대한 경문의 답은 두 부분으로 나누어진다. 첫째, 위 의문에 대하여 답하는 부분이고, 둘째, "정신희유분 제6"에서와 같이 미래 세상에 이 법을 설하는 것을 듣고 믿는 마음을 내는 사람이 있겠는가? 라는 의문을 내고 이에 대해 답하는 것이다.

1. 첫째, 위 의문에 대한 대답.

먼저 수보리의 의문은 "여래가 실로 설한 법이 있다."는 생각을 전제로 한 것이다. 이에 대한 부처님의 대답은 수보리가 생각한 전제가 잘못됐다고 한다. "여래가 '나는 마땅히 설한 법이 있다'고 생각한다."라는 말을 해서는 안 되고, 또한 "이러한 생각조차도 하지 말라"는 것이다. 부처님께서 이렇게 말한 이유는 그 다음 경문에 나오는데, 두 부분으로 나누어 볼 수 있다.

① 먼저 경문의 "왜냐하면 ~ 내가 설한 법을 이해하지 못하기 때문이다."라는 대목으로, 이 대목은 "그런 말을 해서는 안 되고, 생각조차 하지 말라는 것"에 대한 이유를 밝히는 것이다. 즉 "여래가 '나는 마땅히 설한 법이 있다.'고 생각한다."라는 말을 해서는 안 되고, 또 "이러한 생각조차도 하지 말라."는 이유가 여래가 설한 법을 이해하지 못하기 때문이라는 것이다. 즉 부처님께서 설한 법을 이해하지 못하면 위와 같은 말을 하고, 그러한 생각을 하면, 사실이 아닌 말로 부처를 비방하는 것이 되기 때문이다.

② 다음은 경문의 "수보리야, 법을 설한다는 것은 실로 설할 법이 없는데, 이를 이름하여 법을 설한다고 한다."라는 대목으로, 이 대목은 수보리의 의문에 대하여 실질적인 이유를 밝히는 것이다.

경문의 구조는 이미 많이 공부했던 불적(拂跡)이다. 앞부분 "법을 설한다는 것은 설할 법이 없는데"는 법이라는 실체가 없다는 것이며, 실체가 없다고 설하는 말도 실체가 없다는 의미이다. 즉 제일의제(승의제)로서는 어떠한 실체도 없다는 것을 말한다. 그렇지만 세간의 이해로는 없는 것이 아니다. 즉 세속제로서는 부정할 수 없다. 그래서 세간의 이해로 "부처님께서 법을 설하신다."라고 이름 붙인다는 것이다.

이와 같이 부처님께서는 법을 설하시지만, 법이나 설하는 말에 어떠한 실체가 없다는 것을 깨닫고 있으므로, 법에 대한 상이나 설하는 말에 대한 상이 있을 수 없다. 그러므로 어떤 사람이 "여래가 '나는 마땅히 설한 법이 있다.'고 생각한다."라는 말을 하거나, 이러한 생각을 하면, 이것은 사실이 아니기 때문에 부처를 비방하는 것이 된다는 것이다.

이상의 내용이 경문의 취지인데, 법신을 증득하신 부처님께서 설하는 법(법신), 그 자체는 언설을 떠나 있지만 그렇다고 언설에 의지하지 않고는 중생들에게 전할 수 없다. 즉 언설은 부처님께서 설하는 법의 실상은 아니지만 그렇다고 법의 실상을 떠난 것도 아니다. 이 점을 주의시켜 주기 위해 세속제로서 강조하는데, "이를 이름하여 법을 설한다."라고 한 것이다. 미륵게 제54송은 이 대목을 다음과 같이 읊고 있다.

如佛法亦然(여불법역연)　부처님처럼 법도 그러하여서
所說二差別(소설이차별)　설하신 말과 뜻의 차별이
不離於法界(불이어법계)　법계를 여의는 것이 아니기에
說法無自相(설법무자상)　설한 법의 자상이 없다네.

※ "所說二(소설이)"는 설하신 '말'과 '뜻(이치)' 두 가지를 말하고, 이 둘은 법계를 여의는 것이 아니기에 실체가 없다. 그래서 說法無自相(설법무자상)이라 한 것이다. 이 구(句)에서 자상(自相)이라 하였는데, 고유한 상이라는 의미이므로, 자성(自性)과 같은 의미이다. 세친은 "佛離於法界(불리어법계)"를 경문의 "是名說法(시명설법)"을 해석한 것이고, "說法無自相(설법무자상)"은 경문의 "無法可說(무법가설)"을 해석한 것이라 한다.

그리고 "설한 법이 없다, 無說"라는 표현이 여러 번 나오는데. 그 취지가 다르다. 첫째, "무득무설분 제7"에서의 "무설(無說)"인데, 상이 없다면(無相) 어떻게 법을 얻고 설할 수 있는가? 에 대하여 답하는 것이고 둘째, "여법수지분 제13"에서의 무설인데, 보신의 공덕이 수승함을 밝혀 집착을 깨기 위한 것이며 셋째, "구경무아분 제17"에서 "인(因)이 없다면 부처도 없고 법(法)도 없지 않을까?"라는 의문에 대하여 답한 것인데, 여기서는 "몸이 없으면 어떻게 법을 설하는가?"에 대한 답이다.

2. 미래 세상에 믿는 사람이 있겠는가? 에 대한 답.

이 부분의 경문은 "그때 혜명[98] 수보리가 부처님께 물었다. ~ 이를 이름하여 중생이라 하기 때문이다."라는 대목이다. 수보리가 부처님에게 물은 취지는 "부처님께서는 설한 법이 없다." "부처님께서 설한 법은 법신을 말하는데, 법신도 실체가 없다." "이를 이름하여 법을 설한다." 등의 말을 누가 믿겠는가? 특히 미래 세계의 중생들은 근기가 하열하여 믿는 마음을 낼 사람이 있겠는가? 이다. 이 부분은 "정신희유분 제6"과 비슷하다. 정신희유분의 의문은 사상(四相)에 머무르지 않는 보시(무주상보시)를 누가 믿겠느냐? 이고,

---

98) 혜명(慧命)은 지혜로 생명을 삼는다는 의미이다.

여기서의 의문은 부처님께서 설한 법(법신)과 현실로서 설한 법(현상)과의 차이를 누가 믿겠느냐? 이다. 부처님께서는 두 가지로 답하고 있다.

① 먼저 "저들은 중생이 아니고, 중생이 아닌 것도 아니다."라 답한다. "중생이 아니고"라는 대목은 중생은 본래 중생이 아니라는 것이다. 왜냐하면 모든 중생은 불성(佛性)을 가지고 있다. 이 불성의 면에서 보면 중생이 아니라는 것이다. "중생이 아닌 것도 아니다."라는 대목은, 모든 중생이 비록 불성을 본래부터 가지고 있지만, 현재는 번뇌가 그 불성을 가리고 있어서 자기가 본래 부처임을 모르고 있다. 그렇기 때문에 중생이라는 것이다. 이와 같이 체(體, 바탕)에 있어서는 중생이 아니지만, 현실(현상)은 아직 중생이라는 것이다.

② 다음은 ①에 대한 이유를 밝히는 부분이다. 경문의 "중생 중생[99]이라는 것은, 여래가 설하기를 중생이 아니라"라는 대목은, 중생이라는 것은 어떤 실체가 있는 것이 아님을 말한다. 중생은 오온으로 되어 있는 이 몸을 자아로 착각하고 있다(착각이 번뇌다, 왜냐하면 오온 역시 실체가 없기 때문이다.) 그 착각에서 벗어나면 그 어떤 실체도 없다. 따라서 "여래가 설하기를 중생이 아니라"라고 한 것이다. 그런데 실체가 없는 오온으로 이루어진 이 몸이 세간의 이해로는 있는 것처럼 보인다. 그래서 그에 이름을 붙여 중생이라 한다는 것이다. 이 부분에 대한 미륵게 제55송은 다음과 같다.

所說說者深(소설설자심) 설한 법, 설한 이 심오하지만

---

99) "중생 중생"이라고 중복한 것은 범어 원문에 충실하게 번역한 것이고 특별한 의미는 없다. 그리고 미륵게에 나오는 "중생 중생"은 경문과는 다르다.

非無能信者(비무능신자) 믿는 사람 능히 없지 않다.
非衆生衆生(비중생중생) 중생이 아닌 중생이요.
非聖非不聖(비성비불성) 성인이 아니면서 성인 아님도 아니다.

19
무 법 여 하 수 증 의
無法如何修證疑
(법이 없다면 어떻게 닦아 증득하는가? 라는 의문)

　이 부분에 대한 의문은 "3. 상이 없다면 어떻게 법을 얻고 어떻게 설할 수 있는가?", "12. 부처님께서도 인위(因位)에서 보살이 아니었나?", "13. 인(因)이 없다면 부처도 없고 법(法)도 없지 않을까?" 라는 세 가지 의문으로부터 온 것이다. 이 세 가지 의문의 취지는 아뇩다라삼먁삼보리라고 할 정해진 법이 없기 때문에 아뇩다라삼먁삼보리를 얻을 수 없다는 것이다. 그렇다면 보살이 발심하여 등각(等覺), 묘각(妙覺)에 이르기까지 점차 계위에 맞게 보리(깨달음)를 얻고 있는 것이 엄연한데, 어떻게 수행을 하고 한 법도 얻을 수 없다고 하느냐? 라는 의문이 생긴다는 것이다.

무 법 가 득 분   제 이 십 이
無法可得分 第二十二 (얻을 법이 없다.)

須菩提白佛言 世尊 佛得阿耨多羅三藐三菩提 爲無所
수보리백불언 세존 불득아뇩다라삼먁삼보리 위무소

得耶 (佛言)¹⁰⁰如是如是 須菩提 我於阿耨多羅三藐三
득야　불언　　여시여시 수보리 아어아뇩다라삼먁삼

五.
27겁의 의문

菩提乃至無有少法可得是名阿耨多羅三藐三菩提
보리 내지 무유 소법 가득 시명 아뇩 다라 삼먁 삼보리

수보리가 부처님께 물었다. "세존이시여! 부처님께서는 아뇩다라삼먁삼보리를 얻으신 것은, 얻은 바가 없는 것입니까?" 부처님께서 말씀하셨다. "그와 같고 그와 같다. 수보리야, 나는 아뇩다라삼먁삼보리 내지 적은 법도 얻은 것이 있지 않으니, 이를 이름하여 아뇩다라삼먁삼보리라 한다."

정 심 행 선 분   제 이 십 삼
淨心行善分 第二十三(청정한 마음으로 선법을 행하다)

復次須菩提 是法平等無有高下 是名阿耨多羅三藐三菩
부차 수보리   시법 평등 무유 고하   시명 아 뇩 다 라 삼 먁 삼 보

提 以無我無人無衆生無壽者 修一切善法則得阿耨多羅
리 이무아무인무중생무수자   수일체선법즉득아 뇩 다 라

三藐三菩提 須菩提 所言善法者 如來說卽[101]非善法是
삼먁삼보리   수보리 소언선법자   여래설즉   비선법시

名善法
명 선 법

"또 수보리야, 이 법은 평등하고 높고 낮음이 없으니, 이를 이름하

---

100) 《신수대장경》에는 '불언(佛言)'이 없지만, 의미에는 차이가 없다.
101) 《신수대장경》에는 '즉(卽)'이 없지만, 의미에는 차이가 없다.

294

여 아뇩다라삼먁삼보리라 한다. 무아, 무인, 무중생, 무수자로 일체 선법을 닦으면 곧 아뇩다라삼먁삼보리를 얻을 것이다. 수보리야, 선법이라고 말하는 것은, 여래가 실로 선법이 아니라, 이를 이름하여 선법이라 말한다."

해설 먼저 수보리가 의문을 제기한다. "부처님께서 아뇩다라삼먁삼보리를 얻으신 것은, 실로 얻은 바가 없습니까?"라고 물었다. 이에 대한 대답은 두 부분으로 나누어 볼 수 있다. 먼저 수보리의 물음에 대한 직접적인 대답이고, 다음은 어떻게 닦아야 하는지에 대한 답이다. 그리고는 집착을 염려하여 불적(拂跡)으로 흔적을 쓸어 버린다.

① 첫째, 수보리의 물음에 대한 직접적인 답으로, 부처님께서 "나는 아뇩다라삼먁삼보리 내지 적은 법도 얻은 것이 있지 않으니, 이를 이름하여 아뇩다라삼먁삼보리라 한다."라 하고 있다. 이런 구조 거듭 공부했기 때문에 어렵지 않을 것이다. 적은 법 즉 아주 사소한 법이라도 얻었다는 생각이 있으면 아뇩다라삼먁삼보리라는 법의 증득은 생각조차 할 수 없음을 말해주고 있다. 그리고 "이 아뇩다라삼먁삼보리는 평등하고 높고 낮음이 없으니, 이를 이름하여 아뇩다라삼먁삼보리라 한다."라고 말한다.

앞에서 아뇩다라삼먁삼보리에 대하여 공부하였는데, 진정한 공(空)의 경지에 도달하면, 일체의 차별이 없고 절대평등하다. 이러한 깨달음을 지혜로 표현하면 무분별지(無分別智)라 한다. 즉 부처니 중생이니 하는 차별이 없어진다. 그렇게 되면 나와 남, 선과 악, 염(染)과 정(淨), 높고 낮음 등 일체의 이분법도 사라진다. 이것을 《대방광불화엄경》에서 "心佛及衆生是三無差別(심불급중생시삼무차별), 마음과 부처 그리고 중생, 이 셋은 차별이 없다."라 하고 있다.

② 둘째, 위에서 직접적으로 수보리의 물음에 답하고는 어떻게 수행할 것인가? 에 대하여 가르침을 주고 있으니, "아, 인, 중생, 수자" 없이 모든 선법(善法)을 닦으라는 것이다. 여기서의 선법(善法, kuśala-dharma)은 윤리적, 도덕적인 선법이 아니라, 보리(깨달음)에 유익한 것을 말한다. 가령 부부간의 정상적인 부부관계는 윤리적, 도덕적으로 아무런 문제가 되지 않지만, 아뇩다라삼먁삼보리를 얻는데 있어서는 선법(善法)이 아니다. 이 사상(四相)없는 것이 즉 무주상(無住相)인데, 모든 선법을 무주상으로 닦으면 곧 아뇩다라삼먁삼보리을 얻는다고 한다.

그리고는 다시 선법에 어떤 집착을 가질 염려가 있어서, 이를 끊어주기 위해 "수보리야, 선법이라고 말하는 것은, 여래가 실로 선법이 아니라, 이를 이름하여 선법이라 말한다."고 하고 있다. 이 대목에 대한 미륵게를 보면 다음과 같다.

彼處無少法(피처무소법)　저곳에는 적은 법도 없으니
知菩提無上(지보제무상)　보리는 무상인줄 아네. [미륵게 56송 전반]

※경문의 "아뇩다라삼먁삼보리 내지 적은 법도 얻은 것이 있지 않으니"에 대한 게송이다. 즉 보리는 얻을 바 없는 경지이기 때문에 위 없는 것이라 한다.

법계불증감(法界不增減)　법계는 늘어나거나 줄어드는 것이 아니니
정평등자상(淨平等自相)　청정과 평등이 본래의 모습이다.

[미륵게 56송 후반]

※경문의 "수보리야, 이 법은 평등하고 높고 낮음이 없으니"에 대한 게송이다.

| 有無上方便(유무상방편) | 위없는 방편이 없지 않고,
| 及離於漏法(급이어루법) | 유루법을 여의었나니,
| 是故非淨法(시고비정법) | 그리하여 청정한 법이 아니지만
| 卽是淸淨法(즉시청정법) | 실로 이것이 청정한 법이로다.

[미륵게 57송]

※ 경문의 "무아, 무인, 무중생, 무수자로 일체 선법을 닦으면 곧 아뇩다라삼 먁삼보리를 얻을 것이다."에 대한 게송이다.

참고로 《금강경》에 "아뇩다라삼먁삼보리를 얻을 수 없다."라는 말이 네 번 나온다.

① 첫째, 세 번째 의문(상이 없다면 어떻게 법을 얻고 어떻게 설할 수 있는가?)의 전반 "무득무설분 제7"에서 "석가모니여래는 법(아뇩다라삼먁삼보리)을 얻은 것이 있으리라"는 의문에 대한 답으로 "아뇩다라삼먁삼보리를 얻을 수 없다."라 하였다.

② 둘째, 열두 번째 의문(부처님께서도 인위의 보살이 아니었나?)의 "구경무아분 제17"에서 "여래가 연등불 계신 곳에서 아뇩다라삼먁삼보리를 얻은 어떤 법이 있으리라?(연등불 수기)"는 의문에 대하여 "아뇩다라삼먁삼보리을 얻을 수 없다."라 하였다.

③ 셋째, 열세 번째 의문인, 因이 없다면 부처도 없고 法도 없지 않을까? 라는 의문, 다시 말하면 부처도 있고, 법도 있으리라는 의문에 대하여 "구경무아분 제17" 후반부에서 "수보리야, 실로 부처는 아뇩다라삼먁삼보리를 얻은 법이 없다."라고 답하였다.

④ 넷째, 여기의 의문, 법이 없다면 어떻게 닦아 증득하는가? 다시 말하면 "닦을 것도 있고, 증득할 법도 있으리라"는 의문에 대하여, 답으로 "아뇩다라삼먁삼보리를 얻을 수 없다."는 것이다.

20
所說無記非因疑
소 설 무 기 비 인 의

(설한 바가 무기(無記)이니 인(因)이 아닐 것이라는 의문)

이 부분의 의문은 앞 19번 째 의문의 "정심행선분 제23"에서 온 것이다. 경문에서 "무아, 무인, 무중생, 무수자로 일체선법을 닦으면 곧 아뇩다라삼먁삼보리를 얻을 것이다"라는 것을 듣고는 다음과 같은 의문을 낼 수 있다는 것이다.

『이 경 내지 사구게 등을 수지독송하거나 타인에게 설해주면 보리를 얻는다고 자주 말했다. 그러면 선법을 닦아서 아뇩다라삼먁삼보리를 얻는 것은 이해되지만, 이 경 내지 사구게 등을 수지독송하거나 타인에게 설해주면 아뇩다라삼먁삼보리를 얻는다는 말은 틀린 것이다. 왜냐하면 이 경 내지 사구게는 언설인데, 언설은 선법(善法)이 아니라 무기(無記)[102]이다. 이 무기(無記)에서 어떻게 보리를 얻을 수 있는가? 라는 의문』이 생긴다는 것이다.

---

102) 무기(無記)는 선(善)도 악(惡)도 아닌 것을 말한다. 예컨대 바람소리, 물소리, 밥 먹는 행위, 생리현상을 보는 행위 등이 무기이다. 불법(佛法)은 인과법(因果法)이다. 즉 선인선과(善因善果), 악인악과(惡因惡果)가 인과법인데, 원인이 무기이면 결과도 무기여야 한다. 그런데 무기에서 어떻게 선의 극치인 아뇩다라삼먁삼보리라는 결과를 얻을 수 있는가? 라는 것이 위의 의문이다.

그런데 이 의문이 생기게 된 본래 동기는 앞 "정심행선분 제23"
에서 말한 "무아, 무인, 무중생, 무수자로 일체선법을 닦으면 곧 아
뇩다라삼먁삼보리를 얻을 것이다."라는 대목을 잘못 이해하여 온
것이다. 일체선법을 닦는데 있어서 사상(四相)을 가지지 말고 닦으
라는 것이다. 즉 핵심은 무사상(無四相)이다. 사상 없이 선법을 닦
으면, 그 선법은 선, 악 그리고 무기를 떠나 있다. 그리고 아뇩다라
삼먁삼보리도 선과 악 그리고 무기를 떠나 있다. 그런데 선법(善法)
을 닦으면 아뇩다라삼먁삼보리를 얻는다고 하니까, 선법이 선이고
결과인 아뇩다라삼먁삼보리도 선법이라는 착각을 일으킨 것이다.
게다가 이 경과 사구게는 무기인데, 어떻게 선의 극치인 아뇩다라
삼먁삼보리를 얻을 수 있는가? 라는 것이다.

그리고 여기서의 의문은 9번 째 의문(언설은 허무한 것이기 때문에
보리의 인(因)이 아니라는 의문)과 유사하지만, 9번 째 의문에서 말한
"언설은 실체가 없는 유위법(有爲法)이기 때문에 보리[103]의 원인
(因)이 아닐 것이다."라는 것이어서, 여기서의 의문과 그 취지가 다
르다.

복 지 무 비 분　　제 이 십 사
福智無比分 第二十四(복과 지혜 비교할 수 없음)

須菩提 若三千大千世界中所有諸須彌山王 如是等七寶
수 보 리　약 삼 천 대 천 세 계 중 소 유 제 수 미 산 왕　여 시 등 칠 보

---

103) 보리(아뇩다라삼먁삼보리)는 무위법(無爲法)이다.

聚有人持用布施 若人以此般若波羅蜜經乃至四句偈等
취유인지용보시　약인이차반야바라밀경내지사구게등

受持讀誦爲他人說 於前福德百分不及一 百千萬億分乃
수지독송위타인설　어전복덕백분불급일　백천만억분내

至算數譬喩所不能及
지산수비유소불능급

"수보리야, 만약 삼천대천세계 중에 있는 모든 수미산과 같은 칠보의 무더기로 어떤 사람이 보시하더라도, 만약 이 반야바라밀경 내지 사구게 등을 수지독송하거나 타인을 위하여 설하면, 앞의 복덕은 백분의 일에도 미치지 못하고, 백천만억분 내지 산수나 비유로도 미치지 못하니라."

해설 위의 의문에 대한 답은 비유를 통해 밝히고 있다. 이 경과 이 경의 4구게는 선과 악을 떠나 있다. 따라서 이 경과 이 경의 4구게는 너무 수승하여 선법과의 비교 자체가 말이 안 된다. 그렇지만 그 수승한 것을 드러내기 위해 삼천대천세계 중에 있는 모든 수미산과 같은 무더기의 칠보로 보시하는 복덕과 비교하여 수승함을 밝히고 있다. 이에 대해 미륵게 58송은 다음과 같다.

　　雖言無記法(수언무기법)　비록 말은 무기법이지만
　　而說是彼因(이설시피인)　말씀은 그(아뇩다라삼먁삼보리)의 원인이니
　　是故一法寶(시고일법보)　그러므로 한마디 법보가
　　勝無量珍寶(승무량진보)　무량한 진보보다 수승하다.

21 平等云何度生疑
평 등 운 하 도 생 의

(평등하다면 어째서 중생을 제도한다 하는가? 라는 의문)

　이 부분은 앞 19번 째 의문(법이 없다면 어떻게 닦아 증득하는가?)의 "정심행선분 제23"에서 "이 법은 평등하고 높고 낮음이 없으니 이름하여 아뇩다라삼먁삼보리라 한다."라 하였다. 그러면 그와 같이 평등하고 높고 낮음이 없는데, 어째서 부처님은 중생을 제도 하셨는가? 높고 낮음이 있기 때문에 중생을 구별하여 제도한 것이 아닌가? 라는 의문이 생긴다는 것이다.

化無所化分 第二十五 (교화하되 교화한 바 없다)
화 무 소 화 분　제 이 십 오

①須菩提 於意云何 汝等勿謂如來作是念 我當度衆生
　수 보 리　어 의 운 하　여 등 물 위 여 래 작 시 념　아 당 도 중 생

須菩提 莫作是念 ②何以故 實無有衆生如來度者 若有
수 보 리　막 작 시 념　　하 이 고　실 무 유 중 생 여 래 도 자　약 유

衆生如來度者 如來則有我人衆生壽者 ③須菩提 如來
중 생 여 래 도 자　여 래 즉 유 아 인 중 생 수 자　　수 보 리　여 래

五. 27 겹의 의문

301

說有我者則非有我 而凡夫之人以爲有我 須菩提 凡夫
설 유 아 자 즉 비 유 아   이 범 부 지 인 이 위 유 아   수 보 리   범 부
者如來說則非凡夫
자 여 래 설 즉 비 범 부

① 수보리야, 너는 어떻게 생각하느냐, 너희들은 "여래가 '나는 마땅히 중생을 제도하리라'라고 생각한다."라고 말해서는 안 된다. 수보리야, 이렇게 생각해서도 안 된다. ② 왜냐하면, 실로 여래가 제도한 중생이 있지 않기 때문이다. 만약 여래가 제도한 중생이 있다면[104], 여래는 곧 아, 인, 중생, 수자가 있는 것이다. ③ 수보리야, 여래가 아(我)가 있다고 말한 것은 실로 아(我)가 있는 것이 아니라, 범부들이 아(我)가 있다고 하는 것이다. 수보리야, 범부라는 것은 여래가 실로 범부가 아니라고 말한다.

---

104) 이 부분에 대한 번역을 보면, "무슨 까닭이겠는가? 진실로 어떤 중생도 여래가 제도할 것이 없느니라, 만일 어떤 중생을 여래가 제도할 것이 있다면"(김월운 스님), "왜냐하면 여래가 제도할 중생이란 실로 있지 않으니, 만약 여래가 제도할 중생이 있다면"(김윤수), "왜냐하면, 어떤 중생도 없어서, 여래가 제도하기 때문이니라. 만약 중생이 있어서, 여래가 제도한다면"(연제 스님), "왜냐하면, 여래가 제도한 중생이 실제로 없기 때문이다. 만일 여래가 제도한 중생이 있다면"(조계종 표준본), 범어번역본은 "그것은 무슨 이유에서인가? 수보리여, 여래가 완전히 해탈하게 한 어떤 중생도 없기 때문이다. 만일 다시 수보리여, 여래가 완전히 해탈하게 했다 할 어떤 중생이 존재한다면"(각묵 스님), "그것은 무슨 까닭입니까? 쑤부띠여, 여래에 의해 해탈한 어떠한 뭇 삶도 존재하지 않기 때문입니다. 쑤부띠여, 만약 여래가 해탈시킨 어떠한 뭇 삶이 있다면"(전재성). 여기의 번역을 보면 두 가지로 대별된다. 하나는 부처님께서 중생을 아직 제도하지 않았지만 제도해야 할 중생에 대하여 제도한다는 생각을 가지면 아, 인, 주생, 수자가 있다는 것이다.(위의 월운 스님과 김윤수 번역), 다른 하나는 부처님께서 중생을 제도했지만 그 중생을 제도할 때, 제도한다는 상을 가지지 않았다는 것이다.(위 범어 번역본) 그리고 다른 하나는 중생자체를 부정하는 번역이다.(연제 스님) 필자는 범어에 충실하게 번역하였다.

해설 위의 의문에 대한 대답을 세 부분으로 나누어 볼 수 있다.

① 첫째, 수보리의 잘못된 의문을 막는 것이다. "여래가 '나는 마땅히 중생을 제도하리라.'라고 생각한다."라는 말을 해서 안 되고, 또 그러한 생각을 해서도 안 된다는 것이다.

② 둘째, 그 이유를 설명하는 것이다. 먼저 "실로 여래가 제도한 중생이 없다."고 한다. 이 말은 여래가 중생을 제도할 때 아상, 인상, 중생상, 수자상이 없이 제도했다는 것이다. 이러한 상이 없이 중생을 제도하였기 때문에 한 중생도 제도한다는 상에 집착하지 않았다는 것이다. 이것을 경문에서 "만약 여래가 제도한 중생이 있다면, 여래는 곧 아, 인, 주생, 수자가 있는 것이다."라 표현 하였다.

경문에서 이렇게 이유를 설명하고 있지만, 본질론적으로 살펴보면, 중생이라는 것은 오온(五蘊)에 불과하다. 오온은 실재하는 실체가 없다. 이것을 《반야심경》에서는 "五蘊皆空(오온개공, 오온은 다 공하다.)"이라 하였다. 이렇게 보면 본래 중생이라는 것은 없다. 여래께서는 중생을 볼 때, 이렇게 실상인 공으로 인식하여 제도하므로 경문에서 "실로 여래가 제도한 중생이 없다."라 한 것이다. 역으로 여래가 제도한 중생이 있다면, 즉 중생을 실상인 공으로 인식하지 않으면 당연히 아상, 인상, 중생사, 수자상이 있기 마련이다.

그리고 또 하나는 여래가 중생을 실상인 공으로 보고 있으므로, 중생을 제도할 때, "제도한다는 상(제도한다는 생각)"에도 잡히지 않는다. 왜냐하면, 제도한다는 상이 있으면 중생이라는 실체를 인정하기 때문이다. 경문에서는 이 내용이 없지만, 경문 속에 이 내용이 감추어져 있다고 보아야 한다. 미륵게는 이 의미를 다음과 같이 읊고 있다.

取我度爲過(취아도위과)	제도함을 취하는 것은 허물이니
以取彼法是(이취피법시)	그런 법을 취하는 이것은
取度衆生故(취도중생고)	중생을 제도한다는 것을 취하기 때문에
不取取應知(불취취응지)	취하지 말아야 할 것을 취함을 마땅히 알아야 하네.

③ 셋째, 이렇게 여래가 설한 말씀에 대하여 집착할 것을 염려하여 그 자취마저 쓸어버린다. 여래의 말씀을 누가 집착하는가? 여래의 말씀을 듣는 우리 자신이다. 그런데 우리는 사상(四相)에 집착하고 있다. 이 사상을 쓸어버리고자 여래께서는 아상(我相)에 대한 집착을 쓸어버린다. 경문에서는 아상만 말하고 있지만, 나머지도 포함된 것으로 보아야 한다. 이렇게 사상에 대한 집착이 없게 되면 모든 것에 대한 상이 없게 된다는 것이다. 경문을 보면 "여래가 아(我)가 있다고 말한 것은 실로 아(我)가 있는 것이 아니라, 범부들이 아(我)가 있다고 하는 것이다."[105]라 하여 아(我)에 대하여 실체가 없음을 말하고 있고, 아(我)가 있다고 여기는 것은 아(我)에 집착한 범부들이라는 것이다. 그리고 또 이 말에 집착할 것을 염려하여 다시 흔적을 쓸어버리는데, "범부라는 것은 여래가 실로 범부가

---

105) 이 부분에 대한 범어 번역본을 보면 "자아에 대한 집착 그것은 수보리여, '자아에 대한' 집착이 아니라고 여래는 설한다. 그것은 단지 어리석은 범부들이 집착하는 것이다."(각묵스님)

"쑤부띠여, 여래께서 '자아에 대한 집착'이라고 하신 그것은 '집착이 아닌 것'을 가르치신 것입니다. 그런데 어리석은 일반인들이 집착하고 있습니다."(전재성) 그리고는 '일반인'에 대해 주를 달고 있다. 『bāla-pr̥thagjana : 한역에서 꾸마라지바는 '범부(凡夫)', 현장은 우부이생(愚夫異生)이라고 하고 있다. bāla는 '어리석은'이란 뜻이고, pr̥thagjana는 다른 씨족의 사람 ⇨ 낮은 계급의 사람 ⇨ 민중을 뜻한다.』

아니라고 말한다."라 하고 있다.

    참고로 "중생을 제도하되, 제도된 중생이 없다."라는 표현이 "대승정종분 제3"과 "구경무아분 제17"에서 두 군데, 그리고 여기에 나온다. "대승정종분 제3"에서는 "중생을 제도한다는 상"을 버리라는 것이고, "구경무아분 제17" 중 11번째 의문(住修降伏是我疑)에서 중생을 제도하는 주체가 '나'가 아닌가? 라는 의문에 대한 답이며, "구경무아분 제17" 중 14번째 의문(無人度生嚴土疑)에서 '나'가 없다면 누가 중생을 제도하는가? 라는 의문에 답하는 것이며, 끝으로 여기서는 법계가 평등하다면 어떻게 차별하여 중생을 제도한다고 하는가? 라는 의문에 대하여 답하는 것이다.

22 이상비지진불의
以相比知眞佛疑
(상으로 진불眞佛을 비교해 알 수 있지 않는가? 라는 의문)

　이 부분은 17번 째 의문(無爲何有相好疑, 무위라면 어떻게 상호가 있을까? 라는 의문)에서 온 것이다. 그 곳에서 "구족한 색신(具足色身)으로 여래를 볼 수 없고, 또 구족한 상호(諸相具足)로도 여래를 볼 수 없다."고 하였다. 또 그렇다고해서 상호가 법신(진불)을 여읜 것도 아니라고 하였다. 그러면 상호가 법신을 여읜 것이 아니라면, 상호로써 유추(比量)하여 법신(法身)을 알 수 있는 것이 아닌가? 라는 의문이 생긴다는 것이다.

　그러나 진불인 법신은 이렇듯 유추의 대상이 아니라 추측과 사량이 끊긴 자리에 있다. 그래서 소명태자는 이 대목은 "法身非相分, 법신은 상이 없다."라 하였고, 함허스님은 법신의 적멸한 본체를 설명한 것이라 하였으며, 불신관(佛身觀)으로 보는 입장에서는 이 대목부터 24번째 의문(化身出現受福疑)까지는 법신의 존재를 인정하는 내용(法身建立)인데, 그 중 이 대목은 법신의 정의를 드러낸 것(正顯法身)이라 한다.

[삼량(三量)]

　우리가 어떤 것을 인식하는데 세 가지가 있다. 이것을 삼량(三量)이라 한다. 이 삼량은 유식학에서 체계화시킨 것인데, 현량(現量),

비량(比量), 비량(非量)을 말한다.

① 첫째, 현량(現量)은 언어나 개념적 사고 없이 사물을 있는 그대로 인식하는 것, 예를 들어 사과라는 과일을 눈으로 볼 때, 사과 그 자체만 인식하는 것, 또 천둥소리를 들을 때 "우르르 쾅" 하는 소리 그 자체를 인식하는 것 등이다.

② 둘째, 비량(比量)은 대상에 대하여 언어의 개념적 사고를 하여 그 대상이 무엇인지 추측하여 아는 인식이다. 예를 들어 산 넘어 연기가 나는 것을 보고 거기에서 불이 났다고 추측하여 아는 경우이다. 이 비량(比量)의 특징은 언어를 사용하여 인식하는 것이다. 언어를 사용하여 파악되는 상(相)을 공상(共相)이라 하는데, 예를 들어 "이 과일이 사과다"라고 언어를 통해 인식한다. 즉 "이", "과일", "사과"라는 개념은 지금 보고 있는 사과뿐만 아니라 모든 사과에 적용된다. 그래서 "공상(共相)"이라는 것이다. 그리고 언어를 사용하기 때문에 오직 제6의식에서만 있고 나머지 7식에는 없다.

③ 셋째, 다음 비량(非量)은 현량(現量)과 비량(比量)을 착각하여 사물을 인식하는 것이다. 여기에는 다시 비집심비량(非執心非量)과 집심비량(執心非量)이 있다. 비집심비량은 예컨대 청색을 녹색으로 착각하는 경우, 甲이라는 사람을 乙이라는 사람으로 착각하는 경우를 말한다. 이 착각은 단순한 착각에 불과하고 집착하는 마음은 없다. 그리하여 비집십비량이라 하며, 이 착각이라는 지각작용에 잘못이 일어나는 것은 제6의식의 작용이므로 이 비집심비량은 제6의식에만 있다. 집심비량(執心非量)은 말나식이 아뢰야식의 견분(見分)을 보고 그것을 자아(自我)라고 집착하는 인식을 말한다. 아뢰야

식의 견분은 불각무명(不覺無明)에 의해 일어난 허망한 것이다. 그 허망한 것을 보고 자아라고 착각하고 그것을 또한 집착한다. 그리하여 집심비량(執心非量)이라 한 것이다.

위의 제목에서 '비지(比知)'는 비량(比量)을 말한다. 화신(化身)의 32상(제상구족) 80종호(구족색신)를 보고 유추, 즉 비량(比量)하여 법신을 알 수 있다는 것이다.

法身非相分 第二十六 (법신은 상이 없다)
법 신 비 상 분   제 이 십 육

須菩提 於意云何 可以三十二相觀如來不 須菩提言 如
수보리 어의운하 가이삼십이상관여래부 수보리언 여

是如是 以三十二相觀如來 佛言 須菩提 若以三十二相
시여시 이삼십이상관여래 불언 수보리 약이삼십이상

觀如來者 轉輪聖王則是如來 須菩提白佛言 世尊 如我
관여래자 전륜성왕즉시여래 수보리백불언 세존 여아

解佛所說義 不應以三十二相觀如來 爾時世尊而說偈言
해불소설의 불응이삼십이상관여래 이시세존이설게언

若以色見我 以音聲求我 是人行邪道 不能見如來
약이색견아 이음성구아 시인행사도 불능견여래

"수보리야, 너는 어떻게 생각하느냐? 삼십이상으로 여래를 볼 수 있느냐?" 수보리가 말했다. "예, 그렇습니다. 삼십이상으로 여래를 봅니다." 부처님께서 말씀하셨다. "수보리야, 만약 삼심이상으로 여래를 본다면 전륜성왕이 바로 여래이겠구나." 수보리가 부처님께 물었다. "세존이시여! 제가 부처님께서 말씀하신 뜻을 이해하기로는 마땅히 삼십이상으로 여래를 보아서는 안 됩니다." 이때 부처님께서 게송으로 말씀하셨다.

"만약 형상으로 나는 보거나,
음성으로 나를 구한다면
이 사람은 사도(邪道)를 행하는 것이니,
능히 여래를 볼 수 없을 것이다."

해설   위 과목해설에서 보았듯이 17번째 의문의 "이색이상분 제20"에서는 32상을 갖춘 화신 부처도 진정한 부처라 할 수 있다고 하였다. 그러나 여기서는 "32상(제상구족)만으로 법신을 볼 수 없다고 한다. 그 이유는 32상이 부처에게만 있는 것이 아니라, 전륜성왕과 같은 대인에게도 있고. 부처는 무상정등각을 증득하였기에 전륜성왕과는 현저한 차이가 있기 때문에 32상이 반드시 부처의 징표는 아니지만 그렇다고 32상이 부처의 징표가 아니라고 할 수 없기 때문이다. 이러한 이해를 가지고 경문을 보면 이해하기가 쉽다.

먼저 부처님께서 수보리의 의문을 알고 "삼십이상으로 여래를 볼 수 있느냐?"라고 묻자. 수보리가 삼십이상으로 여래를 볼 수 있을 것이라는 생각을 하고 있어서, "예 그렇습니다. 삼십이상으로 여래를 봅니다."라고 대답한다. 그러자 부처님께서는 그 잘못된 생각을 깨고자 "수보리야, 만약 삼십이상으로 여래를 본다면, 전륜성왕이 여래이겠구나."라고 되물으니, 즉 삼십이상만 보면 부처와 전륜성왕은 무엇이 다르겠느냐? 라는 것이다. 수보리가 그제서야 삼십이상이 부처만의 징표가 아니라 전륜성왕에게도 있는 것을 알고,

법신(法身)이 참 부처(眞佛)임을 깨닫게 된다. 그리하여 "세존이시여! 제가 부처님께서 말씀하신 뜻을 이해하기로는 마땅히 삼십이상으로 여래를 보아서는 안 됩니다."라고 대답한다. 즉 32상을 가지고 있다고 해서 전륜성왕과 부처를 같이 보아서는 안 된다는 것이다. 왜냐하면 전륜성왕은 범부 중생이고, 부처는 무상정등각을 증득하신 성인이기 때문이다. 겉모양이 같다고 해서 속모양도 같은 것이 아니다. 이 대목에 대한 미륵게 제62송은 다음과 같다.

非是色身相(비시색신상)   이 색신의 모습으로
可比知如來(가비지여래)   여래를 유추하여 알 수 없네.
諸佛唯法身(제불유법신)   모든 부처님은 오직 법신뿐이니
轉輪王非佛(전륜왕비불)   전륜성왕은 부처가 아니네.

이어서 위 게송에 대한 이유를 밝히는 게송을 읊고 있다.

非相好果報(비상호과보)   상호와 과보를
依福德成就(의복덕성취)   복덕에 의해 성취하는 것과 같이
而得眞法身(이득진법신)   진정한 법신은 그렇게 얻는 것 아니니
方便異相故(방편이상고)   방편의 모습이 다르기 때문이네.

[전륜성왕(轉輪聖王)]

전륜성왕은 인도 고대 신화 속의 이상적인 왕으로 4천하를 통솔한다고 한다. 그 당시 인도는 많은 나라들이 난립하여 서로 투쟁하고 있었으며, 전쟁에 시달린 백성들은 천하를 통일하여 백성들을 잘살게 해 줄 왕을 그리워했다. 그리하여 이상적인 왕을 설정하여 그 왕을 전륜성왕이라 하고, 그 생긴 모양을 부처님의 32상을 갖추

고 있다고 했다. 이 전륜성왕은 인간의 수명이 8만 4천세일 때 나타나 가장 긴 수명과 풍요를 누린다고 한다. 그리고 네 종류가 있다고 하는데, 철륜왕(鐵輪王)은 한 천하를, 동륜왕(銅輪王)은 2천하를, 은륜왕(銀輪王)은 3천하를, 금륜왕(金輪王)은 4천하를 다스린다고 한다.

그리고 부처님께서는 게송[106]으로 32상으로 여래를 보아서는 안 된다고 다시 한 번 일러 준다. 이것이 유명한 《금강경》 4구게 중의 하나이다. 그러나 범어 원본에는 위 경문의 구외에 한 수의 4구게가 더 있다.

> 법으로 부처님들을 보아야 한다.
> 참으로 스승들은 법을 몸으로 하기 때문이다.
> 그러나 법의 본성은 분별로 알아지지 않나니
> 그것은 분별해서 알 수 없기 때문이다.[107]

이 게송을 현장은 다음과 같이 번역하였다.

> 應觀佛法性(응관불법성)   마땅히 부처는 법성으로 보아야 하니
> 卽導師法身(즉도사법신)   곧 스승은 법신이기 때문이네
> 法性非所識(법성비소식)   법성은 인식되는 바가 아니니
> 故彼不能了(고피불능료)   그러니 그것은 요달할 수 없는 것이네.

---

106) 게송의 두 번째 행, "以音聲求我(이음성구아) 음성으로 나를 구한다면" 이 구는 형상(32상)외에 설법(소리)을 비지(유추)하여 여래를 볼 수 있는 것이 아닌가? 라는 의문을 끊어 주는 것이다.
107) 각묵 스님, 금강경 역해, 불광출판부, p.378.

보리유지는 다음과 같이 번역하였다.

  彼如來妙體(피여래묘체)   저 여래의 묘한 체는
  卽法身諸佛(즉법신제불)   곧 제불의 법신인데
  法體不可見(법체불가견)   법신의 체는 볼 수 없으니
  彼識不能知(피식불능지)   저 식으로 알 수 없네.

이 부분에 대한 미륵게 제66송은 다음과 같다.

  唯見色聞聲(유견색문성)   오직 형상을 보거나 소리를 듣는 것으로
  是人不知佛(시인부지불)   이 사람은 부처를 알지 못하네.
  以眞如法身(이진여법신)   진여의 법신은
  非是識境界(비시식경계)   식의 경계가 아니네.

참고로 "상(相)으로 여래를 볼 수 없다."라는 표현도 4번 등장한다. ① 첫째, 첫번 째 의문(求佛行施住相疑, 부처가 되려고 보시하는 것도 상에 머무는 것이 아닌가? "여리실견분 제5")에 대하여 답하는 것이다. ② 둘째, 7번 째 의문(受得報身有取疑, 보신을 이루는 것도 얻음이 아닌가?, "여법수지분 제13")에 대하여 답하는 것이다. ③ 셋째, 17번 째 의문(無爲何有相好疑, 무위라면 어떻게 상호가 있을까? "이색이상분 제20")에 대하여 답한 것이다. ④ 넷째, 여기서 상으로 유추하여 법신을 볼 수 있지 않는가? 라는 의문에 대하여 답한 것이다.

23
불 과 비 관 복 상 의
佛果非關福相疑
(부처의 과보는 복덕의 상과 관련이 없을 것이라는 의문)

이 부분의 의문은 바로 앞 22번 째 의문(以相比知眞佛疑) "법신비상분 제26"에서 온 것이다. "상으로 법신을 유추해서 알려는 것은 잘못된 것이다." 또 "형상이나 음성으로 법신을 구하는 것은 삿된 도를 행하는 것이며, 여래를 볼 수 없다."라는 말씀을 듣고 다음과 같은 의심을 낼 수 있다는 것이다.

"그렇다면 부처의 과보는 오로지 형상도 없고, 조작도 없는 무위(無爲)이다. 그런데 복덕은 아무리 닦아도 결국은 유위(有爲)의 과보만 받는다. 상은 진불(법신)이 아니므로 법신을 얻으려면 모든 상을 갖춘 것으로 얻을 수 없고, 복덕으로도 얻을 수 없을 것이다. 그러므로 법신의 과보는 복덕과는 아무런 관련이 없을 것이다."

그래서 이와 같은 의심을 내면 복덕의 종자를 잃게 되는 것이다. 이 의문에 대하여 부처님께서는 복덕을 떠나 보리를 얻으려 하거나, 복덕을 탐착하여 보리를 얻으려고 한다면 복덕과 법신의 과보를 모두 잃게 된다고 말한다.

이 대목에 대해 함허 스님은 법신이 나투시는 인연의 모습(法身緣起之相)이라 하였고, 불신관으로 보면 법신의 복덕(法身福量)을 설명한 것이라 하였으며, 소명태자는 "단멸에 빠지지 않는 것이 법신을 보는 것이다(無斷無滅)라 하였다.

그리고 이에 대한 경문의 대답을 보면 두 분분으로 나누어 볼 수 있는데, ① 첫째, "무단무별분 제27"에서 복덕의 상이 아뇩다라삼먁삼보리를 여읜 것이 아니며, 그리고 복덕의 원인과 과보 모두 단멸하는 것이 아님을 밝힌다. ② 둘째, "불수불탐분 제28"에서 앞 ①에 대하여 이유를 밝힌다.

무단무멸분 제이십칠
無斷無滅分 第二十七(끊어짐도 없고 멸함도 없다.)

須菩提 汝若作是念 如來不以具足相故 得阿耨多羅三
수보리 여약작시념 여래불이구족상고 득아뇩다라삼

藐三菩提 須菩提 莫作是念 如來不以具足相故 得阿耨
먁삼보지 수보리 막작시념 여래불이구족상고 득아뇩

多羅三藐三菩提 須菩提 "(汝)若作是念 發阿耨多羅三
다라삼먁삼보리 수보리 (여)약작시념 발아뇩다라삼

藐三菩提(心)者說諸法斷滅(相)"108 莫作是念 何以故
먁삼보리(심)자설제법단멸(상)   막작시념 하이고

---

108) 위 " "부분에서 《신수대장경》에는 '여(如)'와 '심(心)'이 없고, '상(相)'은 《신수대장경》에는 있으나, 다른 한문본에는 없다. '여(汝)'는 없어도 문맥의 뜻이 통하지만, '심(心)' 없으면 뒷부분의 '發阿耨多羅三藐三菩提心者'와 어울리지 않는다. 또 '상(相)'도 없으면 뒷부분의 '於法斷滅相'과 어울리지 않는다.

發阿耨多羅三藐三菩提心者 於法不說斷滅相
발 아 녹 다 라 삼 먁 삼 보 리 심 자   어 법 불 설 단 멸 상

수보리야, 너는 만약 "여래가 구족한 상으로써 아뇩다라삼먁삼보리를 얻은 것이 아닐 것이다."라고 생각한다면, 수보리야 "여래는 구족한 상으로써 아뇩다라삼먁삼보리를 얻은 것이 아닐 것이다."라는 생각을 해서는 안 된다. 수보리야, 너는 만약 "아뇩다라삼먁삼보리의 마음을 낸 사람이 모든 법의 단멸상을 말한다."라고 생각한다면, 이런 생각을 해서는 안 된다. 왜냐하면 아뇩다라삼먁삼보리의 마음을 낸 사람이 법에 대하여 단멸상을 말하지 않기 때문이다.

해설   이 대목에서 ① 복덕의 상이 아뇩다라삼먁삼보리와 관련이 없는 것이 아니며, ② 그리고 복덕의 원인과 과보 모두 단멸하는 것이 아님을 밝힌다.

① 먼저 "복덕의 상이 아뇩다라삼먁삼보리와 관련이 없는 것이 아니다."라는 잘못된 생각을 막는다. 경문을 보면 "수보리야, 너는 만약 '여래가 구족한 상[109]으로써 아뇩다라삼먁삼보리를 얻은 것이 아닐 것이다.'라고 생각한다."라는 부분은 앞 22번 째 의문에서 "상호로써 법신을 유추해서 알려는 것이 잘못된 것이다."라는 것을 말해주고 있다. 그런데 여기서는 상호로써 법신을 알려는 것이 잘못된 것이지만, 다시말하면 구족한 상호가 법신이 아니지만, 그렇다고 법신이 구족한 상호와 무관한 것도 아니라는 것을 지적하는데, 경문에서 "수보리야, '여래는 구족한 상으로써 아뇩다라삼먁삼보리를 얻은 것이 아닐 것이다.'라는 생각을 해서는 안 된다."라 하고

---

109) 이 구족한 상은 삼십이상을 가리킨다.

있다.

참고로 이 부분에 대한 구라마집의 한역과 범어 원문과 차이가 있다. 범어 원문[110]을 보면

    Subhūte laksanasampadā Tathāgatena anuttarā samyaksambodhir abhisambuddhā?

    수보리여, [32가지 대인]상을 구족하였기 때문에 여래는 무상 정등각을 철저하게 깨달았는가?

    na khalu punas te Subhūte evam drastavyam

    참으로 수보리여, 그대는 이렇게 보아서는 안 된다.

    tat kasya hetoh?

    그것은 무슨 이유에서인가?

    na hi Subhūte

    참으로 수보리여,

    laksanasampadā Tathāgatena anuttarā samyaksambodhir abhisambuddhā syāt

    [32가지 대인]상을 구족하였기 때문에 여래는 무상 정등각을 철저하게 깨달은 것이 아니기 때문이다.

이 대목에 대한 다른 한역을 보면,

    須菩提 於意云何 如來可以相成就 得阿耨多羅三藐三菩提 須菩提 莫作是念 如來以相成就 得阿耨多羅三藐三菩提

    수보리야, 너는 어떻게 생각하느냐? 여래는 성취한 상으로 아뇩다

---

110) 각묵 스님, 금강경 역해, 불광출판부, p.387.

라삼먁삼보리를 얻었느냐? 수보리야 이런 생각을 하지 말라 "여래는 성취한 상으로 아뇩다라삼먁삼보리를 얻었다고." (보리유지)

於汝意云何 如來應正等覺 以諸相具足 現證無上正等覺耶 善現 汝今勿當作如是觀 何以故 善現 如來應正等覺 不以諸相具足 現證無上正等菩提

너는 어떻게 생각하느냐? 여래라는 응당 깨달은 사람이 구족한 상으로 실제 무당정등각을 증득하였느냐? 선현아 너는 응당 이렇게 보지 말라. 왜냐하면 선현아 여래라는 응당 깨달은 사람이 구족한 상으로 무상정등보리를 실제 증득한 것이 아니기 때문이다. (현장)

범어 원문은 먼저 "구족한 상으로 유추해서 법신을 볼 수 있다는 것"을 막기 위한 것으로 볼 수 있고, 그리고는 위 범어 원문에 이어서 나오는 원문에서 "구족한 상이 법신과 관련이 없다는 것을 부정"하고 있다.

② 둘째, 복덕의 원인과 과보 모두 단멸하는 것이 아님을 밝힌다. 구족한 상으로써 법신을 유추할 수 없고, 법신의 과보는 상이 없는 무위라 한다고 해서, 모든 "법이 전혀 없다고 해서는 안 된다."는 것이다. 다시 말하면 구족한 상의 원인(복덕의 원인)과 그 과보인 구족한 상(복덕)과 법신과는 전혀 무관한 것이 아니라는 것이다. 그것을 경문에서 『"아뇩다라삼먁삼보리의 마음을 낸 사람이 모든 법의 단멸상을 말한다."라고 생각해서는 안 된다.』라 하고 있다. 그 이유로 경문에서 "아뇩다라삼먁삼보리의 마음을 낸 사람은 법에 대하여 단멸상을 말하지 않기 때문이다."라 하고 있다.

아뇩다라삼먁삼보리는 제법의 실상을 보는 것인데, 제법의 실상은 진공묘유(眞空妙有)이다. 이 '묘유(妙有)' 부분에 "제법이 전혀 없는 것"을 부정한다.[111] 이것을 경문에서는 "법에 대하여 단멸상을 말하지 않는다."라 표현하였다. 경문에서 말한 '법(法)'이란 보시 등의 모든 만행을 말한다. 이처럼 아뇩다라삼먁삼보리의 마음을 낸 사람이라면 이 진공묘유의 도리를 당연히 알아야 하기 때문에 법에 대하여 단멸상을 말하지 않는 것이다. 이 대목에 대한 미륵게는 다음과 같다.

不失功德因(불실공덕인) 잃지 않네. 공덕의 원인
及彼勝果報(급피승과보) 그리고 그 수승한 과보를.
得勝忍不失(득승인불실) 증득한 수승한 인욕은 잃는 것이 아니니
以得無垢果(이득무구과) 때 없는 과보를 얻기 때문이네.

불 수 불 탐 분   제 이 십 팔
不受不貪分 第二十八(받지도 탐하지도 않는다.)

須菩提 若菩薩以滿恒河沙等世界七寶(持用)[112]布施 若
수 보 리 약 보 살 이 만 항 하 사 등 세 계 칠 보 지 용   보 시 약

復有人知一切法無我得成於忍 此菩薩勝前菩薩所得功
부 유 인 지 일 체 법 무 아 득 성 어 인 차 보 살 승 전 보 살 소 득 공

德(何以故)[113] 須菩提 以諸菩薩不受福德故 須菩提白
덕 하 이 고   수 보 리 이 제 보 살 불 수 복 덕 고 수 보 리 백

---

111) "산은 산이요, 물은 물이다.(山是山 水是水)"라는 선어(禪語)가 바로 제법이 전혀 없는 것이 아님을 말해주고 있다.

佛言 世尊 云何菩薩不受福德 須菩提 菩薩所作福德不
불언 세존 운하보살불수복덕 수보리 보살소작복덕불

應貪着 是故說不受福德
응탐착 시고설불수복덕

"수보리야, 만약 보살이 항하의 모래 수와 같은 세계에 가득한 칠보로 보시하더라도, 만약 또 어떤 사람이 일체법의 무아를 알아 인욕을 성취한다면, 이 보살이 앞의 보살이 얻은 공덕보다 수승하다. (왜냐하면) 수보리야, 모든 보살은 복덕을 받지 않기 때문이다" 수보리가 부처님께 물었다. "세존이시여! 어떻게 보살은 복덕을 받지 않는 것입니까?" "수보리야, 보살은 지은 복덕을 탐착해서는 안 되니, 그래서 복덕을 받지 않는다고 한 것이다."

해설 이 대목은 복덕의 원인과 과보를 잃지 않음을 밝히는 것이다. 그 이유는 일체법의 무아(無我)를 알아 인욕(지혜)을 성취한 것이다. 가령 인욕(지혜)을 성취하는 것은 법신을 증득한 화신인데, 이 화신은 32상을 구족해 있다. 그런데 전륜성왕은 32상을 갖추었다 하더라도 아상(我相)을 여의지 못한 것이다. 그래서 어찌 이런 전륜성왕과 비교할 수 있는가? 비교자체가 될 수 없는 것이다. 그렇기 때문에 복덕의 원인과 과보를 잃어버릴 것이라는 의심을 하지 말라는 것이다.

경문에서 말한 "일체법의 무아를 알아 인욕을 성취한다면."은 제법의 실상을 안다는 것이다. 경문에서는 단순히 '무아(無我)를 알아'라고 하였지만 아공(我空)과 법공(法空)을 통달한 것이라는 의미이다. 그리고 무아를 알아 '인욕'을 성취한다고 하였는데, 이는 지혜(智慧)를 성취한다는 뜻이다. 범어 원문에서는 "nirātmakesv anutpattikesu dharmesu kṣāntim pratilabhate, 자아도 없고 생겨남도 없는 법들에서 인욕을 성취한다면"114라 되어 있다. 이것에 대해 "실체가 없고(無我), 생겨남이 없는(無生) 법에서 인욕(忍)"이라는 뜻인데, 후대에 '무생법인'으로 통용되기에 이른 용어라고 주석하는 것도 있다.115 그리고는 "여기에 인욕이라는 표현이 들어 있는 것이 특이한데, 일체법의 무아와 무생을 통달하게 되면 상상할 수 없는 천대와 핍박을 받을 것이므로 인욕을 성취하지 않으면 안 될 것임을 보이는 것이다. 그래서 무생법인이란 일체법의 무아와 무생을 통달하고 실상을 통찰하여, 그로 인해 누구로부터 천대와 핍박을 받더라도 묵묵히 견뎌낼 수 있는 지혜를 성취한 것을 가리킨다." 라 하고, "각주176에서는 이는 이 경전의 편집시 이미 '나(我)'가 없음과 '남(生)'이 없음을 설하는 이 경전을 유포하면, 모든 것이 브라흐만(梵我)과 아트만(我)의 전변이라고 보는 바라문교로부터 상상할 수 없는 천대와 핍박이 뒤따를 것을 예상하고 있었음을 시사하는 것이다. 이후 이 '인(忍)'이라는 표현은 어떤 핍박도 인욕할 수 있는 신념을 수반하는 '지혜'를 가리키는 의미로도 사용된다."116라 하고 있다.

다시 경문으로 돌아가서, 일체법의 무아를 알아 인욕(지혜)을 성취하는 공덕은 항하의 모래 수와 같은 세계에 가득한 칠보로 보시

---

112) 지용(持用) : 《신수대장경》에는 없으나, 다른 한문본에는 있다.
113) 하이고(何以故) : 《신수대장경》에는 없으나, 다른 한문본에는 있는 본도 있고, 없는 본도 있다.
114) 각묵 스님, 금강경 역해, 불광출판부, p.391.
115) 김윤수, 반야심경.금강경 읽기, 마고북스, p.507.
116) 위의 책, pp.507~508.

한 공덕보다 수승하다고 한다. 그리고는 수승한 이유를 "모든 보살은 복덕을 받지 않기 때문이다."라 밝히는데, 그것으로는 의문이 풀리지 않자, 수보리가 묻는다. "어떻게 보살은 복덕을 받지 않는 것입니까?"라 하자, "보살은 지은 복덕을 탐착해서는 안 되니, 그래서 복덕을 받지 않는다고 한 것이다."라고 답한다.

이것이 뜻하는 것은 보살이 보시 등 만행을 할 때, 어떠한 과보를 바라거나, 자기가 하는 보시 등 만행에 대해 선행을 하고 있다는 상을 가지거나 하면, 탐착하는 것이므로 유루(有漏)이다. 따라서 원인(因)이 유루이면 과보(果)도 유루이다. 그러면 비록 구족한 상(32상)을 얻는다고 해도, 이것은 전륜성왕과 같을 뿐, 부처가 갖추고 있는 32상과는 다른 것이다. 그래서 "보살은 지은 복덕을 탐착해서는 안 된다."고 한 것이다. 이 대목에 대한 미륵게는 다음과 같다.

示勝福德相(시승복덕상)　수승한 복덕의 상을 보이기 위해
是故說譬喩(시고설비유)　그래서 비유를 말한 것이네
是福德無報(시복덕무보)　이 복덕은 과보가 없어
如是受不取(여시수불취)　이와 같이 (과보를) 받되 취하지 않네.

24
화신출현수복의
化身出現受福疑
(화신이 출현하여 복을 받는 것이 아닌가? 라는 의문)

　이 부분의 의문은 바로 앞 23번 째의문 중 "불수불탐분 제28"에서 온 것이다. "불수불탐분 제28"에서 "보살은 복덕을 받지 않는다."라고 했다. 그러면 보살이 복덕을 받지 않는다는 것은 법신의 경계이기 때문이고, 화신은 중생세계에 오셔서 복덕을 닦아 부처의 과위를 이루고 그 복을 남겨 말세 중생들이 누릴 수 있게 하고 멸도에 들었다.[117] 이것은 보살에서 부처를 이루고 부처에서 멸도로 간 것은 복덕의 연결을 말해주고 있는 것이다.

　이렇게 볼 때, 보살은 분명 복덕을 받는다고 하여야 하는데, 어째서 복덕을 받지 않는다고 하는가? 또, 보살이 복덕을 받지 않는다고 하면, 보살이 후에 화신으로 나타나서 복덕을 받는 것이 아닌가? 하는 의심이 생긴다는 것이다.

　그리고 화신으로 나타났다가 멸도에 들기 때문에 이것은 부처가 오기도 하고 가기도 한다는 뜻도 된다. 즉 오고 감이 있는 것이다.

---

117) 화신인 석가모니부처님의 수명은 본래 100년이었다고 한다. 그런데 80세만 살다가 멸도에 들었다. 그래서 남기신 20년의 수명이 바로 말세 중생들이 누리는 복덕이라고 한다. 그리하여 중생들은 부처님께 공양을 올리고 받들어 모시면 한량 없는 복을 받는다고 한다. 이는 화신 부처님이 복을 받았기 때문에 중생들에게 남겨주는 의미이기도 하다.

그러나 겉모양만 오고 가고할 뿐, 화신이건 법신이건 본래는 오고 감이 없다. 왜 그런가? 화신의 본체는 법신이기 때문이다. 그래서 소명태자는 이 대목을 "威儀寂靜分(위의적정분)"이라 하였고, 불신 관으로는 법신의 정의를 해석한 것(正釋建立法身)이라 한다. 결론적 으로 법신의 실체를 보여 줌으로써 위 의문에 대답을 준 것이다.

위의적정분 제이십구
威儀寂靜分 第二十九(위의는 적정하다.)

須菩提 若有人言如來若來若去若坐若臥 是人不解我所
수보리 약유인언여래약래약거약좌약와 시인불해아소

說義 何以故 如來者無所從來亦無所去故名如來
설의 하이고 여래자무소종래역무소거고명여래

"수보리야, 만약 어떤 사람이 말하기를 '여래가 오고, 가고, 앉고, 눕는다.'라고 한다면, 이 사람은 내가 말한 뜻을 이해하지 못하는 것 이다. 왜냐하면, 여래라는 것은 온 바도 없고, 또 가는 바도 없기 때문 에 이름하여 여래라 한다."

해설 위 의문에 대한 대답을 두 부분으로 나누어 볼 수 있다. 첫 째는 화신이 이 세상에 오시어 복을 받고 그 복의 일부를 우리에게 남겨 주고 멸도에 들었다고 하는 잘못된 생각을 물리치는 것이다. 경문에서 "수보리야, 만약 어떤 사람이 말하기를 '여래가 오고, 가 고, 앉고 눕는다.'라고 한다면, 이 사람은 내가 말한 뜻을 이해하지 못하는 것이다."라 하는 대목이 이에 해당한다.

"여래가 오고, 가고, 앉고, 눕는다."는 것은 화신을 말한다. 그래서 이 화신이 복을 받고 그 복의 일부를 우리에게 남겨주고 멸도에 들었다는 잘못된 생각을 깨뜨리는 것이다. 그리하여 미륵게 제69송에서 다음과 같이 읊고 있다.

是福德報應(시복덕보응)　이러한 복덕의 과보는 마땅히
爲化諸衆生(위화제중생)　중생을 제도하기 위함이니
自然如是業(자연여시업)　자연스런 이와 같은 업으로
諸佛現十方(제불현시방)　모든 부처님께서 시방세계에 출현하신다.

　다음은 그 이유를 밝히는 부분이다. 경문에서 "왜냐하면, 여래라는 것은 온 바도 없고, 또 가는 바도 없기 때문에 이름하여 여래라 한다."라는 이 대목이 여기에 해당하는데, 이것은 바른 견해(正見)를 보이는 것이다. 그리고 불신관에서는 이것을 '법신'의 정의를 풀이한 것이라 한다.
　위 '과목해설'에서 보았듯이 화신은 겉모양일 뿐 화신의 본체는 법신이다. 법신은 생멸이나 오고 감이 없다. 따라서 생멸이나 오고 감이 없는 법신에 이름 붙여 여래라 한다는 것이다. 이렇게 보면 화신의 본체는 법신이기 때문에 서로 분리되어 있거나 별개가 아니다.
　그리고 본체의 경지에서는 어떠한 탐착이 없다. 즉 보살이 복덕을 지어 화신을 이룰 때, 지은 복덕에 대하여 어떤 탐착이 없다. 이 말은 복덕 자체가 없는 것이 아니라 탐착이 없기 때문에 마치 보살이 복덕을 받지 않는 것처럼 보인다. 그래서 착각을 하여 "어째서 보살이 복덕을 받지 않는다고 하는가?"라는 의문을 일으킨 것이다.

25
법신화신일이의
法身化身一異疑
(법신과 화신은 같은가, 다른가? 라는 의문)

　이 부분은 앞의 세 가지 의문인 22번 째 의문, 24번 째 의문, 그리고 23 번째 의문에서 온 것이다. 22번 째 의문 "법신비상분 제26"에 상으로 법신을 유추해 알 수 없다고 하였고, 24번 째 의문 "위의적정분 제29"에서는 법신은 오고 감이 없다고 하였다. 이렇게 보면 법신과 화신은 다른 것 같다. 한편 23번 째 의문 "무단무멸분 제27"과 "불수불탐분 제28"에서는 복덕의 상이 법신(아뇩다라삼먁삼보리)과 관련이 없는 것이 아니고, 복덕의 원인과 과보 모두 잃지 않는다고 하여 법신과 화신이 하나인 것 같기도 하다. 이 두 가지를 보면 법신과 화신은 같은 것인가, 다른 것인가? 하는 의문이 생긴다는 것이다. 이 의문에 대하여 티끌과 세계와의 관계를 들어 "같은 것도 아니고, 다른 것도 아니다."라는 뜻으로 답하고 있다.

　　일 합 이 상 분 　제 삼 십
一合理相分 第三十(한 덩어리는 없다)

①須菩提 若善男子善女人 以三千大千世界碎爲微塵
　수 보 리　약 선 남 자 선 여 인　이 삼 천 대 천 세 계 쇄 위 미 진

於意云何 是微塵衆寧爲多不 甚多世尊 何以故 若是微
어의운하 시미진중영위다부 심다세존 하이고 약시미

塵衆實有者 佛則不說是微塵衆 所以者何 佛說微塵衆
진중실유자 불즉불설시미진중 소이자하 불설미진중

則非微塵衆 是名微塵衆 ②世尊 如來所說三千大千世
즉비미진중 시명미진중　　세존 여래소설삼천대천세

界則非世界 是名世界 何以故 若世界實有者則是一合
계즉비세계 시명세계 하이고 약세계실유자즉시일합

相 如來說一合相則非一合相 是名一合相 ③須菩提 一
상　여래설일합상즉비일합상　시명일합상　　수보리 일

合相者則是不可說 但凡夫之人貪着其事
합상자즉시불가설　단범부지인탐착기사

① "수보리야, 만약 선남자 선여인이 삼천대천세계를 부수어 티끌로 만든다면 너는 어떻게 생각하느냐? 이 티끌들이 많다고 하겠느냐?" "매우 많습니다. 세존이시여! 왜냐하면 만약 이 티끌들이 실로 있는 것이라면 부처님께서는 곧 이 티끌들이라고 말하지 않았을 것이기 때문입니다. 그 까닭이 무엇인가 하면, 부처님께서 설하신 티끌들은 실로 티끌들이 아니라, 이를 이름하여 티끌들이라 한 것이기 때문입니다. ② 세존이시여! 여래께서 설하신 삼천대천세계는 실로 세계가 아니라, 이를 이름하여 세계라 합니다. 왜냐하면 만약 세계가 실로 있는 것이라면 곧 '한 덩어리'일 것인데, 여래께서 설하신 한 덩어리는 실로 한 덩어리가 아니라, 이를 이름하여 한 덩어리라 하였기 때문입니다." ③ "수보리야, '한 덩어리'라는 것은 곧 말로 할 수 없는 것인데, 단지 범부들이 그것을 탐착할 뿐이다."

법신과 화신은 같은가? 다른가? 에 대하여, 첫 번째 토막으로 법신과 화신이 같은 것도 아니고, 다른 것도 아님을 티끌과 세계의 비유로 암시하고 있다. 경문을 보면 세 부분으로 나누어 볼 수 있다.

① 첫째, 티끌의 실상을 밝히는 부분이다. 먼저 부처님께서 수보리에게 "삼천대천세계를 부수어 티끌로 만든다면 이 티끌이 많겠느냐?"라고 묻는다. 이에 대해 수보리는 "매우 많습니다. 세존이시여! ~ 이를 이름하여 티끌들이라 한 것이기 때문입니다."라고 대답한다. 이 부분의 구조는 이미 많이 보아온 불적의 구조이기 때문에 이해하는데 어려움이 없을 것이다.

경문에서 "만약 이 티끌들이 실로 있는 것이라면 부처님께서는 곧 이 티끌들이라고 말하지 않았을 것이기 때문입니다."는 이 부분을 다시 고쳐 보면 "티끌들은 실로 없다, 즉 제일의제(승의제)로서 티끌들은 실체가 있는 것이 아니다." "그래서 세간의 이해(세속제)로 이름붙여 티끌들이라 한다."라 할 수 있다. 이것을 경문에서 곧바로 "그 까닭이 무엇인가 하오면, 부처님께서 설하신 티끌들은 실로 티끌들이 아니라, 이를 이름하여 티끌들이라 한 것이기 때문입니다."라 하고 있다. 이해하기가 어렵지 않을 것이다.

그리고 경문을 보면 세계와 티끌로 설명하고 있는데, 세계는 법신을 티끌은 화신에 비유한 것으로 이해하면 된다. 이렇게 보면 세계로부터 티끌들이 나오는데, 이것은 법신으로부터 화신이 나오는 것을 암시한다고 할 수 있다. 그래서 세계와 티끌을 개별적으로 보면 다른 면이 있는데, 이것은 법신과 화신이 같은 것이 아님을 말하고 있다 또 티끌이 세계에서 나왔으므로 세계와 다른 것이 아니니. 티끌이 세계이고 세계가 티끌임을 의미하므로, 이것은 법신과 화신이 다른 것도 아님을 말하는 것이다.

해설

② 둘째, 이번에는 세계의 실상을 밝히는 부분이다. 법신이라는 실재하는 실체가 있다고 생각할 염려가 있어 이를 부정하는 것이다. 즉 법신을 세계(삼천대천세계)에 비유하여서, "세계는 실로 세계가 아니라, 이를 이름하여 세계라 합니다."라 하여 실재하는 실체가 없음을 밝히고, 단지 세간적으로 이해하여 이름붙여 세계라 한 것에 불과하다고 한다.

그리고 그 이유를 밝혀 "왜냐하면 만약 세계가 실로 있는 것이라면 곧 '한 덩어리'일 것인데, 여래께서 설하신 한 덩어리는 실로 한 덩어리가 아니라, 이를 이름하여 한 덩어리라 하였기 때문입니다."라 하고 있다. 이 구조 역시 불적이므로 이해하는데 어렵지 않을 것이다.

③ 셋째, 결론을 내리는 부분이다. 부처님께서 "한 덩어리"라는 것은 곧 말로 할 수 없다고 하였다. 위 ①에서 세계를 부수어 티끌들을 만드는 방법으로 설명한 것인데, 여기서는 그 역으로 티끌들을 뭉쳐 세계가 되는 법도 실체가 없다는 것이다. "한 덩어리라는 것은 곧 말로 할 수 없다."라는 이 말은 한 덩어리라는 실재하는 실체가 없기 때문에 원래 말로 표현할 수 없다는 것이다. 그런데 범부들이 그것을 탐착할 뿐이라는 것이다. 즉 범부 중생들은 실체가 없는 한 덩어리에 대해 무명에 가려 있어서 실재하는 것으로 착각하여 그것을 탐착한다는 것이다.

이렇게 해서 법신과 화신이 다른 것도 아니고, 같은 것도 아님을 밝혀 위의 의문을 끊어 주고 있다. 한편 법계의 실상을 보면 실재하는 실체가 없다는 것을 말해주고 있는데, 이것을 우리의 몸(오온)에 적용하면 '나'라는 실체가 없다. '나'라는 실체가 없음을 '인무아(人無我)'라 하고, 법계에 실체가 없는 것을 '법무아(法無我)'라 한다. 이러한 이치를 알면 다음 "지견불생분 제31"을 이해하기 쉽다.

知見不生分 第三十一 (지견을 내지 않는다)
지 견 불 생 분 제 삼 십 일

①須菩提 若人言佛說我見人見衆生見壽者見 須菩提
　수보리　약인언불설아견인견중생견수자견　수보리

於意云何 是人解我所說義不 (不也)¹¹⁸世尊是人不解如
어의운하　시인해아소설의부　　불야　　세존시인불해여

來所說義 何以故 世尊說我見人見衆生見壽者見卽非我
래소설의　하이고　세존설아견인견중생견수자견즉비아

見人見衆生見壽者見 是名我見人見衆生見壽者見 ②須
견인견중생견수자견　시명아견인견중생견수자견　　수

菩提 發阿耨多羅三藐三菩提心者 於一切法 應如是知
보리　발아녹다라삼먁삼보리심자　어일체법　응여시지

如是見如是信解不生法相 須菩提 所言法相者 如來說
여시견여시신해불생법상　수보리　소언법상자　여래설

卽非法相 是名法相
즉비법상　시명법상

　　① "수보리야, 만약 어떤 사람이 '부처님께서 아견, 인견, 중생견,

---
118) 《신수대장경》에는 없음.

수자견을 설하셨다.'라고 말한다면 수보리야, 너는 어떻게 생각하느냐? 이 사람은 내가 설한 바의 뜻을 이해한 것이겠느냐?" "그렇지 않습니다. 세존이시여! 이 사람은 여래가 설한 바의 뜻을 이해하지 못했습니다. 왜냐하면 세존께서 설한 아견, 인견, 중생견, 수자견은 실로 아견, 인견, 중생견, 수자견이 아니라, 이를 이름하여 아견, 인견, 중생견, 수자견이라 한 것이기 때문입니다." ② "수보리야, 아뇩다라삼먁삼보리의 마음을 낸 사람은 일체법을 이와 같이 알고, 이와 같이 보고, 이와 같이 믿고 이해하여 법상을 내지 말아야 한다. 수보리야, 법상이라고 말하는 것은 여래가 실로 법상이 아니라 이를 이름하여 법상이라 설한다."

해설 법신과 화신은 같은가? 다른가? 에 대하여 두 번째 토막으로, 인무아와 법무아[119]를 통달하여서 법계(제법)의 실상을 통찰하는 것이다.

① 첫째, 법계의 실상을 통찰하기 위한 첫 번째 부분으로, 인무아(人無我)를 통달하여야 하는 대목으로 경문의 ①이 이에 해당한다. 경문에서 "부처님께서 아견, 인견, 중생견, 수자견을 설하셨다. 라고 말한다면,"의 이 부분이 인무아(人無我)를 알지 못하는 것을 말해주고 있다. 왜 알지 못하는 것인가 하면 아견, 인견, 중생견, 수자견이 실재하는 실체가 없음을 알지 못하기 때문이다. 이것을 경문에서 "아견, 인견, 중생견, 수자견은 실로 아견, 인견, 중생견, 수자견이 아니라"라고 표현하고 있다. 즉 '인무아(人無我)'의 의미를 "아견, 인견, 중생견, 수자견이 아니라"라는 표현으로 설명하고 있다.

---

119) 인무아(人無我)와 법무아(法無我)는 아공(我空)과 법공(法空)을 말한다.

그런데 여기서는 아상, 인상, 중생상, 수자상이 아니라 아견, 인견, 중생견, 수자견으로 표현되어 있는 것에 유의해야 한다. 전통적으로 사상(아상, 인상, 중생상, 수자상)은 아집(我執, 이것이 인무아를 모르는 것임)으로 아상(我相)을 말하는 것이고 아견, 인견, 중생견, 수자견 즉 사견(四見)은 아상(我相)을 말하는 것이 아니라 법상(法相)을 말하는 것이라고 한다. 다시 말하면 "아상은 '나'라는 실체를 있다고 하는 생각"을 말하고, 아견 등은 제법의 실상에 어긋나는 견해를 의미한다는 것이다. 경문에 이렇게 사견(四見)을 사용한 것은 사견에 실체가 없음을 알면 당연히 아상(我相)이 없는 것(인무아)을 통달하기 때문에 사견(四見)으로 표현한 것이라 본다.

경문에서 이러한 사견(四見)은 실체가 없음을 표현하고 있는데, "세존께서 설한 아견, 인견, 중생견, 수자견은 실로 아견, 인견, 중생견, 수자견이 아니라"라 하고 있다. 그런데 이러한 사견(四見)은 실체가 없는데(제일의제), 단지 세간(세속제)으로 이름붙여 사견이라는 하여 경문에서 "이를 이름하여 아견, 인견, 중생견, 수자견이라 한 것입니다."라 하고 있다.

② 둘째, 법계(제법)의 실상을 통찰하기 위한 두 번째 부분으로 법무아(法無我)를 통달하여야 하는 대목으로 경문의 ②가 이에 해당한다. 이 부분은 결론적으로 법무아를 통달해야만 제법의 실상을 통찰한다는 것이다. 먼저 경문에서 "아뇩다라삼먁삼보리의 마음을 낸 사람은 일체법을 이와 같이 알고, 이와 같이 보고, 이와 같이 믿고 이해하여 법상을 내지 말아야 한다."라 하고 있다.[120] 이 말은 일

---

120) 이 대목에 대하여, 『이렇듯(이와 같이)'라 함은 "있는 그대로, 바르게, 분별 없이"라는 뜻이며, "법상을 내지 않는다"라 함은 분별심을 내지 않는다는 뜻이다. 이렇듯 보리심을 낸 이가 온갖 법에 대하여 이렇게(이와 같이) 알고, 이렇게(이와 같이) 보고, 이렇게(이와 같이) 믿고 해석한다면 가장 뛰어난 지혜가 이루어진다.

체법 즉 제법에 실재하는 실체가 없음을 통달하라는 의미이다. 이것이 법무아를 통달하는 것이며, 법이라는 상(법상)[121]을 내지 않는 것이다.

그리고는 사견(아견, 인견, 중생견, 수자견)에 실체가 없는 것처럼 법이라는 상(법상)도 실체가 없음(제일의제)을 말해주고 있는데, 경문에서 "법상이라고 말하는 것은 여래가 실로 법상이 아니라"라 표현하고 있다. 또 한편 으로는 세간의 입장(세속제)에서 "이를 이름하여 법상이라 설한다."라 하고 있다.

이렇게 ①과 ②를 종합해 보면 ①에서 사견(四見)은 제일의제로서 실체가 없음을 밝히고, 세속제로서는 이름으로 있을 뿐이라 하며, ②에서 법상은 제일의제로서 실체가 없음을 밝히고, 세속제로서는 이름으로 있을 뿐이라는 것이다. 여기서 제일의제 법신이라 하면, 세속제는 화신이라 할 수 있다. 거울에 비유하자면 거울 자체는 법신이고, 거울 속에 비쳐진 영상은 화신이라 할 수 있는데, 거울과 영상이 서로 다르면서도 같다. 이처럼 법신과 화신은 같으면서도 다른 것을 밝혀서 위 의문을 끊었다.

"이렇게(이와 같이) 알고"에서 '사마타(奢摩陀 ; 止)'가 이루어지고, "이렇게(이와 같이) 보고"에서 '비발사나(毘鉢舍那 ; 觀)'가 이루어지고, 이 두 가지를 고루 갖추면 삼마제(三摩提 ; 寂)가 이루어진다.」라고 주석하는 것도 있다.(김월운 스님, 금강경 강화, 동문선, p.242)

121) "법이라는 상(法相)"은 일체법에 대하여 차별, 분별심을 내는 것을 말한다.

26
화 신 설 법 무 복 의
化身說法無福疑
(화신의 설법은 복이 없을 것이라는 의문)

　이 부분은 앞 25번 째 의문에서 온 것이다. 앞에서 "법신과 화신은 같은 것도 아니고, 다른 것도 아니다." 라고 하였다. 그렇다면 법신과 화신이 다르다면 화신은 법신의 그림자일뿐 허망한 것이고, 법신과 화신이 같다면 화신이 법신에 혼연일체가 되어 그 자체가 없을 것이다. 이와 같이 화신이 허망하거나, 그 자체가 없다면 화신의 설법은 공연한 것이어서 유익함이 없을 것이라는 의문이 생길 수 있다는 것이다. 이에 대한 답으로 화신의 설법이 한량없는 칠보로 보시한 공덕과는 비교할 수 없을 정도로 공덕이 수승하다고 한다. 이러한 것을 경문에서는 인위(因位)의 보살을 내세우고 있다. 인위의 보살이 보살도를 완성하면 불과(佛果)를 이루는데, 이때가 바로 화신이기 때문이다.

응 화 비 진 분　제 삼 십 이
應化非眞分 第三十二(응화신은 참이 아니다.)

須菩提 若有人以滿無量阿僧祇世界七寶持用布施 若有
수 보 리　약 유 인 이 만 무 량 아 승 지 세 계 칠 보 지 용 보 시　약 유

善男子善女人發菩薩心者 持於此經乃至四句偈等 受持
선 남 자 선 여 인 발 보 살 심 자   지 어 차 경 내 지 사 구 게 등   수 지
讀誦爲人演說其福勝彼 云何爲人演說 不取於相如如不動
독 송 위 인 연 설 기 복 승 피   운 하 위 인 연 설   불 취 어 상 여 여 부 동

"수보리야, 만약 어떤 사람이 한량없는 아승지의 세계에 가득한 칠보로 보시하더라도, 만약 보살의 마음을 낸 선남자 선여인이 이 경이나 이 경의 사구게 만이라도 수지독송하고 다른 사람에게 설해주면, 이 복은 앞의 것보다 수승하다. 어떻게 다른 사람에게 설해주어야 하는가? 상을 취하지 않고 여여하게 움직임이 없어야 한다."

해설 위 의문에 대한 답은 "이 경이나 이 경의 사구게 만이라도 수지독송하고 다른 사람에게 설해 주되, 법신과 화신이 같은가, 다른가를 따지지 않으면 그 복이 한량없다."는 것이다. 경문에서 "만약 보살의 마음을 낸 선남자 선여인"은 인위의 보살이지만 '화신'을 의미하는 뜻이 숨어있다.

따라서 "수보리 ~ 이 복은 앞의 것보다 수승하다."까지는 화신이 설하는 공덕은 한량없는 아승지 세계에 가득한 칠보로 보시한 공덕보다 수승함을 밝히고 있다. 왜냐하면 화신은 법신에 뿌리를 두고 있으므로 법신과 다르지 않기 때문이다. 그리하여 미륵게 제75송은 다음과 같이 읊고 있다.

化身示現福(화신시현복) 화신이 시현하는 복은
非無無量福(비무무량복) 한량없는 복이 없지 않네.

이와 같이 화신의 한량없는 복이 없지 않기 때문에, 비록 돌, 철,

흙으로 빚은 부처에 대하여 공경예배하여도 그 공덕이 헛되지 않는 것이다. 그 이유는 화신의 공덕이 바로 법신의 공덕이기 때문이다.

다음은 다른 사람에게 어떻게 설하여야 하는가를 묻고 그에 대한 답이 "상을 취하지 않고 여여하게 움직임이 없어야 한다."라 답한다. 화신의 공덕이 법신과 다르지 않는 이유의 핵심이 이 부분이다. "상을 취하지 않고 여여하게 움직임이 없어야 한다."는 것은 화신은 겉모양이 있어 언어동작 등이 있지만 내면으로는 어떠한 상도 취하지 않고, 상을 취하지 않기 때문에 마음이 여여하여 움직임이 없다. '여여(如如)'라 함은 "진여의 모습 그대로"라는 의미이다. 종밀은 《금강반야경론찬요》에서 이 대목에 대해 "말로 설할 수 없음을 보인 것이다(顯示不可言說), 그러므로 이와 달리한다면 오염된 설법이라 할 것이니 전도된 것이기 때문이다 또 설함에 믿음과 존경 등을 구하지 않아야 하니 이 또한 오염된 설법이 되기 때문이다."라 하고 있다.[122]

이 종밀의 주석을 보면 설하는 내용의 면에서 실상은 언설을 떠나 있으니 설하되 상을 취하지 않아서 여여부동하여야 한다. 그리고 설하는 주체의 면에서 설하지만 설한다는 분별을 가지지 말아야 하며, 존경과 명리 등을 바라는 생각이 없어야 한다. 이와 같지 않으면 오염된 연설이라는 것이다. 미륵게 제76송은 이 대목을 다음과 같이 읊고 있다.

諸佛說法時(제불설법시)　모든 부처님 설법하실 때
不言是化身(불언시화신)　화신이라 말하지 말라.
以不如是說(이불여시설)　이와 같이 말하지 않음으로써
是故彼說正(시고피설정)　그 설법은 바른 것이다.

---

122) 김윤수, 반야심경 · 금강경 읽기, 마고북스, p.519.

27 입적여하설법의
入寂如何說法疑
(적멸에 들면 어떻게 설법하는가? 라는 의문)

이 부분의 의문은 위 24번째 의문과 26번째 의문에서 온 것이다. 24번째 의문(화신이 출현하여 복을 받는 것이 아닌가? 라는 의문) "위의 적정분 제29"에서 "여래는 오고, 가고, 앉고, 눕는다고 한다면 이 사람은 여래가 말한 뜻을 이해하지 못하는 것이다."라 하였는데, 이 말은 부처님께서 항상 적멸에 계신다는 것이다. 그리고 26번째 의문(화신의 설법은 복이 없을 것이다. 라는 의문) "응화비진분 제32"에서 "상을 취하지 않고, 여여하게 움직임이 없어야 한다."고 하였는데, 이 말은 부처님께서 항상 설법한다는 의미이다.[123] 그렇다면 적멸은 고요함이고 설법은 움직임인데, 이 상반된 두 가지가 어떻게 공존할 수 있겠느냐? 라는 의문이 생길 수 있다는 것이다. 다시 말하면 "적멸에 들면 어떻게 설법하는가?" 라는 의문을 낼 수 있다는 것이다.

이 물음에 대하여 "일체의 유위법은 꿈, 허깨비, 거품, 그림자와

[123) 위 경문에서는 "여래가 항상 설법을 하고 있다는 표현이 없다." 이에 대해 자선의 《간정기》에서는 『비록 그러한 표현은 없지만 이러한 뜻이 있다 ~ "만약 보리심을 낸 선남자 선여인이 이 경이나 또는 사구게만이라도 수지하여 독송하고 남에게 설해주면"이라고 한 문장에서 '이 경'은 화신이 설한 것이니, 결국 화신의 설법은 항상 이어지고 있다는 뜻이 들어 있었던 것이라고 설명한다고 한다.』(김윤수, 위의 책, p.522)

같고, 이슬과 같고, 또 번개와 같으므로 마땅히 이와 같이 관해야 한다."라고 답한다. 이미 이 경의 처음에서 부처님께서 가부좌를 맺어 앉음을 보여 법신과 화신이 같음도 아니고, 다름도 아님을 보여 주었는데, 이 부분에서 다시 보여주어 위의 의문을 끊는 것이다.

何以故 一切有爲法 如夢幻泡影 如露亦如電 應作如是觀
하 이 고   일 체 유 위 법   여 몽 환 포 영   여 로 역 여 전   응 작 여 시 관

왜냐하면
일체의 유위법은
꿈, 허깨비, 거품, 그림자와 같고
이슬과 같고 또 번개와 같으므로
마땅히 이와 같이 관해야 한다.

해설 '왜냐하면'은 앞의 "상을 취하지 않고 여여하게 움직임이 없어야 한다."에 연결되는 것이다. 여기에는 두 가지 물음이 담겨져 있다. 첫째, 다시 말하면 무엇 때문에 상을 취하지 않아야 하고, 여여하게 움직임이 없어야 하는가?라는 취지이다. 둘째, 어떻게 하면 상을 취하지 않고 여여부동하게 오염되지 않는 설법을 할 수 있는가?라는 취지이다.

그에 대한 답은 경문에서 "일체의 유위법은 ~ 마땅히 이와 같이 관해야 한다."라 하고 있는데, "무엇 때문에 상을 취하지 않아야 하고, 여여하게 움직임이 없어야 하는가?"라는 답은 "일체의 유위법은 꿈, 허깨비 같아서 실재하는 실체가 없음을 보아야하기 때문이다."이고, "어떻게 하면 상을 취하지 않고 여여부동하게 오염되지 않는 설법을 할 수 있는가?"에 대한 답은 "일체의 유위법은 꿈, 허

깨비 같아서 실재하는 실체가 없음을 알고 설법하여야 하기 때문이다."라는 것이다. 경문에서 유위법이 실재하는 실체가 없음을 6가지로 비유를 들고 있는데, 범어 원전에는 9가지이다. 범어 원전의 9가지와 구마라집 번역의 6가지를 대비해 보면 다음과 같다.

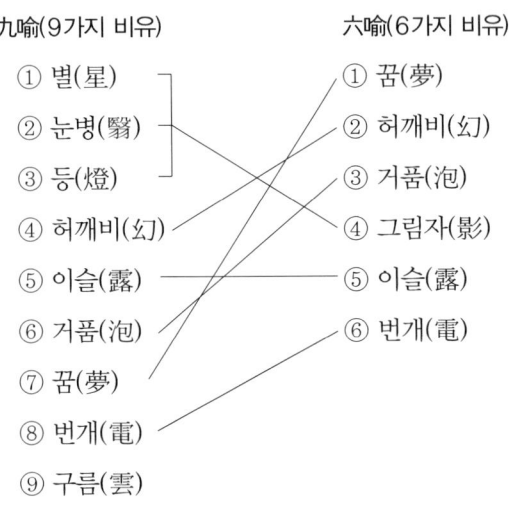

현장과 보리유지는 범어원전에 충실하게 9가지 비유 모두를 번역하고 있는데, 다음과 같다.

[현장]
諸和合所爲(제화합소위) 모든 화합된 것은 소위
如星翳燈幻(여성예등환) 별, 눈병, 등, 허깨비
露泡夢電雲(노포몽전운) 이슬, 거품, 꿈, 번개, 구름 등과 같으니
應作如是觀(응작여시관) 마땅히 이와 같이 관해야 한다.

[보리유지]
一切有爲法(일체유위법)　일체의 유위법은
如星翳燈幻(여성예등환)　별, 눈병, 등, 허깨비
露泡夢電雲(노포몽전운)　이슬, 거품, 꿈, 번개, 구름 등과 같으니
應作如是觀(응작여시관)　마땅히 이와 같이 관해야 한다.

구마라집은 별, 등, 구름을 빼고, 눈병(翳)을 그림자(影)로 바꾸어 놓았다. 별, 등, 구름을 뺀 이유는 이들을 열거할 경우 오히려 실체가 있다는 생각을 가질 수 있어 공(空)을 설명하기에 적합하지 않았기 때문이다. 6가지 비유에서 꿈, 허깨비, 거품, 그림자 등은 진공(眞空)을 잘 표현한 것이고, 이슬과 번개는 무상(無常)을 잘 표현한 것이다. 9가지 비유에서 별, 등, 구름은 실체가 없음을 표현한 것인데 별은 태양이 떠오르면 사라지기 때문이고, 등은 연료가 떨어지면 꺼지기 때문이며, 구름은 바람이 불면 사라지기 때문에 무상한 것이다. 이외에도 경전에서 실체가 없는 법의 실상을 자주 비유하는 것이 있는데 불꽃(焰), 물속의 달(水中月), 메아리(響), 거울의 영상(鏡中像), 허공의 꽃(空華) 등이 있다.

그런데 위의 비유는 이들 유위법이 실재하는 실체는 없지만 그렇다고 전혀 없는 것은 아님을 나타내는 비유이다. 즉 모든 것은 겉모양은 있는 듯 하지만 실체는 없고, 실체는 없으나 겉모양이 없지 않듯이 적멸하되 움직임에 걸림이 없고, 움직이되 적멸에 걸림이 없는 것이다. 이렇기 때문에 위의 의문에서 제기한 "적멸에 들면 어떻게 설법하는가?"에 대하여, 적멸에 들어도 법을 설할 수 있고, 법을 설하면서도 적멸에 들 수 있는 것이다. 그리하여 미륵게 제 78송은 다음과 같이 읊고 있다.

非有爲非離(비유위비이)　유위도 아니요 여읜 것도 아님이
諸如來涅槃(제여래열반)　모든 여래의 열반이니
九種有爲法(구종유위법)　아홉 가지의 유위법을
妙智正觀故(묘지정관고)　묘한 지혜로 관하기 때문이다.

이 게송은 모든 여래가 드는 열반(적멸)은 유위법도 아니고 유위법을 여읜 것도 아니다. 왜냐하면 아홉 가지의 유위법을 들어 묘한 지혜로 관하기 때문이라는 것이다.

[유통분(流通分)]

六
이 경의 끝맺음

佛說是經已 長老須菩提及諸比丘比丘尼優婆塞優婆夷
불설시경이 장로수보리급제비구비구니우바새우바이

一切世間天人阿修羅 聞佛所說 皆大歡喜 信受奉行 金
일체세간천인아수라 문불소설 개대환희 신수봉행 금

剛般若波羅蜜經 眞言
강반야바라밀경 진언

那謨婆伽跋帝 鉢喇壤 波羅弭多曳 唵 伊利底 伊室利
나 모 바 가 발 제   발 라 양   파 라 미 다 예   옴   이 리 저   이 실 리

輸盧馱 毖舍耶 琵舍耶 莎婆訶
수 로 타   비 사 야   비 사 야   사 바 하

  부처님께서 이 경을 설해 마치시자, 장로 수보리 그리고 모든 비구, 비구니, 우바새, 우바이와 일체 세간의 천인, 인간, 아수라들이 부처님께서 설하신 것을 듣고 모두 크게 환희하여 믿고 받아서 받들어 행하였다.

해설 이상으로 이 경의 말씀이 끝나면서 모든 대중이 부처님의 말씀을 듣고 기뻐하며, 받들어 행하였다는 것이다. 그런데 경의 처음에는 큰 비구 1,250명이 모였는데, 끝에는 수보리 한명만 있고, 그 외에 비구, 비구니. 우바새, 우바이, 천인, 인간, 아수라 등이 등장했다. 그러면 대중들이 교체된 것인가? 하는 의문이 있을 수 있으나, 이런 형식을 전후영략(前後影畧)이라 하여, 처음과 끝에 같은 대중이 모였는데 문장을 간결하게 하기 위하여 앞과 뒤의 일부분만 든 것이다.

경문에서 "모두 크게 환희하여 믿고 받아서 받들어 행하였다."라는 대목에 대하여 《자성소》에서 "반야경은 3세의 불모(佛母)여서 4구게 하나만 들어도 악취(惡趣)를 뛰어넘고, 한 생각 깨끗이 지니면 끝내 보리를 얻게 되므로 인간과 천인 모두가 받들어 행한다."라 하였고, 무착의 《반야론》에서는 "이런 법문을 듣고 대승의 법에 대하여 아무런 감각이 없으면 나는 그 사람을 돌덩이보다 더 둔한 자라 하노니, 씨앗이 없기 때문이다."라 하였다.[124]

이렇게하여 《금강경》의 강의를 마치는데, 처음 《금강경》과 공(空)에서 설명했듯이 일체제법의 실상은 진공묘유(眞空妙有)인데, 이 경에서 27번의 의문을 제기하여 중생들로 하여금 그것을 가르치고 있는 것이다.

---

124) 김월운 스님, 금강경 강화, 동문선, p.256.

補論

상태狀態의 공존共存: 유有와 무無의 공존共存

補論
상태狀態의 공존共存
─ 유有와 무無의 공존共存 ─

불교에서 양대 이론으로 연기론(緣起論)과 실상론(實相論)이 있다. 실상론에서 말하는 일체제법의 실상은 일체제법이 존재(有)하며, 그러나 한편 존재하는 것이 아니며(無), 존재하는 것도 아니고 존재하지 않는 것도 아니며(非有非無), 역시 존재하기도 하며 역시 존재하지 않기도 한다(亦有亦無)고 하였다(앞 천태교학에서 설명하였음). 이를 중도실상(中道實相)이라 한다.

이 중도실상의 유(有)의 관점에서는 보면 일체제법은 연이생법(緣已生法)으로 존재하는 것이다. 그런데 연이생법으로 존재하는 일체제법을 면밀히 따지고 보면 한 찰나에도 존재하지 않고 다른 모습으로 변화하여 가고 있는 것이다. 이렇게 보면 일체제법은 있는 것이 아니다(無). 이렇듯 일체제법은 유(有)이기도 하고, 무(無)이기도 한 것이다.

다시 말하면 일체제법이 존재한다는 유(有)라는 상태와 일체제법이 존재하지 않는다는 무(無)라는 상태가 공존(共存)하고 있다. 그렇다고 일체제법이 있다는 유(有)의 상태와 없다는 무(無)의 상태라는 두 가지 상태가 서로 별개로 독립해서 있다는 것도 아니다. 즉 유(有)가 바로 무(無)이고 무(無)가 바로 유(有)라는 유즉무무즉유(有卽無無卽有)인 것이다.

유(有)와 무(無)를 서로 별개가 아닌 즉(卽)의 관계이면 시간적, 공간적으로 있는 것도 아니고 없는 것도 아니며(非有非無), 또한 역시 있기도 하며 역시 없기도 한 것이다(亦有亦無).

불교에서는 이렇게 일체제법의 실상을 설명하고 있는데, 이해하기가 쉬운 것이 아니다. 이것을 좀 더 쉽게 이해하기 위하여 현대물리학이론으로 설명해 보고자 하는 것이 "상태(狀態)의 공존(共存)"이라는 현상이다. "상태의 공존"이라는 용어는 현대물리학의 양대 이론 중 양자론에서 사용하는 용어이다.

현대물리학이론은 크게 두 이론으로 있는데, 상대성이론(相對性理論)과 양자론(量子論)이다. 상대성이론은 시간과 공간이 관측자의 입장과 중력에 따라 줄어들거나 늘어난다는 것으로 아인슈타인이 주장한 이론이고, 양자론은 미시세계(微視世界)에서 일어나는 소립자(素粒子)들의 특이한 현상에 관한 이론이다.

미시세계에서 일어나는 소립자의 특이한 현상을 설명하는 양자론을 간략하게 살펴보기로 한다.

1. 빛은 파동이면서 입자(파동과 입자의 이중성)

파동(波動)이란 "어떤 장소에서의 어떤 진동이 주위로 퍼져 가면서 전해지는 현상"을 말한다. 예를 들어 수면파가 있다. 수면에 돌을 던지면 돌이 떨어진 곳의 물이 흔들리고, 그 진동이 주위로 퍼지면서 파동이 된다. 또 파동은 "퍼지면서(그림 1)" 나아간다. 이 성질 때문에 파동은 장애물이 있어도 장애물 뒤 부분까지 전파된다. 이것을 "회절(그림 2)"이라 한다.

　입자(粒子)는 파동과 전혀 다르다. 예를 들어 당구공을 생각해보라. 파동은 퍼져 나가기 때문에 정확히 "여기에 있다"라는 위치를 말할 수 없지만, 입자(당구공을 생각하라)는 어떤 순간에 특정한 지점에 존재한다. 또 입자는 힘이 미치지 않으면 똑바로 나아간다. 무언가에 충돌해야 비로소 진행 방향을 바꾼다(그림 3).

그림 1　파동 : 수면파　　　그림 2　회절

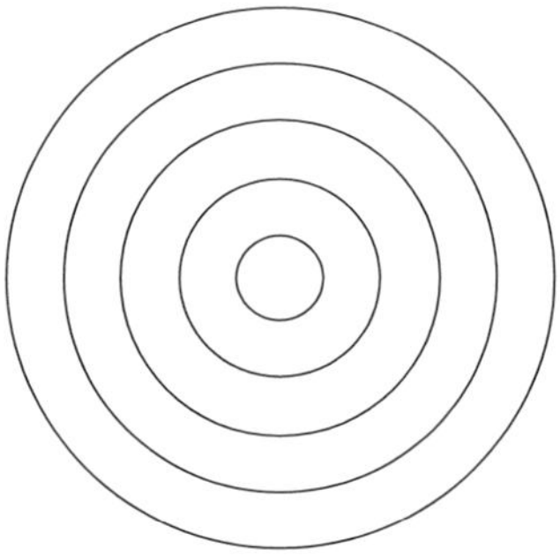

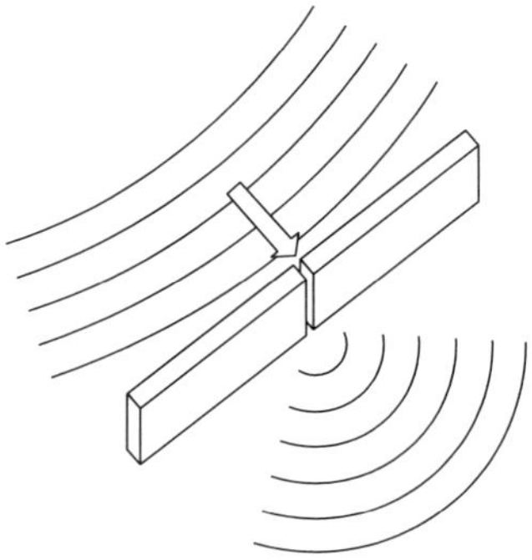

그림 3　입자의 예 : 당구공

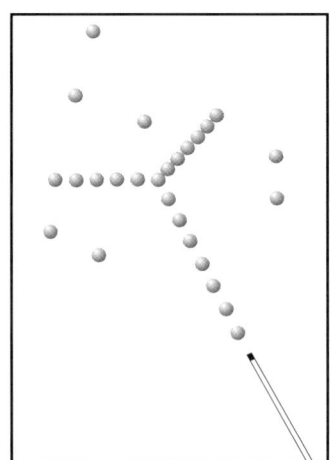

그리고 파동과 입자를 동시에 묘사하는 것은 불가능하다. 둘의 성질을 한꺼번에 갖는 것은 상식적으로 생각하기 어렵기 때문이다. 그런데 빛과 전자는 이 두 가지 성질(파동과 입자)을 모두 갖고 있다.

종래 빛은 파동이라는 것이 상식이었다. 이것은 영국의 물리학자 토머스 영이 1807년 이중 슬릿을 사용하여 빛의 간섭실험으로 빛이 파동이라는 것을 밝혔다. 만약 빛이 단순한 입자라면 파동에서 일어나는 특이한 현상인 간섭효과는 일어나지 않기 때문이다.

파동의 간섭효과란 2개의 파동이 보강되거나 상쇄되는 현상을 말한다(그림 4). 파동에는 골과 마루가 있는데, 마루와 마루가 만나

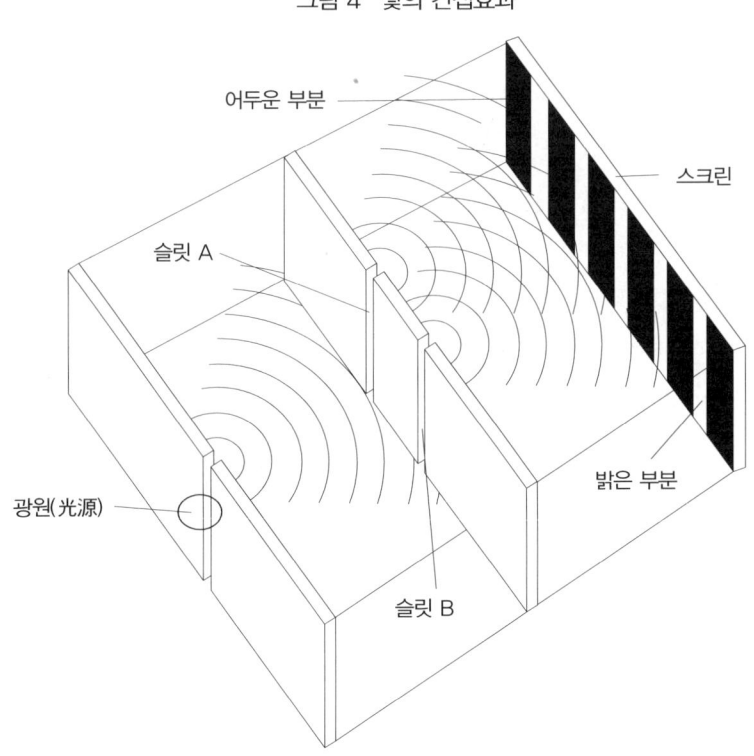

그림 4 빛의 간섭효과

그림 5 파동의 간섭효과

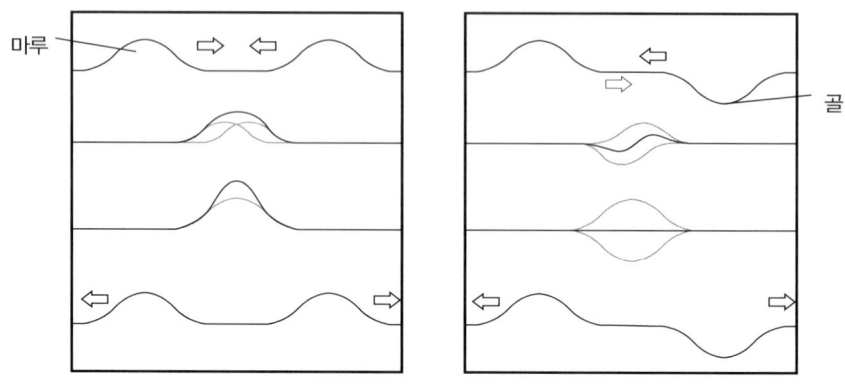

거나 골과 골이 만나면 진폭이 보강되고, 골과 마루가 만나면 진폭이 상쇄된다(그림 5).

이 그림 광원(光源)에서 나온 빛이 슬릿 A와 슬릿 B를 통과하여 스크린에 간섭효과를 일으키고 있다. 검은 부분과 밝은 부분이 여러 개로 나타나고 있는데, 만약 빛이 파동이 아니라면 밝은 부분이 두 군데만 있어야 한다. 그렇지만 밝은 부분이 여러 군데가 있기 때문에 빛이 파동이라는 것을 증명해 주고 있다.

이 왼쪽 그림은 마루와 마루가 서로 부딪치면 원래의 마루보다 더 큰 마루가 되는 것을 보여주고, 오른쪽 그림은 마루와 골이 부딪치면 마루와 골이 상쇄되어 평평하게 되는 것을 보여준다. 이것이 파동의 간섭효과이다.

19세기 말, 빛을 파동이라고 해서는 설명이 되지 않는 "광전효과"가 발견되었다. 광전효과란 금속에 빛을 비추면 금속 중의 전자가 빛에서 에너지를 받아 밖으로 튀어나오는 현상을 말한다. 아인슈타인은 이 현상을 "빛은 파동이지만 그 에너지에는 더 이상 분할할 수 없는 최소의 덩어리가 있다"고 생각했다. 이 덩어리를 광자(光子) 또는 광양자(光量子)라 한다. 이리하여 빛은 파동이면서 입자라는 사실이 밝혀졌다(그림6).

그림 6 광전효과

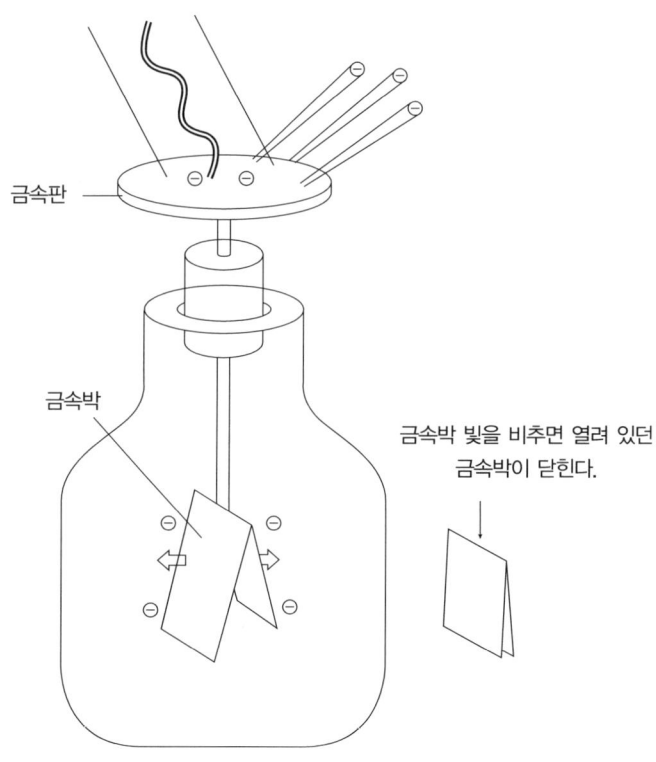

이 그림은 금속판과 2장의 금속박으로 만든 "금속박 검전기"라는 장치이다. 금속박 검전기의 금속판에 음전기를 주면 금속박에 전기가 퍼져 나가고 음전기끼리 반발력으로 금속박이 열린다. 이 금속판에 파장이 짧은 빛을 비추면 금속박이 닫힌다. 이것은 금속판에 빛을 비추면 금속박 속에 있는 전자가 튀어나와 금속박에 음전기가 사라지기 때문이다. 이것을 광전효과라 한다. 만약 빛이 최소의 덩어리(입자)가 아니라면 금속판에 빛을 비추었을 때, 전자가 튀어 나오지 않는다.

2. 전자(電子)는 입자이면서 파동(입자와 파동의 이중성)

종래 전자는 물질을 구성하는 입자(粒子)라는 것이 상식이었다. 그런데 1923년 프랑스의 물리학자 루이 드보로이는 "전자와 같은 물질입자에는 파동의 성질이 있다"고 주장했다. 전자가 가지는 파동과 입자의 이중성을 최초로 제안한 것이다. 루이 드보로이가 주장하는 이런 파동을 "물질파" 또는 "드보로이파"라 한다.

루이 드보로이는 아인슈타인의 광자 아이디어에 영향을 받아 빛이 파동이면서 입자이면, 전자도 마찬가지일 것이라 생각했다. 그리하여 빛이 이중 슬릿 실험에서 간섭효과를 나타낸 것을 착안하여 전자에도 이중 슬릿 실험을 하였는데, 놀랍게도 파동의 간섭효과가 나타난 것이다. 이 실험에 의해 전자가 입자이면서 파동이라는 것이 확인됐다.

아래 그림은 전자가 이중 슬릿을 통과하여 파동의 간섭효과가 나타나는 실험장치이다.

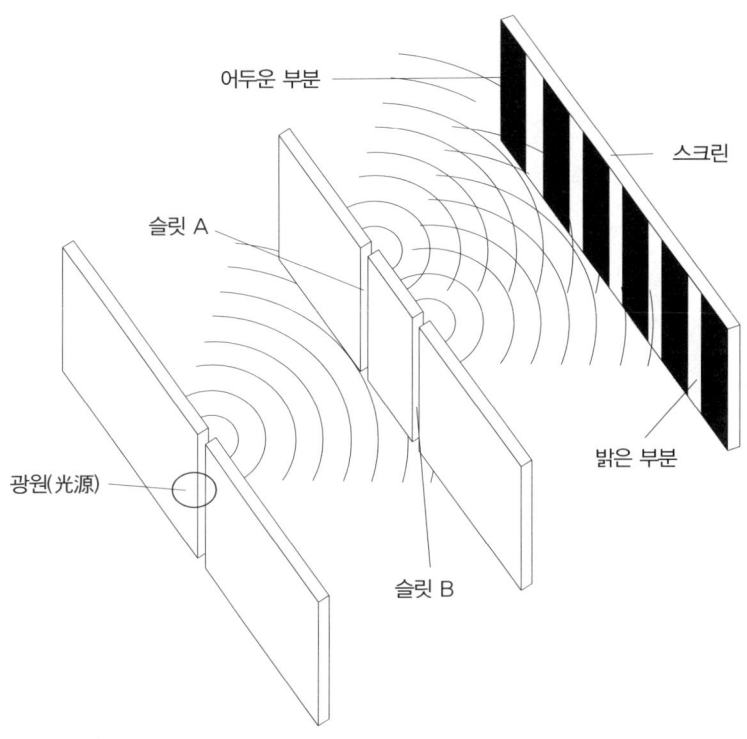

그림 7 전자의 파동성

 이 그림에서 전자를 발생시키는 전자총을 설치하여 전자를 1개씩 발사한다. 처음 전자를 1개만 발사하면 스크린에는 1개의 점 모양만 생긴다. 이것만 보면 전자는 입자로 보인다. 그러나 전자를 여러 번 발사하면 간섭무늬가 나타나기 때문에 전자를 단순한 입자로 생각해서는 실험결과를 설명할 수 없다. 전자를 여러 번 발사하면 전자의 파동성이 나타나는 것이다. 즉 전자가 위 그림에서 슬릿 A와 슬릿 B를 동시에 통과한 것이다. 그렇다고 2개의 전자가 두 개의 슬릿을 통과한 것이 아니라 1개의 전자가 두 개의 슬릿을 통과한 것이다.

전자가 파동이라는 것은 일반적인 파동과는 다르다. 즉 예를 들어 수면파는 많은 수의 물 분자가 모여서 그것들이 진동해 파동을 만들어 내지만, 전자의 파동은 많은 전자가 모여서 파동이 되는 것이 아니며, 또한 전자가 물결치면서 나아간다는 의미도 아니다. 다시 말해서 전자의 파동은 한 개의 전자가 파동을 만들어 낸다는 것이다.

3. 상태의 공존

상태의 공존에 대하여 두 가지로 나누어 볼 수 있다. 흔히 양자론에서 말하는 상태의 공존과 공간에 대한 상태의 공존이다. 공간에 대한 상태의 공존은 물리학에서 논하고 있지는 않지만 상대성이론에 의하면 운동하는 물체는 공간이 줄어든다. 특히 광속에 가까울수록 그 효과는 크게 나타난다. 다시 말하면 운동하는 물체에 의해 공간이 수축된 상태와 공간이 수축되지 않은 상태(운동하는 물체를 관측하는 입장에서는 공간이 수축되지 않는다)가 공존하는 셈이다. 그리고 이 두 공간은 서로 별개로 존재하는 것이 아니라 한 공간이다. 이러한 두 공간의 공존도 상태의 공존으로 볼 수 있다고 생각되기에 여기서 말하고자 하는 것이다.

(1) 양자론에서 말하는 상태의 공존
먼저 흔히 양자론에서 말하는 상태의 공존을 보자. 위 전자의 이중 슬릿 실험에서 나타난 간섭효과는 한 개의 전자가 두 개의 슬릿을 동시에 통과하지 않으면 결코 나타날 수 없는 현상이며, 이것이 전자가 파동이라는 것을 증명해 주는 것이다. 어떻게 한 개의 전자가 두 개의 슬릿을 동시에 통과 한단 말인가?

그러면 정말 한 개의 전자가 두 개의 슬릿을 통과했는가? 하는 것을 실험하기 위해 각 슬릿에 검출기(전자를 확인하는 기계)를 설치하여 실험을 하였는데, 두 검출기 중 어느 한 쪽 검출기에 전자가 통과한 것이 확인되면, 그 때는 전자가 파동으로 행동하는 것이 아니라 입자로 행동한다는 것이다. 그리고 한 쪽 검출기에서 전자가 발견되면, 다른 검출기에서는 전자가 발견되지도 않는다. 어쨌든 물리학자들은 간섭효과는 파동의 특이한 현상이고, 두 개의 파동이 있어야 일어나는 현상이기 때문에 한 개의 전자가 두 개의 슬릿을 동시에 통과한 것임을 부정할 수 없는 사실이라고 한다.

이러한 현상을 이해하기 위하여 1개의 전자가 중간에 칸막이가 있는 상자 왼쪽과 오른쪽 동시에 있다고 생각하면 된다. 즉 전자는 분명히 1개이지만, 왼쪽 칸과 오른쪽 칸 동시에 있는 것이다. 결코 2개의 전자가 왼쪽 칸에 1개, 오른쪽 칸에 1개 있는 것이 아니다. 이와 같이 1개의 전자가 왼쪽 칸에 있는 상태와 오른쪽 칸에도 있는 상태가 공존(共存)하고 있는 것이다. 이것을 양자론에서 "상태의 공존"이라 한다. 이 상태의 공존에 의하면 1개의 물체가 같은 시각에 여러 곳에 존재할 수 있다. 같은 시각(同時)에 여러 곳에 존재하다고 하여 1개의 물체가 여러 개로 늘어나는 것은 아니다.

그런데 위 상자의 예에서 상자의 왼쪽 뚜껑을 열든, 오른쪽 뚜껑을 열든, 전자를 확인하면 뚜껑을 열지 않은 칸의 전자는 관측되지 않는다. 위 두 개의 슬릿에 각 검출기를 설치하여 전자를 확인하는 장치에서 어느 쪽이든 한 검출기에서 전자가 확인되면 나머지 검출기에서는 전자가 확인되지 않는 것과 같다. 그러면 뚜껑을 열지 않은 칸의 전자가 소멸된 것인가? 아니면 전자는 존재하지만 다만 관측되지 않는 것인가? 이것은 검출기장치에서도 동일한 설명이 가능하다. 전자가 관측되지 않은 검출기 앞의 슬릿을 통과한 전자가 소멸된 것인가? 아니면 존재하지만 관측되지 않는 것인가?

이 문제에 대하여 두 가지 견해가 있다. 하나는 덴마크의 물리학자 닐스보어의 해석인데, 이를 "코펜하겐 해석"이라 한다. 다른 하나는 "다중세계해석"이다.

그림 8 상태의 공존

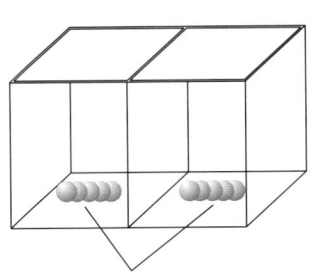
전자는 좌우 양쪽의 다양한 위치에 동시에 존재한다. 그렇다고 전자가 여러 개 있는 것이 아니라 전자는 1개이다.(상태의 공존)

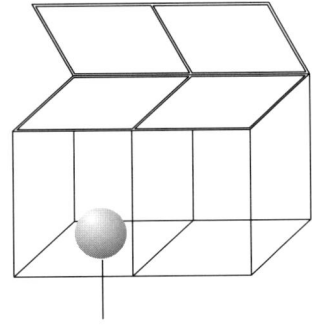
왼쪽에서 발견된 전자 그렇다고 관측 전부터 왼쪽에 있었던 것이 아니다. 여기에 대해 코펜하겐 해석과 다중세계 해석이 있다.

1) 먼저 코펜하겐 해석은 전자의 파동을 확률파동이라 한다(그림 9). 이것은 위 전자의 이중 슬릿 실험에서 전자가 스크린상에 한 점으로 나타나는 것에 대한 설명이기도 하다. 즉 전자가 스크린에 도달하기 직전, 전자의 파동은 스크린 전체에 가득 퍼져 있었다. 이것은 전자가 스크린 위의 어디에서나 발견될 가능성이라는 것이다. 그것이 스크린의 한 지점에 관측되는 순간 전자의 파동은 너비가 없는 뾰족한 바늘 모양의 파동으로 수축한다는 것이다.(그림10)

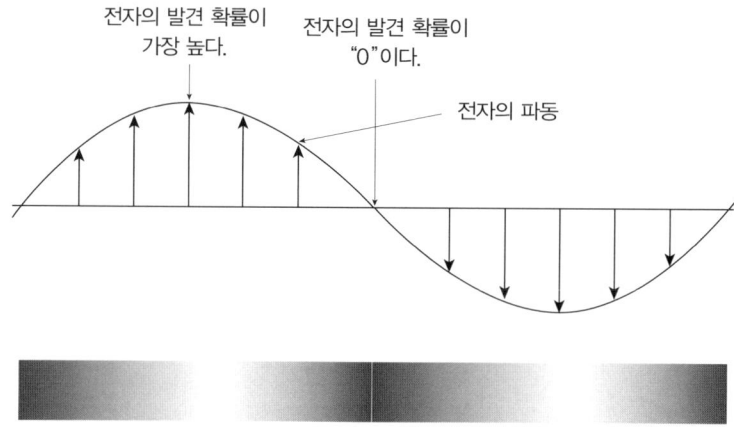

그림 9 전자의 확률파동

그림 10 파동의 수축

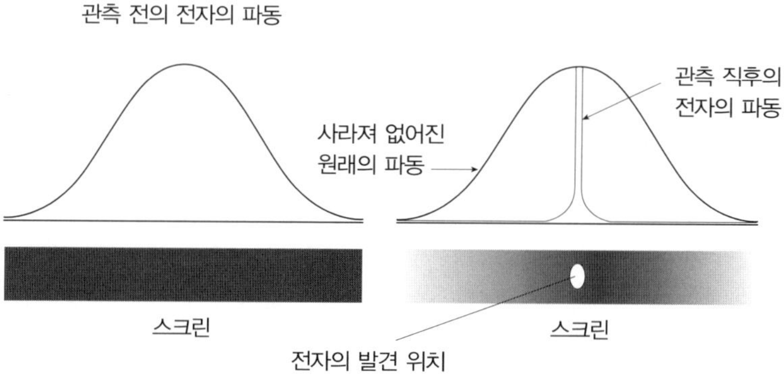

이 수축한 바늘 모양의 파동은 사실상 입자와 같다. 즉 관측을 하면 전자의 파동은 수축하고 입자로서의 전자가 모습을 나타낸다는 것이다. 이 이론이 코펜하겐 해석이다. 즉 전자의 파동을 확률파동으로 전자가 발견될 수 있는 확률과 관계되는 것이라 한다. 그리고 전자가 발견되는 경우 전자의 파동은 너비가 없는 바늘 모양으로 수축해서 파동의 성질은 사라지고 입자의 성질을 나타낸다는 것인데, 이것이 파동의 수축이론이다.

　이 코펜하겐 해석에 의하면 위 칸막이 상자의 예에서 만약 왼쪽 칸에 있는 전자가 발견되면 그 순간 오른 쪽 칸막이에 있는 전자는 사라져 없어진다고 한다.

　2) 다음은 "다중세계 해석"이다. 위 코펜하겐 해석에는 다음과 같은 문제점이 있다. 첫째, 복수의 상태가 공존하고 있는데, 왜 관측할 때는 그 중에서 하나만 관측되는가? 둘째, 관측되지 않은 다른 상태는 어디로 사라졌는가?라는 의문에 답하지 못하고 있다.

　이해를 쉽게 하기 위하여 위 그림8의 왼쪽 그림을 보자. 위 그림에서 전자가 관측되기 전에 왼쪽 공간(위치A라 하자)에 있는 상태와 오른쪽 공간(위치 B라 하자)에 있는 상태가 공존하고 있는 것은 코펜하겐 해석이나 다중세계 해석이나 같다. 그러나 다중세계 해석에서는 가령 전자가 위치 A에 있는 것이 관측되더라도, 전자가 위치 B에 있는 상태가 사라지지 않고 남아 있다고 한다. 이점에서 코펜하겐 해석과 다르다. 즉 인간이 위치 A에서 전자를 관측한 세계와 위치 B에서 전자를 관측한 세계가 나누어진다고 한다. 이 경우에 2개의 세계가 병렬해 있는 것이다. 그래서 다중세계 해석이라 한다. 그리고 갈라진 2개의 세계는 관계성이 끊어져 서로 영향을 미치지 않는다고 한다.

　다중세계 해석은 에버렛이라는 학자가 1957년에 생각해 낸 것이다. 이것은 우주를 다중세계로 보는 것이다. 그러한 생각에 입각해서 전자를 관측하는 인간도 양자론의 틀 안에서 생각한다. 따라서 인간에 대해서도 복수의 상태가 공존하고, 심지어 살아 있는 상태

와 죽은 상태도 공존한다는 것이다.[125]

그리고 이 다중세계 해석에 의하면 있는(有) 상태와 없는(無) 상태의 공존도 가능하다. 여기까지 오면 "불교의 중도실상"을 물리학적으로 설명이 가능하게 된다. 불교의 중도실상은 간단히 말해서 "유(有)"와 "무(無)"가 공존(共存)하면서 서로 별개가 아니라는 것인데, 다중세계 해석의 관점에서 보면 유무(有無)가 공존하면서 서로 별개가 아니라는 것을 알 수 있는 것이다.

(2) 공간에 대한 상태의 공존

공간에 대한 상태의 공존이란 줄어든 공간과 줄어들지 않은 공간이 공존하는데, 그렇다고 두 개의 공간이 서로 분리되어 별도로 존재하는 것도 아니라는 것이다. 이것은 상대성이론에 의하여 실제 일어나는 현상이다. 복잡한 이론 전개는 생략하고, 실제 사례를 보면 쉽게 이해하리라 본다(그림11).

우주에는 우주선(宇宙線)이라는 입자가 엄청나게 빠른 속도로 지구로 쏟아져 내린다. 이 우주선은 대기권에 들어오면 대기 중에 있는 질소분자와 충돌해서 "뮤온"이라는 입자를 만들어 낸다. 이 때 뮤온은 광속에 가까운 속도로 튀어나온다. 그 속도는 다양하지만 광속의 99퍼센트(%)로 날아온다고 가정한다. 그리고 뮤온의 수명은 100만분의 2초 정도이다. 그 시간이 지나면 뮤온은 붕괴해 버린다. 그러면 뮤온의 수명이 100만분의 2초 동안 날아간 거리는 얼마일까? 거리의 계산은 속도(v)×시간(t)=거리(s)이다. 그러면 뮤온이 날아간 거리는 다음과 같다.

---

125) 살아 있는 상태와 죽은 상태의 공존은 슈뢰딩거의 고양이 실험에서 한 마리의 고양이가 살아 있는 상태와 죽은 상태가 공존한다는 것이다.

뮤온의 속도(0.99×광속) × 시간(100만분의 2초)= 0.6km(600m) 광속은 "30만 km/초"이다. 이처럼 뮤온이 날아간 거리는 600m이다. 그런데 대기권은 수 km인데(대기권은 적어도 10km이상). 지표상에 있는 관측소에서 뮤온입자가 관측된다. 어떻게 이런 현상을 설명할 수 있을까?

상대성이론에 의하면 광속에 가까운 속도로 날아가고 있는 뮤온의 입장(여러분이 뮤온이라고 생각하라)에서는 지구와 대기권의 공간이 줄어든다. 그러나 지구상에서 관측하고 있는 사람의 입장에서는 지구와 대기권의 공간이 줄어들지 않는다. 즉 뮤온의 입장에서는 줄어든 공간을 날아가고 있는 것이다. 줄어든 공간을 날아왔기 때문에 지상에 있는 관측소에서 뮤온이 존속하는 시간에 관측되는 것이다. 그러나 지상에 있는 관측자들에게는 결코 공간이 줄어들지 않지만 왜 관측되는 것일까? 그것은 지상에 있는 관측자의 입장에서는 뮤온의 시간이 늦게 가기 때문이다. 다시 말해서 지상에서는 1초이지만, 뮤온입장에서는 1초보다 작은 시간이 흐르는 것이다. 그래서 지상의 관점에서는 뮤온의 수명이 늘어나는 셈이다. 어떻든 줄어든 공간과 줄어들지 않은 공간이 분명히 있고, 서로 공존하고 있지만, 또 공간이 별개로 따로 따로 있는 것이 아니라 분명히 한 공간이다. 이것을 공간에 대한 상태의 공존이라 할 수 있다.[126]

---

[126] "공간에 대한 상태의 공존"이란 말이나 개념을 물리학에서 사용하고 있는 지는 정확히 모르겠지만, 전자에 대하여 상태의 공존이라는 용어와 개념을 양자론에서 사용하고 있으므로 공간에 대해서도 "상태의 공존"이란 용어와 개념을 사용할 수 있다고 생각되기에 여기서 서술한 것이다.

그림 11 공간의 수축

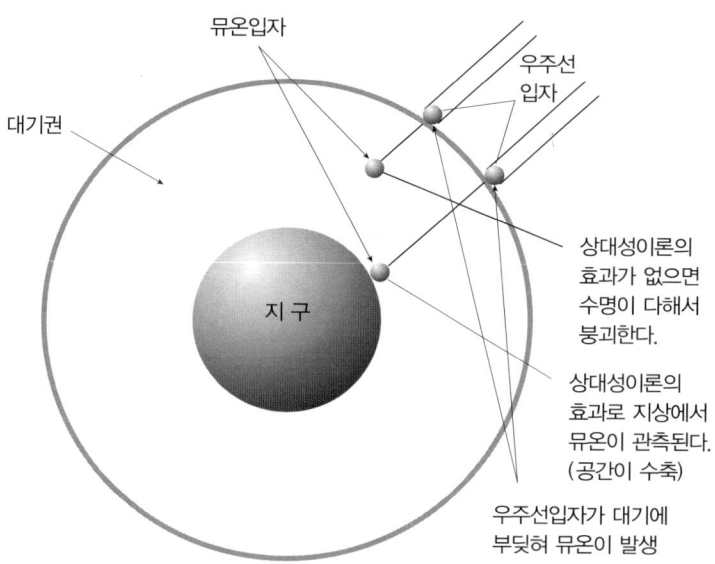

뮤온의 입장에서 본 지구와 대기권(지구와 대기권이 수축되어 있다)
(뮤온과 같은 속도로 지구를 향해 날아가는 우주선을 타고 관측한다고 생각하라)

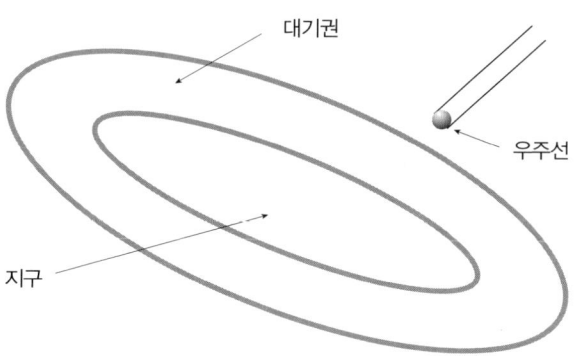

補論 狀態의 共存 : 有와 無의 共存

대기권과 지구의 공간이 수축되어 있다. 그러나 지구상에 있는 사람들 입장에서는 공간이 수축되지 않는다. 즉 수축된 공간과 수축되지 않은 공간이 동시에 존재하지만, 그렇다고 두 공간이 별개로 존재하는 것은 아니다.

공간이 줄어드는 공식(로렌츠 수축 공식)

어떤 물체가 정지하고 있을 때의 길이를 L_0라 하면, 관측자에 대하여 속도 V로
운동하고 있는 그 물체의 길이는 다음과 같다.

$$L = \left[\sqrt{1 - \left(\frac{V^2}{C^2}\right)}\right] L_0$$

C는 광속(초속 30만km)

『예를 들어 광속의 80%로 지구에서 출발하여 명왕성으로 날아가는 우주선이 있다고 하자. 이때 우주선을 타고 가는 사람이 우주를 바라보면 우주선과 자신이외에 우주 전체가 0.6배로 줄어든다. 그 계산은 위 로렌츠 공식으로 계산된다.

$$L = \left[\sqrt{1 - \left(\frac{0.8C^2}{C^2}\right)}\right] L_0 = \sqrt{0.36}\, L_0 = 0.6 L_0$$

즉 원래 길이의 0.6배로 줄어드는 것을 알 수 있다.』

공간이 줄어드는 것에 대하여 다음과 같이 생각해 보자, 위 로렌츠 공식에서 $V^2 = C^2$이라면 "루트$\sqrt{}$" 안의 값이 "0"이 되고, 전체 값은 "0"이 되어 공간이 없다는 결론이 나온다. 물론 현재 광속보다

빠른 속도는 없다고 한다. 왜냐하면 빛은 질량이 "0"이지만, 아무리 가벼운 입자라 하더라도 질량이 "0"아닌 양의 값을 가지기 때문에 광속의 속도를 가질 수 없다고 한다. 그래서 루트 안의 값이 "0"이 될 수 없다.

만약에 과학이 발달하여 광속의 속도를 가질 수 있는 우주선을 타고 광속으로 날아간다면 위 공식에 의하여 우주선을 탄 사람은 우주는 공간이 없게 된다(無). 그런데 다른 사람들은 공간이 없는 것이 아니다(有). 즉 유(有)라는 상태와 무(無)라는 상태가 공존하며, 또 별개가 아니라 있는 공간과 없는 공간이 하나이다.

위 로렌츠 공식에서 "V"가 광속(C)보다 크면, "루트$\sqrt{}$" 안의 값은 음(-)이다. 이 수는 허수[127]이다. 그러면 음(-)의 공간이 된다. 과연 그런 공간이 존재할까?. 영국의 물리학자 스티븐 호킹 교수는 "허수우주"와 "실수우주"라는 것을 말하고 있다. 실수우주는 현재의 우주이고, 허수우주에서 탄생하였다는 것이다. 따라서 허수우주에서는 공간도 허수공간이다.

양자론의 다중세계해석에서는 다양한 복수의 세계를 인정하므로, 허수우주도 존재한다고 보아야하지 않을까? 그리고 허수공간이라는 것을 4차원의 시공간(時空間)[128]으로 나타낼 수 없지만 허수공간이 존재한다고 하여야 하지 않을까?

대승불교경전을 보면 시간(時間)과 공간(空間)을 초월하는 광경이 많이 나온다. 예를 들면 《법화경》 제28 "보현보살권발품"에 사바세계로부터 동방으로 헤아릴 수 없이 멀리 떨어진 정묘세계가 있

---

127) "허수"란 제곱하여 "-1"이 되는 수를 말한다. 기호로는 "i"라 쓴다. 즉 $i^2 = -1$, $i = \sqrt{-1}$, 허수를 보통 bi로 쓴다. 실수를 "a"라 하면, "a±bi"로 나타내는 것을 "복소수"라 한다.
128) 4차원의 시공간은 실수공간이기 때문에 당연히 허수공간을 나타낼 수 없다.

고, 그 세계의 여래는 보위덕상왕여래이다. 그 세계에 보현보살(普賢菩薩)이 계시는데, 사바세계의 영축산에서 석가모니 부처님께서 법화경을 설한다는 것을 듣고, 수많은 권속과 더불어 찰나에 영축산에 온다. 그 거리는 생각으로 헤아릴 수 없는 거리이다.

《아미타경》에서는 서방극락세계가 사바세계로부터 10만억 불국토를 지나서 있다고 한다. 그런데 극락세계에 태어나는 것은 찰나이다. 이처럼 대승경전을 보면 상상도 할 수 없는 먼 거리를 찰나에 온다. 즉 사바세계와 그 세계 사이에는 영축산에 오는 보현보살이나, 극락세계에 왕생하는 사람에게는 공간이 없는 것이다. 그러나 영축산에 있는 대중에게는 사바세계와 정묘세계 사이에 분명히 공간이 있고, 또 사바세계 사람의 입장에서는 사바세계와 극락세계 사이에 공간이 있다. 이렇게 보면 공간이 유(有)라는 상태와 무(無)라는 상태가 공존하고 있다. 그렇다고 이것이 별개로 존재하는 것도 아니다. 유(有)가 무(無)인 것이다(有卽無).

그런데 보현보살의 정묘세계나 서방극락세계의 공간은 무(無)가 아니다. 무(無)가 아니기 때문에 극락세계의 모습을 《아미타경》에서 설하고 있는 것이다. 그러면 이 공간들은 현재 우주 실수공간이 아닌 허수공간이 아닐런지? 실수공간(실수우주)[129]과 허수공간(허수우주)이 서로 별개로 존재할까?

그렇지 않다고 보는 것이 불교이다. 불교적인 관점에서 보면 실수우주(실수공간)가 허수우주(허수공간)이고, 허수우주가 실수우주인 것이다. 즉 둘이 별개가 아닌 하나이다. 다만 중생들은 실수공간만 알고 있고, 그 실수공간에 확고한 고정관념에 잡혀 있기 때문에

---

129) 실수공간에 실수의 물질이 있기 때문에 실수우주이다. 같은 논리로 허수공간은 허수우주이다.

허수공간과 실수공간이 하나라는 것을 납득하지 않으려고 한다. 실수공간(실수우주)과 허수공간(허수우주)이 하나인 이유는 실수공간은 연기(緣起)의 현상세계이고, 연기의 세계는 공(空)이기 때문이다. 공(空)은 물질적인 어떤 실체를 말하는 것이 아니다. 공이 물질적인 어떤 실체가 아니라면, 실수의 현상세계가 허수의 공(空)이라 할 수 있다.

물론 진여(眞如)를 체득하면 우주 전체가 자신과 하나이므로 (一法界卽眞如平等卽自心) 굳이 물리학적 이론이 필요 없이 유무공존(有無共存)의 이치를 마음으로 깨닫지만, 우리 중생은 그렇지 못하니 어떻게 해서든 이 이치를 알 수 있는데까지는 알아야 하지 않겠는가?

이상으로 현대물리학의 양대 이론인 상대성이론과 양자론을 가지고 유무중도(有無中道)를 설명해 보았는데, 미흡하나마 가장 이해하기 어려운 유무중도에 대하여 조금이나마 이해하는데, 도움이 되었으리라 믿는다.

【법보시자 명단】

박춘우, 사만다, 박제형, 박제창, 안티고네, 임성진, 임성원, 고불심, 여연숙, 법연지, 대각문, 혜월심, 김준연, 변곡지, 진불행, 우담화, 구품화, 김금당, 이영애, 여련화, 이경옥, 연지, 정옥화, 이인석, 손영미, 하연숙, 이승아, 손경옥, 나옥란, 정현주, 양국희, 김춘자, 정정희, 윤종숙, 윤태순, 김옥분, 윤영숙, 김영아, 최규숙, 김선순, 신미숙, 이화자, 정순영, 이재연, 심라임, 김영화, 정옥화, 김미화, 권외숙, 혜명심, 이은주, 여여심, 이경호, 이명자, 김경희, 이두희, 우임진, 이경연, 송연희, 손임숙, 김진중, 유덕진, 정도경, 김경해, 박효숙

金剛經 講義
금강경

초판 1쇄 인쇄일 2010년 1월 20일
초판 1쇄 발행일 2010년 1월 25일

역　주　光明
펴낸이　김재광
펴낸곳　솔과학

출판등록 1997년 2월 22일(제 10-140호)
주소　서울시 마포구 염리동 164-4 삼부골든타워 302호
전화　(02) 714-8655
팩스　(02) 711-4656

ⓒ 광명 · 2010

ISBN 978-89-92988-39-1 93220

*이 책은 저작권법에 따라 보호를 받는 저작물이므로 무단 전재와 무단 복제, 광전자매체 수록을 금합니다. 이 책 내용의 전부 또는 일부를 이용하려면 도서출판 솔과학 및 저자의 서명동의를 받아야 합니다.